Ernst Wolff

Weltmacht IWF

Chronik eines Raubzugs

Tectum

Ernst Wolff

Weltmacht IWF.
Chronik eines Raubzugs

Bildnachweise für das Cover: Pistole © runningbean / www.istockphoto.com;
Aufnahme der Erde während des Fluges von *Apollo 17* zum Mond am
7. Dezember 1972, fotografiert von Harrison Schmitt oder Ron Evans.

© Tectum Verlag Marburg, 2014
ISBN 978-3-8288-3329-6

Druck und Bindung: Finidr, Český Těšín

Besuchen Sie uns im Internet
www.tectum-verlag.de

Bibliografische Informationen der Deutschen Nationalbibliothek
Die Deutsche Nationalbibliothek verzeichnet diese Publikation in der Deutschen
Nationalbibliografie; detaillierte bibliografische Angaben sind im Internet über
http://dnb.ddb.de abrufbar.

Dieses Buch ist den Menschen in Afrika, Asien und Südamerika gewidmet, die es nicht lesen können, weil die Politik des IWF ihnen den Besuch einer Schule verwehrt hat.

Inhalt

Vorwort

Keine andere Finanzorganisation hat im vergangenen halben Jahrhundert so tief in das Leben so vieler Menschen eingegriffen wie der *Internationale Währungsfonds* (IWF). Seit seiner Gründung nach dem Zweiten Weltkrieg hat er seinen Einflussbereich bis in die entlegensten Winkel der Erde ausgeweitet. Derzeit zählen 188 Länder auf fünf Kontinenten zu seinen Mitgliedern.

Jahrzehntelang war der IWF hauptsächlich in Afrika, Asien und Südamerika tätig. Dort gibt es kaum noch ein Land, in dem seine Politik nicht ein- oder mehrmals in enger Zusammenarbeit mit der jeweiligen nationalen Regierung durchgesetzt wurde. Nach dem Ausbruch der weltweiten Finanzkrise im Jahr 2007 hat er sich verstärkt Nordeuropa zugewandt, seit dem Einsetzen der Euro-Krise im Jahr 2009 ist vor allem das südliche Europa in seinen Fokus gerückt.

Offiziell besteht die Hauptaufgabe des IWF darin, das globale Finanzsystem zu stabilisieren und in Schwierigkeiten geratenen Ländern aus der Krise zu helfen. In der Realität erinnern seine Einsätze eher an Feldzüge kriegführender Armeen. Wo immer er einschreitet, greift er tief in die Souveränität von Staaten ein, zwingt ihnen Maßnahmen auf, die von der Mehrheit der Bevölkerung abgelehnt werden, und hinterlässt eine breite Spur wirtschaftlicher und sozialer Zerstörung.

Dabei setzt der IWF weder Waffen noch Soldaten ein, sondern bedient sich ganz einfach der Mechanismen des Kapitalismus, genauer gesagt: der Kreditwirtschaft. Seine Strategie ist in allen Fällen so simpel wie effektiv: Gerät ein Land in finanzielle Schwierigkeiten, ist er zur Stelle und bietet Unterstützung in Form von Krediten an. Im Gegenzug fordert er die

Durchsetzung von Maßnahmen, die die Zahlungsfähigkeit des Landes zum Zwecke der Rückzahlung dieser Kredite sicherstellen sollen.

10 Wegen seiner weltweiten Sonderstellung als »Kreditgeber letzter Instanz« bleibt den Regierungen in der Regel keine andere Wahl als das Angebot des IWF anzunehmen und auf seine Bedingungen einzugehen – mit dem Ergebnis, dass sie sich in einem Netz der Verschuldung verfangen, in dem sie sich infolge von Zins-, Zinseszins- und Tilgungszahlungen immer tiefer verstricken. Die sich daraus ergebende Belastung des Staatshaushaltes und der heimischen Wirtschaft führt mit unerbittlicher Konsequenz zu einer Verschlechterung ihrer Finanzlage, die der IWF wiederum als Vorwand nutzt, um unter dem Schlagwort der »Austerität« immer neue Zugeständnisse in Form von »Sparprogrammen« zu erzwingen.

Für die einfache Bevölkerung der betroffenen und zumeist einkommensschwachen Länder hat diese Politik verheerende Folgen, denn deren Regierungen handeln allesamt nach dem gleichen Muster: Sie wälzen die Folgen der Sparmaßnahmen auf die abhängig Beschäftigten und die Armen ab.

Auf diese Weise haben IWF-Programme Millionen von Menschen den Arbeitsplatz genommen, ihnen den Zugang zu ausreichender Gesundheitsversorgung, einem funktionierenden Bildungswesen und menschenwürdigen Unterkünften verwehrt. Sie haben ihre Nahrungsmittel bis zur Unbezahlbarkeit verteuert, die Obdachlosigkeit gefördert, alte Menschen um die Früchte lebenslanger Arbeit gebracht, die Ausbreitung von Krankheiten begünstigt, die Lebenserwartung verringert und die Säuglingssterblichkeit erhöht.

Am anderen Ende der gesellschaftlichen Leiter dagegen hat die Politik des IWF einer winzigen Schicht von Ultrareichen dazu verholfen, ihre riesigen Vermögen sogar in Krisenzeiten zu vermehren. Die von ihm geforderten Maßnahmen haben entscheidend dazu beigetragen, dass die weltweite soziale Ungleichheit ein in der Geschichte der Menschheit nie dagewesenes Ausmaß angenommen hat. Der Einkommensunterschied zwischen einem Sonnenkönig und einem Bettler am Ausgang des Mittelalters verblasst gegenüber dem Unterschied zwischen einem Hedgefonds-Manager[1] und einem Sozialhilfeempfänger von heute.

Obwohl diese Fakten allgemein bekannt sind und in den vergangenen Jahrzehnten Hunderttausende zum Teil unter Einsatz ihres Lebens gegen die Auswirkungen seiner Maßnahmen protestiert haben, hält der IWF bis heute eisern an seiner Strategie fest. Trotz aller Kritik und trotz der nicht zu übersehenden Folgen seines Handelns genießt er dabei nach wie vor die rückhaltlose Unterstützung der Regierungen sämtlicher führender Industrienationen.

Wieso? Wie kann es sein, dass eine Organisation, die rund um den Globus solch ungeheures menschliches Leid verursacht, weiterhin ungestraft handeln und auch in Zukunft mit der Unterstützung der mächtigsten Kräfte unserer Zeit rechnen darf? In wessen Interesse arbeitet der IWF? Wer profitiert von seinem Tun?

Diese Fragen zu beantworten, ist das Ziel dieses Buches.

---

[1]   Ein Beispiel: Der Hedgefonds-Manager John Paulsen hat im Jahr 2010 fünf Mrd. US-Dollar verdient. Das entspricht einem Tagesverdienst von 19,2 Mio. Dollar und damit fast dem Zehnmillionenfachen der zwei Dollar pro Tag, von denen zur gleichen Zeit 2,5 Mrd. Menschen auf der Welt leben mussten.

Harry Dexter White und John Maynard Keynes beim Eröffnungstreffen des Gouverneursrates des Internationalen Währungsfonds in Savannah, Georgia, USA am 8. März 1946.

Die Konferenz von Bretton Woods.
Zum Auftakt Erpressung

Während der Zweite Weltkrieg noch in Europa tobte, luden die USA im Juli 1944 Delegationen aus 44 Ländern zu einer Konferenz in den Ski-Erholungsort Bretton Woods im US-Bundesstaat New Hampshire. Offizielles Ziel des dreiwöchigen Sitzungsmarathons war es, die Grundzüge einer Wirtschaftsordnung für die Nachkriegszeit festzulegen. In der Abgeschiedenheit des luxuriösen *Mount Washington Hotels* sollten die Weichen für ein System gestellt werden, das die Weltwirtschaft stabilisieren und eine Rückkehr zu den Verhältnissen zwischen den beiden Weltkriegen verhindern sollte. Vor allem die dreißiger Jahre hatten sich durch hohe Inflation, Handelsbarrieren, stark schwankende Wechselkurse, Goldknappheit und einen Rückgang wirtschaftlicher Aktivitäten um mehr als 60 % ausgezeichnet. Außerdem hatten soziale Spannungen die herrschende Ordnung ständig bedroht.

Der Konferenz vorangegangen waren mehrjährige Geheimverhandlungen zwischen dem Weißen Haus und der britischen Regierung, die bereits seit 1940 an Plänen zu einer neuen Weltwährungsordnung arbeitete. Was deren damalige Elite von den Interessen und Anliegen kleinerer Länder hielt, verdeutlicht ein überlieferter Kommentar ihres Delegationsleiters, des Ökonomen Lord Keynes: »Man hat zweiundzwanzig Länder eingeladen, die ganz offensichtlich nichts (zur Konferenz) beizutragen haben und einzig und allein im Weg stehen werden... (Es handelt sich um) das ungeheuerlichste Affenhaus, das seit Jahren zusammengekommen ist.«[2]

---

[2]   Richard Peet: »Unholy Trinity«, ZED Books, London, 2009

14

Lord Keynes und seine Landsleute sollten die Geringschätzung, die aus diesen Worten sprach, schon bald am eigenen Leib zu spüren bekommen. Im Verlauf der Konferenz stellte sich nämlich immer deutlicher heraus, wie sehr sich das Machtverhältnis zu Ungunsten Großbritanniens verändert hatte. Das britische Empire, durch den Ersten Weltkrieg bereits stark geschwächt, stand wegen seiner Kriegsausgaben als größter Schuldner der Erde am Rande der Zahlungsunfähigkeit. Die Wirtschaft lag am Boden und das Anschwellen der Befreiungsbewegungen in aller Welt läutete bereits die endgültige Auflösung seines einst weltumspannenden Kolonialreiches ein.

Unumstrittener Sieger des Zweiten Weltkrieges dagegen waren die USA. Sie waren zum international größten Gläubiger aufgestiegen, hielten fast zwei Drittel der weltweiten Goldvorräte und verfügten über die Hälfte der globalen Industrieproduktion. Ihre Infrastruktur war im Gegensatz zu der europäischer Länder intakt und während ihre Delegation in Bretton Woods verhandelte, plante der Generalstab der US Army den Abwurf zweier Atombomben auf die japanischen Großstädte Hiroshima und Nagasaki, mit dem auch die letzten Zweifel am amerikanischen Anspruch auf die künftige globale Führungsrolle ausgeräumt werden sollten.

Dieser veränderten Gewichtsverteilung entsprechend kassierte Lord Keynes mit seinem Entwurf für eine neue Wirtschaftsordnung eine klare Abfuhr. Als Vertreter eines Landes mit erheblichen Zahlungsbilanzproblemen hatte er eine »internationale Zahlungsunion« vorgeschlagen, die es defizitären (unter einer negativen Zahlungsbilanz leidenden) Ländern erleichtern würde, an Kredite heranzukommen. Als Leitwährung sollte eine neu zu schaffende internationale Verrechnungseinheit namens »Bancor« dienen.

Die USA waren aber nicht bereit, die Rolle des Großgläubigers, die dieser Plan für sie vorsah, zu übernehmen. Ihr Delegationsleiter, der Ökonom Harry Dexter White, präsentierte im Gegenzug einen eigenen Plan, der schließlich von der Konferenz angenommen wurde. Dieser »White-Plan« sah ein Weltwährungssystem vor, das es in der Geschichte des Geldes so noch nicht gegeben hatte. In seinem Mittelpunkt sollte einzig und allein der US-Dollar stehen. Er sollte zu allen anderen Währungen ein festes Wechselverhältnis haben, sein Tauschverhältnis zum Gold sollte auf 35 Dollar je Unze Feingold festgelegt werden. Ergänzt wurde der Plan durch die Forderung der USA nach der Errichtung mehrerer internationaler Organisationen, die das neue System überwachen und es durch die Vergabe von Krediten an Länder mit Zahlungsbilanzproblemen stabilisieren sollten.

Absicht der USA war es, die Kreditvergabe auf viele Schultern zu verteilen, sich aber gleichzeitig selbst die Kontrolle über alle internationalen Finanzströme zu sichern. Schließlich musste Washington sich auf Grund seiner Größe und seines rasanten Wirtschaftswachstums Zugang zu Rohstoffen und darüber hinaus Absatzmärkte in aller Welt für die eigene Überproduktion erschließen. Dazu war es nötig, die bis dahin am weitesten verbreitete Währung, das britische Pfund, durch den Dollar zu verdrängen. Außerdem hielt man die Zeit für gekommen, die Vormachtstellung der City of London durch die Wall Street abzulösen und sich so selbst als neue Weltmacht zum Dreh- und Angelpunkt des internationalen Handels- und Finanzgeschehens zu machen.

Die Bindung des Dollars an Gold und die Einrichtung fester Wechselkurse bedeuteten eine teilweise Wiedereinführung des Goldstandards, der zwischen 1870 und dem Beginn des Ersten Weltkrieges gegolten hatte – allerdings unter völlig neuen Vorzeichen. Durch die Fixierung aller Kurse an den US-Dollar nahmen die USA den übrigen Teilnehmerländern das Recht, die eigene Geldpolitik zum Schutz der heimischen Industrie zu steuern – ein erster Schritt hin zur Beschneidung der Souveränität des Rests der Welt durch die von nun an dominierenden USA.

Die Stimmrechtsverteilung, die die USA für die zu gründenden Organisationen[3] vorschlugen, war ebenfalls alles andere als demokratisch. Die einzelnen Länder sollten nicht etwa gleichberechtigt sein oder nach der

---

[3] Neben der Gründung des IWF beschloss die Konferenz von Bretton Woods auch die Gründung seiner Schwesterorganisation, der Weltbank, die damals noch *Internationale Bank für Aufbau und Entwicklung* hieß. Ihre Aufgabe

Größe ihrer jeweiligen Bevölkerung bewertet werden, sondern entsprechend ihren eingezahlten Beiträgen – womit sich Washington durch seine finanzielle Übermacht von vornherein die absolute Kontrolle über alle Entscheidungen sicherte. Dass die rassistische Apartheid-Diktatur in Südafrika Gründungsmitglied des IWF wurde, verdeutlicht, welche Rolle humanitäre Erwägungen damals spielten.

Die US-Regierung ahnte, dass es nicht einfach sein würde, der Öffentlichkeit ein Projekt zu verkaufen, das dem Geist der amerikanischen Verfassung und dem Demokratieverständnis vieler Bürger so offensichtlich widersprach. Deshalb wurden die wahren Ziele des IWF in der Presse mit großem Aufwand verschleiert und durch Phrasen vom »freien Handel« und von der »Abschaffung des Protektionismus« beschönigt. Die *New York Herald Tribune* sprach damals von der »intensivsten von oben gesteuerten Propaganda-Kampagne in der Geschichte des Landes.«

Die erste Aufgabe des IWF bestand darin, sämtliche Mitgliedsstaaten unter die Lupe nehmen, um ihre jeweiligen Beitragsquoten festzulegen. Schließlich sollte der Fonds zur Sicherung des Systems langfristig eine »Überwachungsfunktion« ausüben. Im Grunde bedeutete das nichts anderes als dass die USA sich auf Dauer das Recht herausnahmen, jederzeit über die finanziellen und wirtschaftlichen Verhältnisse aller Beteiligten informiert zu sein.

Als die Briten ein halbes Jahr nach der Konferenz auf eine Verbesserung der Verträge zu ihren Gunsten pochten, wurde ihnen unmissverständlich klargemacht, wer im IWF das Sagen hatte. Die USA knüpften einen Kredit in Höhe von 3,75 Mrd. Dollar, den Großbritannien wegen seiner Kriegsschulden dringend benötigte, kurzerhand an die Bedingung, dass das Königreich dem vorliegenden Abkommen ohne Wenn und Aber zustimmte. Es dauerte keine zwei Wochen – und Großbritannien fügte sich.

---

sollte zunächst in der Vergabe von Darlehen zum Wiederaufbau nach den Zerstörungen des Zweiten Weltkrieges bestehen.

Am 27. Dezember 1945 unterzeichneten 29 Regierungen schließlich das endgültige Abkommen. Im März 1946 kamen in Savannah im US-Bundesstaat Georgia die Vertreter von 34 Nationen zum Einführungstreffen des Gouverneursrates von IWF und Weltbank zusammen. Bei dieser Gelegenheit hatten Lord Keynes und seine Landsleute einmal mehr das Nachsehen: Entgegen ihrem Vorschlag, den inzwischen zur Sonderorganisation der Vereinten Nationen erklärten IWF wie diese in New York anzusiedeln, bestand die US-Regierung darauf, den Standort selbst zu bestimmen. Am 1. März 1947 nahm der IWF schließlich seine Tätigkeit auf – im Zentrum der US-Hauptstadt Washington.

Die Regeln für die Mitgliedschaft im IWF waren simpel: Antragstellende Länder mussten die Bücher offenlegen, wurden auf Herz und Nieren durchleuchtet und eingeschätzt. Anschließend mussten sie entsprechend ihrer Wirtschaftskraft eine bestimmte Menge Gold hinterlegen und ihren finanziellen Beitrag an die Kasse der Organisation entrichten. Im Gegenzug erhielten sie die Zusicherung, dass ihnen im Fall von Zahlungsbilanzproblemen ein Kredit in Höhe ihrer Einlage zustand – gegen entsprechende Zinsen und die vertraglich abgesicherte Verpflichtung, die IWF-Schulden unter allen Umständen vor allen anderen zu begleichen.

Der IWF erhielt schließlich ein Startkapital von 8,8 Mrd. US-Dollar aus Quoten der Mitgliedsstaaten, die ihre Beiträge zu 25 % in Gold und zu 75 % in eigener Währung leisteten. Die höchste Quote sicherten sich die USA mit einer Einlage von 2,9 Mrd. Dollar. Der Betrag war doppelt so hoch wie der Großbritanniens und garantierte den USA nicht nur das doppelte Stimmrecht, sondern sicherte ihnen bei allen kommenden Abstimmungen auch noch als einziger Nation Sperrminorität und Vetorecht.

Die Organisation des IWF wurde von einem Gouverneursrat geleitet, dem zwölf Exekutivdirektoren unterstanden. Sieben wurden von den Mitgliedern des IWF gewählt, die anderen fünf von den größten Ländern unter Führung der USA ernannt. Die Büros des IWF wurden wie die seiner Schwesterorganisation Weltbank in der Pennsylvania Avenue in Washington eingerichtet – nur wenige Minuten Fußweg vom Weißen Haus entfernt.

In den ursprünglichen Statuten des IWF heißt es, die Organisation habe die Aufgabe,

- die internationale Zusammenarbeit auf dem Gebiet der Währungspolitik zu fördern,

- die Ausweitung und ein ausgewogenes Wachstum des Welthandels zu erleichtern,

- die Stabilität der Wechselkurse zu fördern und bei der Errichtung eines multilateralen Zahlungssystems mitzuwirken,

- den Mitgliedsländern in Zahlungsbilanzschwierigkeiten die allgemeinen Fondsmittel vorübergehend und angemessen abgesichert zur Verfügung zu stellen,

- die Dauer und das Ausmaß von Ungleichgewichten der internationalen Zahlungsbilanzen der Mitgliedsländer zu verringern.

Diese offiziellen Formulierungen klingen, als handle es sich beim IWF um eine über den Nationen stehende und von politischen Einflüssen unabhängige neutrale Einrichtung, deren Hauptziel darin besteht, die Weltwirtschaft so geordnet wie möglich ablaufen zu lassen und Störungen so schnell wie möglich zu beheben. Das ist kein Zufall. Dieser Eindruck war von den Verfassern beabsichtigt und erzielte in der Tat die erwünschte Wirkung: Genau dieses Bild wird der Weltöffentlichkeit seit mehr als sechs Jahrzehnten von Politikern, Wissenschaftlern und internationalen Medien vermittelt.

Tatsächlich handelte es sich beim IWF um eine von den USA ins Leben gerufene, von ihnen beherrschte und allein auf ihre Interessen zugeschnittene Einrichtung, mit der die neue Supermacht sich neben der militärischen auch die wirtschaftliche Weltherrschaft sichern wollte. Um diese Absichten vor der Weltöffentlichkeit noch weiter zu verschleiern, riefen die Gründerväter des IWF 1947 eine Tradition ins Leben, an der die Organisation bis heute festgehalten hat – die Besetzung des Chefpostens mit einem Nicht-Amerikaner.

Camille Gutt in Bretton Woods, 1944

Die erste Wahl fiel 1946 auf den Belgier Camille Gutt. Der studierte Ökonom hatte den Briten als Finanzminister seines Landes durch Leihgaben belgischen Goldes geholfen, ihre Kriegsausgaben zu bestreiten, den Zweiten Weltkrieg durch Lieferungen von Kobalt und Kupfer aus der belgischen Kolonie Kongo gefördert und sich der US-Regierung durch geheime Lieferungen kongolesischen Urans für ihr Atomprogramm anempfohlen. Die arbeitende Bevölkerung Belgiens dagegen hatte er 1944 durch eine drastische Währungsreform (die »Gutt-Operation«) um einen großen Teil ihrer Ersparnisse gebracht.

19

Gutt leitete den IWF von 1946 bis 1951 und konzentrierte sich in dieser Zeit weitgehend auf die Einführung und Überwachung fester Wechselkurse. Damit sicherte er amerikanischen und internationalen Großkonzernen die Basis für eine bis dahin wegen der Währungsturbulenzen nicht gekannte Sicherheit beim Export ihrer Waren und beim Einkauf von Rohstoffen. Außerdem ebnete er großen US-Banken den Weg zur problemlosen Vergabe internationaler Kredite und erschloss dem nach Investitionsmöglichkeiten suchenden internationalen Finanzkapital den ungehinderten Zugang zu fast allen Regionen der Erde.

Ein Dorn im Auge des IWF waren die großen politischen Veränderungen in den Jahren nach dem Zweiten Weltkrieg, die den Wirkungsbereich der Organisation einschränkten. So nutzte vor allem die Sowjetunion die Nachkriegslage aus, um den eigenen Einflussbereich auszuweiten. Da sich die Herrschaft von Stalins Funktionären noch immer auf die Vergesellschaftung der Produktionsmittel durch die Russische Revolution

20

von 1917 stützte, schotteten sie nach der Aufteilung der Welt unter den Großmächten und der Ziehung neuer Grenzen in Europa den sogenannten »Ostblock« vom Westen ab und ließen durch ihre Statthalter in diesen Ländern die Planwirtschaft einführen. Ziel war dabei nicht etwa die Durchsetzung der Interessen der arbeitenden Bevölkerung, sondern die Unterordnung des Ostblocks unter die eigenen Interessen zum Zwecke der Plünderung dieser Länder.[4] Auf jeden Fall bedeutete es, dass dem internationalen Finanzkapital mit Polen, der DDR, der Tschechoslowakei, Ungarn, Rumänien und Bulgarien zahlreiche weitere Märkte entzogen wurden.

Die Machtübernahme durch Mao Zedong im Jahr 1949 und die Einführung der Planwirtschaft versperrten westlichen Investoren dann auch noch den Weg nach China und führten schließlich zum Koreakrieg, in dem die USA im Rahmen ihrer Politik der »Eindämmung« (»containment«) des Machtbereiches der Sowjetunion den Tod von vier Millionen Menschen in Kauf nahmen, um der Welt eine klare Botschaft zu vermitteln: dass die größte Wirtschaftsmacht der Erde es nicht dulden würde, wenn auch nur ein einziges weiteres Land ihrem Zugriff entzogen würde.

---

[4]   Nach der Aufteilung Deutschlands in Besatzungszonen kam es zur »Demontage« von Produktionsanlagen. Die Sowjetunion entfernte zwischen 1945 und 1948 u. a. vier Fünftel der Kapazitäten in der Fahrzeugindustrie und drei Viertel der Eisenerzeugung in der von ihr beherrschten Sowjetisch Besetzten Zone (SBZ, Vorläuferin der 1949 gegründeten DDR).

Der Nachkriegsboom.
Der IWF wirft sein Netz aus

Die Nachkriegsjahre waren von einem – in Deutschland als »Wirtschaftswunder« bezeichneten – rasanten wirtschaftlichen Aufschwung der führenden Industrienationen gekennzeichnet, in dessen Verlauf die Kreditvergabe durch den IWF nur eine untergeordnete Rolle spielte. Von 1947 bis 1948 beanspruchten ganze elf Länder seine Gelder, 1950 wurden gar keine Kredite angefordert und auch in den folgenden Jahren nur sehr wenige. Das heißt aber nicht, dass man in der Washingtoner Zentrale des IWF untätig war. Ganz im Gegenteil: Unter der Leitung des zweiten IWF-Chefs Ivar Rooth, eines ehemaligen Gouverneurs der Schwedischen Zentralbank und Ex-Direktors der Basler *Bank für Internationalen Zahlungsausgleich* (BIZ)[5], setzte eine Entwicklung ein, die in der späteren Geschichte der Organisation eine herausragende Bedeutung gewinnen sollte – die Bindung der Kreditvergabe an Bedingungen.

Ivar Rooth (1888–1972)

Harry Dexter White hatte bereits auf der Bretton-Woods-Konferenz einen Vorschlag in dieser Richtung gemacht, war aber am Widerstand der Briten gescheitert. Inzwischen hatte sich Großbritanniens Lage jedoch

---

[5]   Dachorganisation der nationalen Notenbanken

weiter verschlechtert. Ehemalige Kolonien, vor allem in Afrika, kämpften um ihre Unabhängigkeit und im Nahen Osten zeichnete sich die Suezkrise[6] ab – eine günstige Gelegenheit für die USA, die eigenen Interessen im IWF noch stärker durchzusetzen.

Mit den *Stand-by-Arrangements* (Bereitschaftskrediten), deren Regelungen nach der Niederlage der Briten im Suez-Konflikt und der Zunahme von Spannungen im britisch-amerikanischen Verhältnis noch weiter verschärft wurden, hielt das Prinzip der »Konditionalität« im IWF Einzug. D. h. die Gewährung von Krediten wurde an Bedingungen geknüpft, die weit über die Festlegung von Laufzeiten und Zinsätzen hinausgingen.

Bei der Durchsetzung dieser Regelung arbeiteten die Strategen des IWF mit einer geschickten Täuschung der Öffentlichkeit. Ab 1958 wurden die Regierungen von Schuldnerstaaten verpflichtet, mit einem »Letter of Intent« eine Absichtserklärung zu verfassen, mit der sie sich zu »angemessenen Bemühungen« bereiterklärten, um ihre Zahlungsbilanzprobleme in den Griff zu bekommen. Auf diese Weise entstand nach außen der Eindruck, das jeweilige Land habe dem IWF die Maßnahmen vorgeschlagen, die er in Wirklichkeit selbst einforderte.

Doch selbst das ging dem IWF noch nicht weit genug. So erfolgte die Auszahlung des Kredites nur noch in Etappen (»Phasing«) und war damit an das Wohlverhalten des Schuldnerlandes gebunden. Außerdem bestand (und besteht) der IWF darauf, dass Abkommen zwischen ihm und seinen Schuldnern nicht als internationale Verträge gelten und deshalb nicht parlamentarisch abgesegnet werden müssen. Schließlich verfügte er, dass sie darüber hinaus nicht für die Augen der Öffentlichkeit bestimmt, sondern als Geheimsache zu behandeln sind – eine Regelung, die ebenfalls heute noch gilt.

---

[6]   Nach der Verstaatlichung des Suezkanals durch Ägypten griffen Großbritannien und Frankreich, unterstützt von Israel, militärisch ein, wurden aber durch die USA und die Sowjetunion zum Waffenstillstand gezwungen.

Die Konditionalität sollte im Verlauf der Geschichte des IWF ständig gesteigert und verschärft werden und sich als entscheidender Mechanismus für die immer größere Fremdbestimmung der betroffenen Länder erweisen. Außerdem trug sie durch eine Art von Hebelwirkung entscheidend zum Machtzuwachs des IWF bei, denn die Weltbank, die meisten Regierungen und die überwiegende Mehrzahl internationaler kommerzieller Banken gewährten von nun an nur noch solchen Ländern Kredite, denen der IWF – auf Grund der Erfüllung der Kriterien – sein »Gütesiegel« verpasste.

1956 fand in Paris ein Treffen statt, das für die spätere Entwicklung des IWF richtungsweisende Bedeutung gewinnen sollte. Argentinien hatte Probleme, einen Kredit zurückzuzahlen, und musste sich mit seinen Gläubigerländern und Vertretern des IWF zusammensetzen, um sich neue Bedingungen diktieren zu lassen. Das Treffen fand in den Amtsräumen und unter Vorsitz des damaligen französischen Finanzministers Pierre Pflimlin statt und blieb nicht das einzige seiner Art. In den kommenden Jahren wurden am selben Ort des Öfteren Treffen zwischen IWF-Repräsentanten, Gläubigern und Schuldnern abgehalten, aus denen sich nach und nach eine feste allmonatliche Zusammenkunft von IWF und staatlichen Gläubigern entwickelte, die als »Pariser Club« bekannt geworden ist und in deren »informellem« Rahmen überaus wichtige Entscheidungen getroffen wurden und werden – abseits von Parlamenten und unter Ausschluss der Öffentlichkeit. Schon bald erkannten auch die kommerziellen Banken in aller Welt die Bedeutung dieses Treffens, zogen nach und hielten (und halten auch heute noch) zeitgleich mit dem Pariser Club Treffen ihres »Londoner Clubs« ab.

Von der Weltöffentlichkeit kaum beachtet, wandte sich der IWF in der Folgezeit einem Betätigungsfeld zu, das ihm innerhalb kurzer Zeit zu einem gewaltigen Machtschub verhelfen sollte. Die Welle von Unabhängigkeitserklärungen afrikanischer Staaten Anfang der sechziger Jahre[7]

---

[7] 1960 wird das »afrikanische Jahr« genannt, weil allein in diesem Jahr 18 ehemalige Kolonien (14 französische, zwei britische, je eine belgische und italienische) ihre Unabhängigkeit erklärten.

führte dazu, dass Länder, die jahrzehntelang durch den Kolonialismus ausgeplündert worden waren und wirtschaftlich am Boden lagen, nun unter veränderten Bedingungen ihren Platz in der Welt und vor allem in der Weltwirtschaft finden mussten. Dazu brauchten ihre Regierungen – Geld. Da die meisten dieser Länder den kommerziellen Banken aber wegen sozialer Spannungen, politischer Unruhen und kaum vorhandener Infrastruktur zu wenig Sicherheit boten, nutzte der IWF die Gunst der Stunde und diente sich ihnen als Gläubiger an.

Zwar waren die afrikanischen Länder durchweg so arm, dass ihnen nur relativ bescheidene Summen zugebilligt wurden, aber auch diese hatten Folgen. Die Fälligkeit von Zins- und Tilgungszahlungen sorgte mit unerbittlicher Regelmäßigkeit dafür, dass sich die gerade der Kolonialabhängigkeit entkommenen Staaten übergangslos in einem neuen Netz von Abhängigkeit verfingen – der finanziellen Abhängigkeit vom IWF.

Da die Gewährung eines Kredites die Mitgliedschaft des Schuldners im IWF voraussetzte, schlossen sich der Organisation, zu deren Gründungsmitgliedern nur drei afrikanische Staaten – Ägypten, Äthiopien und Südafrika – gehört hatten, zwischen 1957 und 1969 mehr als vierzig weitere an. 1969 waren 44 von 115 Mitgliedern afrikanisch. Obwohl ihr Anteil an der Gesamtorganisation damit über einem Drittel lag, betrug ihr Stimmrecht im selben Jahr unter fünf Prozent.

Die siebziger Jahre.
Der IWF und die chilenische Erfahrung

Mit Beginn der siebziger Jahre endete der Nachkriegsboom, eine etwa 25-jährige Periode wirtschaftlicher Expansion, in der der arbeitenden Bevölkerung zumindest in den führenden Industrienationen große soziale Zugeständnisse gemacht worden waren und die zu einer bis dahin nicht gekannten Verbesserung des Lebensstandards geführt hatte. Ursache für das Ende dieser Entwicklung war die innere Zersetzung des Systems von Bretton Woods. Als Ergebnis steigender US-Investitionen im Ausland und ausufernder Militärausgaben – insbesondere für den Vietnamkrieg – hatte die weltweit zirkulierende Dollar-Menge unaufhaltsam zugenommen. Sämtliche Versuche der amerikanischen Regierung, dieses Ausufern unter Kontrolle zu bringen, scheiterten, weil sich das US-Kapital inzwischen mit internationalem Kapital vermischt hatte und diese geballte Finanzkraft von einer einzelnen Nation nicht mehr zu bändigen war.

1971 wiesen die USA zum ersten Mal in ihrer Geschichte ein Zahlungsbilanzdefizit auf. Gleichzeitig erreichte das Missverhältnis zwischen der globalen Dollarmenge und den in Fort Knox gelagerten Goldreserven der USA ein solches Ausmaß, dass selbst die Anhebung des Goldpreises auf zunächst 38,00 Dollar und dann auf 42,20 Dollar den Eintausch gegen eine Unze Gold nicht länger garantieren konnte.[8] Am 15. August 1971 zog US-Präsident Nixon die Notbremse und löste die Gold-Dollar-

---

[8] Die außerhalb der USA zirkulierende Dollarmenge wuchs von 5 Mrd. im Jahr 1951 auf 38,5 Mrd. im Jahr 1968 an und übertraf die US-Goldreserven damit um 23 Mrd. US-Dollar.

Bindung in gewohnter Großmachtmanier – ohne sich vorher mit seinen Verbündeten abzusprechen.[9]

26 Im Dezember 1971 beschloss eine Konferenz der G10, der 1962 gegründeten Gruppe der weltweit führenden zehn Industriestaaten, eine Anpassung der Wechselkurse, die den Wert des Dollars gegenüber anderen Währungen neu festlegte. Sie führte zu einer Abwertung des Dollars, die von 7,5 % gegenüber der schwachen italienischen Lira bis zu 16,9 % gegenüber dem starken japanischen Yen reichte. Im Februar 1973 wurde der Dollar erneut abgewertet, doch es wurde schon bald klar, dass das System fester Wechselkurse nicht länger aufrechtzuerhalten war. Im März 1973 führten die G10 und einige andere Industrieländer das System gleitender und durch die Zentralbanken festzulegender Wechselkurse ein – ohne auch nur ein einziges weiteres Land in ihre Entscheidung einzubeziehen und obwohl die neue Regelung in krassem Widerspruch zum Artikel 6 des Gründungsdokuments des IWF über feste Wechselkurse und Währungsstabilität stand.

Mit der Abschaffung fester Wechselkurse waren die Kernaufgaben des IWF historisch erledigt. Übrig blieb nur die Rolle als Kreditgeber, der über die Vergabe von Geldern, ihre Knüpfung an Bedingungen und die Einsicht in die Bücher des jeweiligen Bittstellers direkten Einfluss auf dessen Politik nehmen konnte. Für genau diese Funktion sollten sich allerdings schon wenig später auf unerwartete und dramatische Weise neue, überaus günstige Bedingungen ergeben.

1973 nutzten die Mitglieder der 1960 gegründeten *Organisation ölexportierender Länder* (OPEC) den Jom-Kippur-Krieg zwischen Ägypten und Israel, um die in den Westen gelieferten Ölmengen zu drosseln (»Ölembargo«) und die Ölpreise drastisch zu erhöhen. Die Maßnahme sorgte für eine gewaltige Steigerung der Profite von Ölkonzernen und ölproduzierenden Ländern. Diese Profite landeten bei kommerziellen Banken,

---

[9] Pierre-Paul Schweitzer, der damalige Präsident des IWF, wurde erst wenige Minuten vor Nixons Fernsehansprache über die Entscheidung der USA informiert.

die ihrerseits versuchten, sie gewinnbringend anzulegen. Da die Weltwirtschaft 1974/75 in eine Rezession rutschte und die Investitionsmöglichkeiten in den Industrieländern abnahmen, wurde der Löwenanteil des Geldes in Form von Krediten an Dritte-Welt-Länder in Asien, Afrika und Südamerika vergeben, die wegen ihrer höheren Ausgaben durch die gestiegenen Ölpreise dringend Geld brauchten. Der IWF selbst reagierte auf den erhöhten Kreditbedarf der Entwicklungsländer, indem er 1974 die *Extended Fund Facility* (erweiterte Kreditfazilität) einführte, aus der Mitgliedsländer Kredite über 140 % der jeweiligen Quote bei Laufzeiten von viereinhalb bis zehn Jahren beziehen konnten.

Obwohl die Fazilität ausdrücklich zur Finanzierung von dringend benötigten Ölimporten eingerichtet wurde, kümmerte es den IWF – ebenso wie die Banken – wenig, wofür das Geld tatsächlich ausgegeben wurde. Ob es direkt in die Taschen von Diktatoren[10] wie Mobutu in Zaire, Saddam Hussein im Irak oder Suharto in Indonesien wanderte, die es entweder verprassten, auf ausländischen Nummernkonten versteckten oder zur Aufrechterhaltung ihrer Macht für militärische Zwecke ausgaben, oder ob es die Staatsverschuldung auf andere Art und Weise in die Höhe trieb, war dem IWF und den Banken so lange egal, wie die Zinszahlungen regelmäßig auf ihren Konten eingingen.

Die Situation aber änderte sich schlagartig, als Paul Volcker, der neue Vorsitzende der US-Zentralbank Federal Reserve, 1979 den Leitzins (den Zinssatz, zu dem sich kommerzielle Banken bei Zentralbanken Geld besorgen können) um 300 % erhöhte, um die Inflation in den Vereinigten Staaten zu drosseln. Die USA rutschten in eine weitere Rezession, in deren Folge wegen geringerer Wirtschaftsaktivitäten weniger Rohstoffe benötigt wurden.

---

[10] Dem Diktator Joseph Mobutu gelang es während seiner Amtszeit, Staatsschulden in Höhe von 12 Mrd. Dollar und ein persönliches Vermögen von 4 Mrd. Dollar anzuhäufen. Saddam Hussein schaffte es, 162 Mrd. Dollar an Krediten zu bekommen und diese für den Bau von Palästen, die Aufrüstung seines Unterdrückungsapparates und die Kriege gegen Iran und Kuwait einzusetzen.

Für viele Entwicklungsländer bedeutete die Kombination aus nachlassender Nachfrage, fallenden Rohstoffpreisen und explodierenden Zinsen, dass sie ihren Zahlungsverpflichtungen gegenüber internationalen Großbanken nicht mehr nachkommen konnten. Es drohte eine Finanzkrise gewaltigen Ausmaßes. Die Schuldenlast der Entwicklungsländer betrug zu Beginn des Jahres 1980 insgesamt 567 Mrd. US-Dollar. Ein Ausfall von Zahlungen dieser Größenordnung hätte zahlreiche westliche Banken zusammenbrechen lassen und musste unter allen Umständen verhindert werden.

Jetzt schlug die große Stunde des IWF als Kreditgeber letzter Instanz. Während seine PR-Abteilung über die Medien verbreiten ließ, er arbeite an »Rettungspaketen« für die überschuldeten Länder, nutzte der Fonds seine unanfechtbare Monopolstellung aus und knüpfte die Erteilung von Krediten an eisenharte Bedingungen. Dabei kamen ihm zwei Erfahrungen, die er in den vergangenen Jahren gemacht hatte, zugute.

Zum einen hatte ein von der CIA unterstützter Militärputsch in Chile im September 1973 die Herrschaft des sozialistischen Präsidenten Salvador Allende beendet und den faschistischen Diktator Augusto Pinochet an die Macht gebracht. Pinochet hatte Allendes Verstaatlichungen umgehend rückgängig gemacht, aber kein Rezept gegen die galoppierende Inflation gefunden. Um der Lage wieder Herr zu werden, wandte er sich an eine Gruppe von 30 chilenischen Wirtschaftswissenschaftlern, die als *Chicago Boys* bekannt waren, weil sie unter dem Nobelpreisträger Milton Friedman an der *Chicago School of Economics* studiert hatten, und schlug ihnen eine klar definierte Arbeitsteilung vor: Er selbst würde für die Unterdrückung jeglicher politischer und gewerkschaftlicher Opposition und die Zerschlagung aller Arbeitskämpfe sorgen, wenn sie auf der Grundlage neoliberaler[11] Ideen ein radikales *Austeritätsprogramm* (Einsparungsprogramm) in seinem Lande durchsetzten.

---

[11] Nach Ansicht des »Neoliberalismus«, seit den frühen 70er Jahren die vorherrschende Ideologie des internationalen Finanzkapitals, soll der Staat sich aus der Wirtschaft heraushalten und dessen Regulierung weitestgehend den

Treffen von Augusto Pinochet mit US-Außenminister Henry Kissinger, 1976

Innerhalb weniger Wochen wurde ein umfangreicher Maßnahmenkatalog entwickelt. Er sah eine drastische Begrenzung der umlaufenden Geldmenge und der Regierungsausgaben, Entlassungen im öffentlichen Dienst, Privatisierungen im Gesundheits- und Bildungswesen, Lohnkürzungen und Steuererhöhungen für die arbeitende Bevölkerung bei gleichzeitiger Senkung von Zöllen und Unternehmenssteuern vor und wurde von beiden Seiten unumwunden als »Schocktherapie« bezeichnet.

Sowohl Pinochet als auch seine Partner, die der Öffentlichkeit als eine »Regierung der Technokraten« präsentiert wurden, erfüllten ihre Seite des Abkommens im Übermaß. Während der Diktator jeglichen Widerstand gegen die einschneidenden Maßnahmen brutal niederschlug und dafür sorgte, dass viele Oppositionelle für immer verschwanden, setzten die *Chicago Boys* zu einem Frontalangriff auf die arbeitende Bevölkerung an. Sie trieben die Arbeitslosigkeit, die 1973 bei 3 % gelegen hatte, bis

Märkten überlassen. Im Gegensatz dazu fordert der »Keynesianismus« vom Staat, in Zeiten der Krise aktiv in das Wirtschaftsgeschehen einzugreifen.

Ende 1975 auf 18,7 %, die Inflation im gleichen Zeitraum auf 341 % und stürzten vor allem die ärmsten Teile der Bevölkerung in noch schlimmere Armut. Die Folgen des Programms führten dazu, dass sich die soziale Ungleichheit auf Jahrzehnte hinaus verschärfte: 1980 strichen die reichsten 10 % der chilenischen Bevölkerung 36,5 % des nationalen Einkommens ein, 1989 bereits 46,8 %. Die unteren 50 % dagegen fielen im selben Zeitraum von einem Anteil von 20,4 % des Gesamteinkommens auf 16,8 % zurück.

Hatte Pinochet sich bei seinem blutigen Putsch voll und ganz auf die aktive Unterstützung durch die CIA und das US-Außenministerium unter Henry Kissinger stützen können, so konnten die *Chicago Boys* sich bei der Durchführung des härtesten Austeritätsprogramms, das je in einem lateinamerikanischen Land durchgeführt worden war, der uneingeschränkten Rückendeckung durch den IWF sicher sein: Ungeachtet aller Menschenrechtsverletzungen verdoppelten sich im Jahr nach Pinochets Putsch die IWF-Kredite an Chile, um sich in den folgenden zwei Jahren zu vervierfachen und verfünffachen.

Die zweite Erfahrung, die der IWF gemacht hatte, betraf Großbritannien. Dessen unaufhaltsamer wirtschaftlicher Abstieg hatte das Land in den ersten zweieinhalb Jahrzehnten der Existenz des IWF zu seinem größten Kreditnehmer gemacht. Von 1947 bis 1971 hatte sich die britische Regierung die Gesamtsumme von 7,25 Mrd. Dollar geliehen. Nach der Rezession von 1974/75 und spekulativen Angriffen auf das Pfund war sie immer stärker unter Druck geraten. Als sie sich schließlich 1976 erneut hilfesuchend an den IWF wandte, nutzten die USA die Gelegenheit, ihre Dominanz eiskalt auszuspielen. Im Bündnis mit den inzwischen wiedererstarkten Deutschen zwangen sie die damalige Labour-Regierung unter Harold Wilson, die öffentlichen Ausgaben einzuschränken und gewaltige Kürzungen bei Sozialprogrammen durchzusetzen, eine restriktive Steuerpolitik zu betreiben und von Importkontrollen aller Art abzusehen. Der Eingriff bedeutete eine bis dahin nicht gekannte Einmischung in die politische Souveränität eines europäischen Kreditnehmerlandes und führte dazu, dass kein führendes westliches Industrieland jemals wieder einen Kredit beim IWF beantragte.

»Strukturanpassungsprogramme«.
Der IWF systematisiert sein Vorgehen

Für die Führungsspitze des IWF brachten die britische und die chilenische Erfahrung die Erkenntnis, dass es an der Zeit war, sich auch programmatisch auf die neue Rolle als Wegbereiter neoliberaler Reformen im Sinne des US-Finanzkapitals mit der Zielgruppe Entwicklungsländer einzustellen. Das geschah in den Jahren 1978 und 1979 in zwei Schritten.

Zunächst wurden im April 1978 die Statuten des IWF durch die drei Positionen »finanzielle Unterstützung«, »technischer Beistand« und »Überwachung« ergänzt. Die »finanzielle Unterstützung« bedeutete nichts anderes, als dass die neue Hauptaktivität des IWF als Kreditgeber und Kreditvermittler von Entwicklungsländern in den Statuten festgeschrieben wurde. Der »technische Beistand« ging schon weiter, denn der IWF räumte sich damit das Recht ein, beim Ausbau der Regierungskapazitäten und beim Aufbau der jeweiligen Zentralbank ein gewichtiges Wort mitzureden. Auf diese Weise konnte er von nun an dafür sorgen, dass die entscheidenden Positionen sowohl in den Wirtschaftsministerien als auch in den Zentralbanken mit Leuten besetzt wurden, die dem IWF nahestanden oder zumindest seine neoliberalen Ansichten teilten.

Wichtigster Punkt in den neuen Statuten war die »Überwachung«. Hatte sich die Rolle des IWF bis dahin auf die Anordnung makroökonomischer (die Gesamtwirtschaft betreffende) Maßnahmen wie die Eindämmung der Geldmenge, die Inflationsbekämpfung, die Haushaltsbegrenzung und Fragen der Staatsschulden beschränkt, so gestand er sich von nun an eine Einmischung in Fragen der *Good Governance* (der guten Regierungsführung), der Justizreformen und der Reformen im Finanzbereich zu. In anderen Worten: Der IWF erlaubte sich höchst offiziell und grundsätzlich noch tiefere Eingriffe in die Souveränität von Schuldnerstaaten als bisher.

1979 wurde der Welt dann mit den »Strukturanpassungsprogrammen« (SAP's) ein richtungsweisendes und allgemeingültiges Instrumentarium präsentiert, mit dem das Prinzip der Konditionalität der zunehmenden Bedeutung weltweiter Finanztransaktionen unter den vier Schlagwörtern »Liberalisierung, Deregulierung, Stabilisierung und Privatisierung« Rechnung trug. Die Bedingungen wurden dem einzelnen um einen Kredit ersuchenden Land zwar auch in Zukunft jeweils auf den Leib geschnidert, die Grundzüge des Forderungskataloges aber waren weitgehend die gleichen. Zu ihnen zählten u. a.

- der Ausgleich des Staatshaushaltes durch Einsparungen und Ausgabenstreichungen,

- die Abwertung der Landeswährung zur Steigerung der Wettbewerbsfähigkeit,

- die Begrenzung des inländischen Kreditvolumens durch Zinserhöhungen,

- der Abbau von Import- und Devisenverkehrsbeschränkungen,

- die Ausrichtung der Wirtschaft auf einzelne, gut zu vermarktende Exportgüter,

- die Beseitigung von Restriktionen für ausländische Investitionen,

- die Privatisierung von Staatsbetrieben und Staatseigentum,

- die Erteilung von Rechtsgarantien für privates Unternehmertum.

Auf die arbeitende Bevölkerung und die Armen des betroffenen Landes wirkte jede einzelne dieser Maßnahmen wie ein Peitschenhieb. Die Löhne der öffentlichen Bediensteten wurden eingefroren oder gesenkt, viele von ihnen wurden entlassen. Ausgabenkürzungen betrafen vor allem das Erziehungs- und das Gesundheitswesen und damit Bereiche, die in sämtlichen Entwicklungsländern bis heute unterfinanziert sind. In Ländern, in denen der Analphabetismus zu den größten Entwicklungshindernissen zählt, wurden öffentlichen Schulen Gelder entzogen oder es wurde sogar Schulgeld eingeführt. Die ohnehin unzureichende medizinische Versorgung wurde weiter eingeschränkt. Subventionen für Treibstoff wurden gestrichen, was bedeutete, dass viele Haushalte ohne Energie dastanden. Noch schlimmer war die Kürzung oder Abschaffung von Subventionen für Grundnahrungsmittel. Kinder, die bereits an Mangelernährung litten, trugen lebenslange Schäden davon oder mussten, wie viele Erwachsene, verhungern.

Die Abwertung der Landeswährung schwächte die Kaufkraft der Bevölkerung, da für ausländische Produkte jetzt höhere Preise gezahlt werden mussten. Die Begrenzung des inländischen Kreditvolumens durch Zinserhöhungen traf viele städtische und ländliche Kleinbetriebe, die von billigen Krediten abhängig waren, trieb Kleinunternehmer in den Bankrott und ihre Beschäftigten in die Arbeitslosigkeit. Die Aufhebung aller Importbeschränkungen und der Abbau von Devisenverkehrsbeschränkungen führten dazu, dass ausländisches Kapital und ausländische Waren ungehindert ins Land flossen und die Wirtschaft mit billigen Waren überfluteten. Vor allem auf dem Agrarsektor hatte diese Entwicklung dramatische Folgen: Da die Kleinbauern nicht mit den Preisen der riesigen, international operierenden Nahrungsmittelkonzerne konkurrieren konnten, kam es zu wahren Pleitewellen. Folge war, dass vor allem afrikanische Länder, die zuvor Nahrungsmittel exportiert hatten, zu Nahrungsmittelimporteuren wurden – und es bis heute geblieben sind.

Die Ausrichtung der Wirtschaft auf einige wenige Rohstoffe, die weltweit gut zu vermarkten sind, führte zu einer einseitigen Abhängigkeit des jeweiligen Landes, die sich bei sinkenden Weltmarktpreisen fatal auswirkte und die Exporteinnahmen zum Teil einbrechen ließ. Für die Agrarwirtschaft bedeutete die Konzentration auf weltweit gefragte Produkte wie Kaffee, Tee und Baumwolle, dass der Anbau jahrhundertelang bewährter

Grundnahrungsmittel wie Maniok, Süßkartoffeln und Hirse vernachlässigt oder ganz eingestellt wurde.

Die Beseitigung von Restriktionen für ausländische Investoren trieb viele heimische Betriebe in den Ruin, da sie sich nun mit Unternehmen messen mussten, die ihnen finanziell, technisch und logistisch haushoch überlegen waren. Die Privatisierung von Staatsbetrieben schließlich bedeutete, dass elementare Versorgungsbereiche wie Strom und Wasser oder der öffentliche Transport privaten Investoren und Spekulanten überlassen wurden, die die Preise sofort nach der Übernahme ungeachtet aller gesellschaftlichen Folgen drastisch in die Höhe trieben.

In anderen Worten: Der Lebensstandard der arbeitenden Bevölkerung wurde systematisch gesenkt, die Probleme von Armut, Analphabetismus und Hunger wurden verschärft und die soziale Ungleichheit vergrößert und auf Dauer verfestigt. Internationale Großbanken, institutionelle Anleger und milliardenschwere Spekulanten dagegen rieben sich die Hände, denn jede Maßnahme des IWF bedeutete für sie eine Verbesserung ihrer Investitions- und Profitmöglichkeiten. Im Einzelnen:

Die Kürzung der staatlichen Ausgaben sorgte dafür, dass dem jeweiligen Land mehr Geld zur Bedienung seiner Kredite bei ausländischen Gläubigern zur Verfügung stand. Die Abwertung der Landeswährung war geradezu ein Spekulantentraum: Man musste sich nur rechtzeitig in der Fremdwährung verschulden, eine Zeitlang abwarten und konnte dann einen Gewinn in genau der Höhe des Prozentsatzes der Abwertung einstreichen.[12] Zur Drosselung der Inflation angeordnete Zinserhöhungen waren ebenfalls höchst willkommen und heizten nebenbei die mit zunehmender Finanzialisierung immer stärker ausufernde Währungsspekulation an, wodurch das Land noch stärker vom internationalen Finanzgeschehen abhängig und seine Regierung gegenüber ausländischen

---

[12] Nahm ein Spekulant aus der Dollar-Zone vor einer 50-prozentigen Abwertung einen Kredit in der Währung eines Entwicklungslandes auf, konnte er ihn nach vollzogener Abwertung für die Hälfte auslösen und so satte 50 % Gewinn verbuchen.

Geldgebern noch willfähriger wurde. Die Ausrichtung der Wirtschaft auf einige wenige Rohstoffe und die dadurch entstehende Abhängigkeit und Erpressbarkeit bedeuteten für Großmächte und Großkonzerne ebenfalls gewaltige Profite, die durch die parallele Beseitigung von Investitions- beschränkungen umgehend wieder im Lande angelegt werden konnten und im Falle des Aufkaufs privatisierter Staatsbetriebe weitere Gewinne abwarfen.

Egal, welche der Einzelmaßnahmen des IWF man näher unter die Lupe nimmt, ihnen waren samt und sonders drei Merkmale gemein: Sie schadeten der arbeitenden Bevölkerung, sie nutzten den internationalen Investoren und sie trugen dazu bei, das Land in noch größere Abhängigkeit von den weltweiten Finanzmärkten zu bringen.

Dass sich dennoch immer mehr Länder an den IWF wandten und zu seinen Mitgliedern wurden, hatte einen einfachen Grund: Bei kommerziellen Banken galten nur solche Länder als kreditwürdig, die sich den Strukturanpassungsprogrammen des IWF unterwarfen. Wenn ein Entwicklungsland sich also nicht vollständig isolieren und weiterhin am internationalen Wirtschafts- und Finanzgeschehen teilnehmen wollte, blieb ihm gar nichts anderes übrig als sich dem IWF anzuschließen und dessen Konditionen zu akzeptieren. Bis Mitte der achtziger Jahre wurden auf diese Weise drei Viertel aller lateinamerikanischen Länder und zwei Drittel aller afrikanischen Länder zu Mitgliedern des IWF.

Die lateinamerikanische Schuldenkrise.
Der IWF wird zum globalen Krisenmanager

Die Petrodollar-Schwemme der sechziger und siebziger Jahre und die Kreditpraxis der internationalen Banken führte dazu, dass die Gesamtverschuldung aller Entwicklungsländer zwischen 1971 und 1982 um 600 % und ihr Schuldendienst (d. h. Tilgungs- und Zinszahlungen) um 1.100 % anstiegen. Die Gesamtsumme der Forderungen gegenüber Lateinamerika wuchs zwischen 1975 und 1982 jährlich um 20,4 %. Betrugen die Auslandsschulden aller südamerikanischen Staaten 1975 noch 75 Mrd. Dollar, so erreichten sie 1983 den Stand von mehr als 314 Mrd. US-Dollar. Der jährliche Schuldendienst, der 1975 bei 12 Mrd. Dollar gelegen hatte, belief sich 1982 bei Zinsraten von 15 % bis 16 % auf 66 Mrd. US-Dollar und stieg um 10 % jährlich. Es zeichnete sich eine Krise ab, wie die Welt sie seit dem Zweiten Weltkrieg nicht gesehen hatte.

Den Beginn machte das von Ölexporten abhängige Mexiko, das durch sinkende Ölpreise infolge der weltweiten Rezession und den rasanten Anstieg der US-Zinsen hart getroffen wurde. Ausländische Investoren zogen in den Jahren 1979 bis 1982 55 Mrd. Dollar ab, der Peso verlor bis zum Februar 1982 67 % seines Wertes und das mexikanische Leistungsbilanzdefizit wuchs auf 5,8 Mrd. Dollar an. Als ausländische Banken im Sommer 1982 weitere Kredite verweigerten, war das Land finanziell am Ende.

Die mexikanische Börse wurde geschlossen, am 12. August 1982 reiste eine Regierungsdelegation nach Washington, setzte sich mit dem Präsidenten der US-Zentralbank Federal Reserve, dem US-Finanzminister und dem Chef des IWF zusammen und erklärte ihnen, Mexiko könne seinen Zahlungsverpflichtungen nicht mehr nachkommen und fordere aus diesem Grund ein dreimonatiges Moratorium (Zahlungsaufschub). Ein sofort angeordneter Kassensturz brachte die ernüchternde Erkenntnis, dass Mexiko bei Privatbanken in aller Welt mit einer Gesamtsumme von über 80 Mrd. Dollar in der Kreide stand. Das offizielle Washington, die Führungsetage der Wall Street und der IWF wussten: Ein Zahlungsausfall in dieser Höhe konnte zu Bankzusammenbrüchen in den USA, Europa und Japan führen und unübersehbare Folgen für das weltweite Finanzsystem haben.

IWF-Chef Jacques de Larosière berief umgehend die Vertreter von 800 Banken zu einer Dringlichkeitssitzung nach New York. Einziger Tagesordnungspunkt war die Frage, wie ein mexikanischer Staatsbankrott verhindert werden konnte. Um zumindest einige Wochen zu überbrücken, sprangen die Zentralbanken von zehn westlichen Ländern und die Basler *Bank für Internationalen Zahlungsausgleich* kurzfristig mit einem »Rettungspaket« ein. Dann betätigte sich der IWF offiziell als »Vermittler« zwischen Mexikos Regierung und den Privatbanken. Wenig später verkündete der IWF, er habe den kommerziellen Banken Kredite von 5 Mrd. Dollar zur Stabilisierung Mexikos »abgerungen« und sei selbst bereit, »Hilfszahlungen« in Höhe von 3,3 Mrd. Dollar zu leisten.

Die Wahrheit, die sich hinter diesen beschönigenden Formulierungen verbarg, sah folgendermaßen aus: Um Mexikos weiteren Schuldendienst zu garantieren, blieb seinen Gläubigern nur eine Möglichkeit – sie mussten dem Land weitere Kredite zugestehen. Diese wurden aber nicht zur Rettung Mexikos, sondern im ureigenen Interesse der Banken vergeben und mit Hilfe des IWF an Bedingungen geknüpft, die die Macht genau dieser Banken erheblich stärkten und ihnen unter anderem dazu verhalfen, Schulden bei mexikanischen Unternehmen leichter einzutreiben als zuvor. Der IWF selbst sorgte nicht nur für weitere 3,3 Mrd. Dollar, sondern verband die Bereitstellung dieser Summe mit der rigorosen Durchsetzung eines zehn Punkte umfassenden Strukturanpassungsprogramms, das unter anderem zu einer drastischen Senkung der Reallöhne[13] und zur Abschaffung staatlicher Subventionen auf Grundnahrungsmittel führte.

---

[13] Die Reallöhne in Mexiko sanken von 1982 bis 1986 um 38 %.

Zusammen mit der anhaltend hohen Inflation, die in den folgenden vier Jahren zwischen 60 % und 90 % pro Jahr pendelte, senkten die Maßnahmen den Lebensstandard breiter Schichten der mexikanischen Bevölkerung und trieben ein Großteil von ihnen in bitterste Armut.

39

Im Dezember 1982 verkündete Brasilien ebenfalls ein Moratorium auf die Rückzahlung seiner internationalen Schulden. Wie ganz Südamerika litt das Land unter dem fatalen Zusammentreffen von Zinserhöhungen durch die USA, dem plötzlichen Rückgang der Exporte infolge der weltweiten Rezession und zunehmender Inflation. Auch hier schritt der IWF umgehend ein und zwang die Regierung zu einem eisernen Sparkurs gegen die Bevölkerung. Gleichzeitig nutzte er ihre Position der Schwäche aus und forderte die Abschaffung von Einfuhrzöllen, mit denen die Regierung versucht hatte, vor allem mittelständische brasilianische Unternehmen vor der übermächtigen internationalen Konkurrenz zu schützen.

Trotz aller anderslautenden Beteuerungen unternahm der IWF nichts, um eine Gesundung der mexikanischen oder der brasilianischen Wirtschaft herbeizuführen, sondern profitierte in rücksichtsloser Weise von der wirtschaftlichen und finanziellen Notlage beider Länder. Sein einziges Ziel bestand darin, ihre Zahlungsfähigkeit wieder herzustellen und die Krise zu nutzen, um Investitionsbedingungen und Verdienstmöglichkeiten für ausländische Konzerne und Banken zu verbessern.

Da die Ursachen der Krise globaler Natur waren, breitete sich diese unaufhaltsam weiter aus. Bis zum Oktober 1983 waren sechzehn lateinamerikanische Länder zu einer Umschuldung gezwungen. Allein die vier größten unter ihnen – Mexiko, Brasilien, Venezuela und Argentinien – schuldeten dem privaten Bankensektor 176 Mrd. Dollar, davon den größten acht US-Banken 37 Mrd. Dollar. Weltweit stieg der Schuldenberg von Entwicklungsländern bei kommerziellen Banken auf 239 Mrd. Dollar an.

In allen Fällen griff der IWF als global operierende Finanzfeuerwehr ein und zwang einem Land nach dem anderen seine Strukturanpassungsprogramme auf. Besprochen und beschlossen wurde die konkrete Umsetzung der Maßnahmen im Pariser Club, dessen Rolle von Jahr zu Jahr an Bedeutung gewann. Hatte er von 1956 bis 1980 im Schnitt nur vier Vereinbarungen pro Jahr mit Schuldnerländern getroffen, so stieg diese Zahl ab 1982 auf mehr als zehn pro Jahr und erreichte 1989 mit vierundzwanzig Vereinbarungen ihren Höhepunkt.

Es lohnt sich, einen genaueren Blick auf diesen »Club« zu werfen. Er verfügt über keine Geschäftsordnung und keine schriftlich fixierten Richtlinien. Seine Mitglieder handeln nach fünf informell beschlossenen »Prinzipien« – der fallweisen Behandlung, der Einstimmigkeit, der Konditionalität, der Solidarität und der vergleichbaren Behandlung.

Die »fallweise Behandlung« verlangt, dass der Club seine Maßnahmen auf die besondere Situation jedes Schuldnerlandes abstimmt. Die »Einstimmigkeit« bedeutet, dass die Entscheidungen des Clubs der Zustimmung aller Gläubigerländer, nicht aber der des Schuldnerlandes bedürfen. Die »Konditionalität« verlangt vom Schuldnerland, dass dieses sich einem IWF-Programm (*Stand-by, Extended Fund Facility, Extended Credit Facility, Policy Support Instrument*) unterwirft. Das Prinzip der »Solidarität« bezieht sich ebenfalls ausschließlich auf die Gläubigerländer und fordert von ihnen, als Gruppe zu handeln und bei der Durchsetzung der eigenen Forderungen auf die Forderungen anderer Gläubigerstaaten Rücksicht zu nehmen. Die »vergleichbare Behandlung« schließlich besagt, dass ein Schuldnerland, das eine Vereinbarung mit Gläubigern des Pariser Clubs trifft, von Nicht-Mitgliedern des Pariser Clubs keine Kredite zu schlechteren Bedingungen als denen des Pariser Clubs akzeptieren darf.

Vergleicht man das Verhältnis zwischen einem Schuldner und seinem Gläubiger mit dem zwischen einem Angeklagten und einem Kläger, so ähnelt der Pariser Club einem Gericht, bei dem der Kläger gleichzeitig die Rollen des Staatsanwaltes und des Richters übernimmt, während der Beklagte auf einen Verteidiger verzichten muss. Kein Wunder also, dass die Zusammenkünfte im französischen Finanzministerium grundsätzlich unter Ausschluss der Öffentlichkeit stattfinden. Es gibt weder Teilnehmerlisten noch Konferenzprotokolle, einzig die Ergebnisse der »Besprechungen« werden schriftlich festgehalten – und das, obwohl in dieser

Runde bis 2012 mit neunzig Ländern insgesamt 428 Abkommen über Kredite in einer Höhe von 573 Mrd. Dollar getroffen wurden!

Folge der Beschlüsse des Pariser Clubs ist ein gigantisches Anwachsen der weltweiten sozialen Ungleichheit. Während denjenigen, die am unteren Ende der gesellschaftlichen Leiter leben, immer weniger zugestanden und der Weg in ein menschenwürdiges Leben auf Dauer verwehrt wird, reibt sich an ihrem anderen Ende eine winzige Schicht von Ultrareichen selbst in Krisenzeiten die Hände. So strichen internationale Banken in den ersten zwei Jahren der lateinamerikanischen Schuldenkrise allein in Mexiko und Brasilien 1,5 Mrd. Dollar an Profiten ein.

Als 1985 nicht mehr zu übersehen war, dass die Strukturanpassungsprogramme den Banken zwar kurzfristig nützten, das Wirtschaftswachstum in ganz Südamerika aber langfristig empfindlich beeinträchtigten und die Verschuldung wegen der geringen Staatseinnahmen weiter in die Höhe trieben,[14] zeichneten sich für das internationale Finanzkapital düstere Zukunftsperspektiven ab. Um seine Schuldner in die Lage zu versetzen, ihren Schuldendienst auf Dauer zu leisten, musste es diese Entwicklung unbedingt stoppen. Aber wie?

In Washington schmiedete Ronald Reagans Finanzminister James A. Baker mit den Chefs der größten US-Banken und Paul A. Volcker, dem Vorsitzenden der US-Zentralbank Federal Reserve, einen Plan, den er dem alljährlichen Treffen von IWF und Weltbank im Oktober 1985 in der südkoreanischen Hauptstadt Seoul präsentierte. Der Plan sah vor, fünfzehn Ländern, darunter zehn in Lateinamerika, die insgesamt Schulden in Höhe von 437 Mrd. Dollar angehäuft hatten, über drei Jahre zusätzliche Kredite in Höhe von 47 Mrd. Dollar (20 Mrd. von Privatbanken, 27 Mrd. von der Weltbank) zur Verfügung zu stellen. Die Staaten sollten damit in die Lage versetzt werden, für das dringend benötigte wirtschaftliche Wachstum zu sorgen. Bei den Ländern handelte es sich allerdings nicht um die ärmsten Länder, sondern um *middle-income coun-*

---

[14] In Brasilien z. B. stieg die Staatsverschuldung, die 1982 70 Mrd. US-Dollar betragen hatte, innerhalb von zwei Jahren auf 91 Mrd. Dollar.

tries (Länder mittleren Einkommens). Zielgruppe waren also ausschließlich solche Länder, bei denen abzusehen war, dass sich eine zusätzliche Investition auszahlen würde – im Gegensatz zu hoffnungslos verarmten Staaten. Dem IWF fiel bei dem Plan auch weiterhin die Rolle zu, seine Strukturanpassungsprogramme durchzusetzen, während die Weltbank aufgefordert wurde, sich stärker als bisher an der »Modernisierung« der Wirtschaften zu beteiligen.

Der Baker-Plan schlug fehl. Das Risiko war den privaten Banken wegen der heiklen Lage des südamerikanischen Kontinents zu groß. Sie investierten zwischen Ende 1985 und Ende 1988 gerade einmal 12,8 Mrd. Dollar, während gleichzeitig pro Jahr mehr als 30 Mrd. Dollar an Zinsen aus Südamerika abflossen und die Kapitalflucht wegen der wirtschaftlichen Instabilität in fast allen Ländern anhielt. Die Situation verbesserte sich auch in den folgenden Jahren für westliche Banken nicht und als die achtziger Jahre zu Ende gingen, drohte ihnen ein Verlust in Höhe von mehreren hundert Millionen Dollar. Allen Beteiligten war klar, dass es neuer Methoden und einer veränderten Strategie bedurfte, um den riesigen Berg an Problemen, der sich über mehr als ein Jahrzehnt lang angehäuft hatte, zu bewältigen.

Diese neue Lösung zeichnete sich ab, nachdem George Bush 1989 US-Präsident wurde und sein Finanzminister Nicholas Brady sich der Sache annahm. Offiziell verkündete er, die einzige Art, der Schuldenkrise zu begegnen, bestehe darin, »die Banken zu ermutigen, ihre Schulden freiwillig zu reduzieren.« In der Tat aber war sein Plan nichts anderes als der Versuch, für die Banken unter den gegebenen überaus schwierigen Umständen das bestmögliche Ergebnis, d. h. eine Mischung aus geringstmöglichem Verzicht und höchstmöglichem Ertrag, herauszuholen. Dabei setzte Brady auf den wegen der zunehmenden Finanzialisierung des Kapitalismus immer stärker werdenden globalen Finanzsektor und den Hunger seiner Investoren nach immer neuen Profitmöglichkeiten.

In Mexiko zum Beispiel wurden die Banken auf Bradys Anweisung vor die Wahl zwischen zwei Möglichkeiten gestellt: Entweder sie tauschten bestehende Kredite gegen dreißigjährige »Schulden-Reduzierungs-Anleihen«, die eine Verringerung ihrer Gesamtschulden um 35 %, dafür aber höhere Zinsen bedeuteten. Oder sie konnten bestehende Kredite bei geringfügig unter dem normalen Marktsatz liegenden Zinsen gegen dreißigjährige Anleihen ohne Schuldenreduzierung eintauschen. Um die Zinszahlungen überhaupt leisten zu können, wurden ihnen neue Kredite über 25 % der gesamten Schuldensumme des Jahres 1989 zu marktüblichen Zinsen angeboten.

43

Dieses »Hilfsangebot« wurde an die Bedingung geknüpft, Zins und Tilgung der neuen sogenannten »Brady Bonds« (Brady-Anleihen) durch US-Staatsanleihen zu besichern, die wiederum auf den Finanzmärkten gehandelt werden konnten. Was auf den ersten Blick wie ein Entgegenkommen gegenüber den Entwicklungsländern aussah, war in Wahrheit nichts anderes als ein Anziehen der Daumenschrauben, denn die Handelbarkeit der Brady Bonds bedeutete, dass das Schicksal der Entwicklungsländer jetzt nicht mehr von einzelnen Finanzinstituten abhing, sondern direkt mit den internationalen Finanzmärkten verknüpft und damit der geballten Macht der Wall Street unterworfen war.

Schon bald kauften kommerzielle Banken die Kredite von Entwicklungsstaaten auf, bündelten sie, verkauften sie an die Banken dieser Staaten und luden auf diese Weise das volle Risiko auf sie ab. Anschließend investierten sie das erhaltene Geld in dem betroffenen Land mit der Folge, dass Währungsspekulanten Gewinne witterten, in das Geschäft einstiegen, die betroffenen Staaten bei Kursschwankungen unter Beschuss nahmen und deren Wirtschaften erheblichen Schaden zufügten. Mit anderen Worten: Der IWF, dessen Vertreter offiziell bei jeder Gelegenheit verkündeten, an der Stabilisierung dieser Wirtschaften zu arbeiten, trug selbst entscheidend und in vollem Bewusstsein sämtlicher Konsequenzen seines Handelns zu deren Destabilisierung bei.

Allein in den Jahren 1980–1993 wurden in 70 Entwicklungsländern insgesamt 566 Stabilisierungs- und Strukturanpassungsprogramme umgesetzt. Bis zum Mai 1994 ließen sich 18 Länder auf Brady Bonds in Höhe von 190 Mrd. Dollar ein. Bei sämtlichen Deals, die vornehmlich im Rahmen des Pariser Clubs abgeschlossen wurden, standen dem IWF

44

die gleichen Partner hilfreich zur Seite: Die vom internationalen Kapital zum eigenen Nutzen begünstigte wirtschaftliche Elite der jeweiligen Länder und die ihr ergebenen korrupten Regierungen. Kein Wunder also, dass der IWF sich des Öfteren revanchierte und bereitwillig darüber hinwegsah, wenn z. B. bei der Erhöhung der Steuern die Abgaben auf Luxusgüter ausgenommen und hin und wieder sogar ganz abgeschafft wurden.

Die Folgen der »Strukturanpassung«.
Der Widerstand gegen den IWF wächst

Zu seiner Unterstützung brauchte der IWF aber nicht nur die Regierungen, sondern auch deren Unterdrückungsapparat, denn mit jeder Verschärfung der Konditionalität wuchs auch der Widerstand in der Bevölkerung gegen die angeordneten Sparmaßnahmen. Nachdem General Pinochet sein Land nach dem Putsch von 1973 in eigenen Worten »in Blut gebadet« hatte, kam es 1976 in Argentinien zu Massenprotesten gegen das vom IWF geforderte Einfrieren der Löhne für 180 Tage, mit dem die Regierung der Inflation begegnen und die Auslandsschulden verringern wollte. Wie in Chile übernahm das Militär die Macht und errichtete ein Terrorregime, dem in der Folgezeit dreißigtausend Menschen, vor allem Gewerkschafter und Studenten, zum Opfer fielen.

Auch in Afrika und dem Rest der Welt brodelte es. Im Januar 1977 brachen in fast allen Großstädten Ägyptens Aufstände gegen die vom IWF und der Weltbank geforderte Abschaffung von staatlichen Zuschüssen für Grundnahrungsmittel aus. 79 Demonstranten wurden getötet, mehr als 550 verletzt. In Marokko riefen die Gewerkschaften 1981 zu einem Generalstreik auf, nachdem der IWF auch hier die Gewährung eines Kredits über 1,2 Mrd. Dollar an die Bedingung geknüpft hatte, die staatlichen Zuschüsse auf Grundnahrungsmittel abzuschaffen. Im Verlauf des Streiks erhoben sich Tausende von Jugendlichen in den Elendsvierteln um Casablanca. Die Polizei tötete mehr als 600 von ihnen.

1984 demonstrierten Gewerkschafter und Jugendliche in der Dominikanischen Republik gegen vom IWF geforderte Sparmaßnahmen der Regierung, die unter anderem zu einer Verdopplung der Preise für medizinische Produkte geführt hatte. 4000 Demonstranten wurden verhaftet, 50 starben im Kugelhagel der Polizei. In Venezuela wurden 1989 mehrere hundert Demonstranten getötet, die gegen die Abschaffung der Subventionen für das vor allem für Arme lebenswichtige Benzin protestiert hatten.

Im Mai 1986 wurden etwa zwanzig Studenten an der Ahmadu Bello Universität in Zaria in Nigeria von Sicherheitskräften getötet, nachdem sie wegen der Ankündigung von Strukturanpassungsprogrammen protestiert hatten. Weitere Studenten starben bei ähnlichen Protesten an der Kaduna Polytechnic, der Universität von Benin und der Universität von Lagos.

Nachdem die neu gewählte Regierung von Präsident Perez in Venezuela mit dem IWF ein Strukturanpassungsprogramm vereinbart hatte, das am 23. Februar 1989 in Kraft trat, kam es zwischen dem 28. Februar und dem 2. März wegen der damit einhergehenden Erhöhungen der Benzinpreise und der Kosten für den öffentlichen Verkehr zu Demonstrationen, bei denen mehr als 600 Menschen getötet und mehr als 1000 verletzt wurden.

Im Februar 1990 boykottierten Studenten an der Universität von Niamey in Niger den Unterricht, um gegen die vom IWF geforderten Einschnitte in das ohnehin vollkommen unzureichende Bildungswesen zu protestieren. Während ihrer friedlichen Demonstration eröffnete die Polizei das Feuer und tötete nach eigenen Angaben drei Studenten.

Vom 28. Juli bis zum 2. August 1990 belagerte in Trinidad eine muslimische Organisation aus Protest gegen die vom IWF angeordneten Sparmaßnahmen die Regierungsgebäude und nahm Präsident Robinson und mehrere Kabinettsmitglieder als Geiseln. Bei den folgenden Auseinandersetzungen in der Hauptstadt Port of Spain kamen mindestens fünfzig Menschen ums Leben.

Insgesamt kam es zwischen 1976 und 1992 in 39 Ländern zu etwa 150 Protesten gegen die Sparpolitik von Regierungen und IWF, bei denen insgesamt mehrere zehntausend Menschen getötet wurden. Trotz dieser blutigen Bilanz kam der IWF nicht auf die Idee, seine zerstörerische Strategie zu überdenken oder gar zu ändern. Im Gegenteil: Er hielt eisern an seiner Linie fest und setzte 1990 vor den Augen der Welt ein klares und deutliches Zeichen, als er sein Einverständnis mit dem *Washington Consensus* verkündete. Unter diesem Namen hatte der amerikanische Ökonom und zeitweilige IWF-Berater John Williamson 1989 die »grundlegend übereinstimmenden Prinzipien« zwischen »dem politischen Washington, führenden Mitglieder der amerikanischen Regierung, dem technokratischen Washington der Finanzinstitutionen, den Wirtschaftsagenturen der US-Regierung, der US-Zentralbank Federal Reserve und den Washingtoner Think Tanks« zusammengefasst.

Williamsons zehn Grundsätze stellten im Grunde keine Lockerung, sondern eine Verschärfung der Strukturanpassungsprogramme von 1979 dar. Im Einzelnen forderte der *Washington Consensus* von den betroffenen Ländern Haushaltsdisziplin, eine Restrukturierung der Prioritäten bei den öffentlichen Ausgaben, eine Steuerreform, die Freigabe der Zinssätze, einen wettbewerbsfähigen Wechselkurs, die Liberalisierung des Handels, die Ermöglichung direkter Auslandsinvestitionen, die Privatisierung, die Deregulierung und den Schutz der Eigentumsrechte.

Auffallend war Williamsons beißender Zynismus. Die Feststellung, dass hohe Inflation vor allem die Armen treffe, weil die Reichen ihr Geld im Ausland parken könnten, ließ ihn nicht etwa über Möglichkeiten nachdenken, den Reichen diese Kapitalflucht zu erschweren, sondern ermutigte ihn dazu, Sparmaßnahmen zu empfehlen, die den Lebensstandard der Armen weiter senkten. Über die Schattenseiten der Privatisierung sagte er unverblümt: »Sie kann ein sehr korrupter Prozess sein, der einer privilegierten Elite Vermögen zu einem Bruchteil ihres Wertes zukommen lässt«, um dann zu empfehlen, man möge sie doch »einfach nur richtig anwenden«.

Der Zeitpunkt, zu dem der *Washington Consensus* der Welt präsentiert wurde, war nicht zufällig gewählt. Während die Schuldenkrise nicht nur Entwicklungsländer in Lateinamerika, sondern auch in Afrika und Asien wirtschaftlich und sozial erschütterte, zeichneten sich in Europa kurz vor dem Anbruch des letzten Jahrzehnts des zwanzigsten Jahrhunderts gewaltige Umwälzungen ab. Auch bei ihnen sollte der IWF wieder eine entscheidende und für die einfache Bevölkerung verheerende Rolle spielen.

Die »Schocktherapie« für die Sowjetunion.
Der IWF und die Wiedereinführung des Kapitalismus

Als Michael Gorbatschow im März 1985 zum letzten Generalsekretär der Kommunistischen Partei der Sowjetunion (KPdSU) ernannt wurde, steckte das größte Land der Erde in seiner bis dahin tiefsten ökonomischen Krise. Zwar hatte die nach der Revolution von 1917 eingeführte Planwirtschaft dem ehemals rückständigen Bauernstaat dazu verholfen, zur Weltmacht aufzusteigen, doch spätestens seit Anfang der achtziger Jahre ging es mit der Sowjetunion bergab. Der Rüstungswettlauf mit den USA hatte während des Kalten Krieges Unsummen verschlungen und der Krieg in Afghanistan riss seit 1979 immer größere Löcher in die Staatskasse. Misswirtschaft und Korruption der Funktionärselite beherrschten das Land. Die Wirtschaft, die den Einzug in das Computerzeitalter verpasst hatte und damit international nicht konkurrenzfähig war, stagnierte bei Gorbatschows Amtsantritt bereits im sechsten Jahr in Folge.

Ein halbes Jahr später verkündete Saudi-Arabien auch noch das Ende der Ölpreisbindung und vervierfachte innerhalb der folgenden sechs Monate seinen Ölausstoß. Der daraus resultierende Preissturz führte in der Sowjetunion, die zur Erwirtschaftung von Devisen von ihren Ölexporten abhing, zu einem Rückgang der Einnahmen in Höhe von 20 Mrd. Dollar pro Jahr.

Gorbatschow versuchte zunächst, die Probleme auf seine Verbündeten abzuwälzen. Er erhöhte die Einfuhren aus dem Ostblock, bezahlte die gelieferten Waren aber nicht mit Geld, sondern zwang die Satellitenstaaten der Sowjetunion, ihm sowjetisches Öl im Austausch für deren Waren zu weit über dem Marktwert liegenden Preisen abzunehmen. Außerdem machte er immer größere Zugeständnisse an den Kapitalismus. Er ermöglichte Joint Ventures (gemeinsame Unternehmen zwischen sowjetischen Staatskonzernen und westlichen Unternehmen), gestattete den beteiligten Funktionären die Einbehaltung eines Gewinnanteils und versuchte, die sowjetische Wirtschaft mittels umfangreicher Kredite aus dem Ausland zu stützen – mit dem Ergebnis, dass die Staatsverschuldung zunahm und Ende 1989 den Höchststand von 54 Mrd. Dollar erreichte.

Als ein Appell an ein internationales Konsortium von dreihundert Banken, der Sowjetunion einen dringend benötigten Großkredit zu bewilligen, abgelehnt wurde und selbst der Anstieg der Weltmarktpreise für Öl infolge der Krise am Persischen Golf der Sowjetunion nicht mehr auf die Beine half, wandte sich Gorbatschow im Juli 1990 auf dem Gipfel der G7 (*Gruppe der Sieben* = die sieben führenden Industrieländer von 1976 bis 1998) hilfesuchend an US-Präsident Bush. Vergebens, denn Bush hatte angesichts des nicht mehr zu übersehenden Zerfalls aller nicht-kapitalistischen Länder längst einen eigenen Plan gefasst. Da die G7 die Europäische Union beauftragt hatten, sich um Osteuropa zu kümmern, schaltete er seinerseits den IWF ein und erteilte ihm und der Weltbank den Auftrag, eine Studie über die sowjetische Wirtschaft zu erstellen.

IWF-Direktor Michel Camdessus, der von 1978 bis 1984 den Pariser Club und danach drei Jahre lang als Gouverneur die französische Zentralbank geleitet hatte, schickte umgehend Teams neoliberaler Ökonomen nach Moskau, um sich vor Ort umzuschauen und von den Funktionären aller wichtigen sowjetischen Finanzinstitutionen Informationen einzuholen. Nach fünfmonatiger Recherche wurde das Ergebnis am 19. Dezember 1990 bekannt gegeben. Es ließ nicht den Hauch eines Zweifels daran, welchen Weg Bush und der IWF für die Sowjetunion vorgesehen hatten: die radikale Transformation in ein kapitalistisches Land durch ein Schockprogramm nach chilenischem Vorbild.

In Abschnitt 2 des von Camdessus vorgelegten Papiers hieß es: »Idealerweise könnte man einen Pfad allmählicher Reformen entwerfen, der die wirtschaftlichen Verwerfungen minimieren und zu einer frühen Ernte der Früchte erhöhter wirtschaftlicher Effizienz führen würde. Aber wir

kennen keinen solchen Pfad…« In Abschnitt 7 hieß es: »Die Anfangsphase wird erhebliche Verwerfungen mit sich bringen und ein Übergang
zu Marktpreisen wird jene mit niedrigem Einkommen treffen…«

51

Während die US-Regierung und die Führung des IWF ihre Vorbereitungen für die Durchsetzung dieses Schockprogramms trafen, verschlechterte sich die wirtschaftliche Lage der Sowjetunion weiter. Finanznot und
mangelnde Investitionen ließen die Ölexporte bis zum März 1991 von
125 Mio. Tonnen um mehr als 50 % auf 60 Mio. Tonnen zurückgehen.
Auch die politische Lage eskalierte. Im Januar 1991 ließ Gorbatschow die
Unabhängigkeitsbestrebungen der baltischen Staaten blutig niederschla-
gen[15] – drei Monate, nachdem ihm der Friedensnobelpreis verliehen worden war. Im März und April 1991 streikten die Kohlearbeiter in Sibirien,
es kam zum Ausfall von mehr als zwei Millionen Arbeitstagen. Zudem
gewann mit Boris Jelzin einer von Gorbatschows schärfsten politischen
Widersachern zunehmend an Bedeutung. Der langjährige Parteichef von
Swerdlowsk, der 1990 aus der KPdSU ausgetreten war, verfolgte offen
einen rechten, marktorientierten Kurs. Sein unaufhaltsamer Aufstieg veranlasste Gorbatschow am 9. April 1991 in die Offensive zu gehen und ein
»Anti-Krisen-Programm« vorzulegen, das »ein vollständig marktgerechtes
Preissystem« versprach und die Dezentralisierung des Außenhandels sowie die Privatisierung »verlustmachender« Unternehmen vorsah.

Mit der Entscheidung, die Vergesellschaftung der Betriebe zu beenden,
das staatliche Außenhandelsmonopol aufzuheben und das Privateigentum an den Produktionsmitteln wieder einzuführen, besiegelte Gorbatschow nicht nur das Schicksal der Sowjetunion. Er entzog auch der
»Nomenklatura« – der herrschenden Schicht von Parteibürokraten, der er
selbst angehörte – ihre soziale Grundlage, da deren Privilegien untrenn-
bar mit den bürokratischen Strukturen der Planwirtschaft verknüpft waren. Gorbatschow ebnete somit den Weg für eine neue besitzende Klasse,

---

[15] Am 13. Januar 1991, dem »Vilniusser Blutsonntag« richteten sowjetische
Panzer unter friedlichen Demonstranten, die die Unabhängigkeit ihres Landes von der Sowjetunion forderten, in der litauischen Hauptstadt ein Blutbad
an, bei dem 14 Menschen starben und mehr als eintausend verletzt wurden.

die in seinem Widersacher Boris Jelzin bereits ihren wichtigsten Wegbereiter gefunden hatte und die als Kaste der »Oligarchen« in die Geschichte eingehen sollte.

Während Politiker und Wissenschaftler in aller Welt den »endgültigen Sieg der Markwirtschaft über den Sozialismus« verkündeten und sich zu Aussagen wie dem »Ende der Geschichte« (so der US-Soziologe Francis Fukuyama) hinreißen ließen, hielt sich der IWF weiterhin auffällig zurück. Hatte er Entwicklungsländer zuvor gar nicht schnell genug mit Krediten in seine Abhängigkeit bringen können, ließ er sich diesmal viel Zeit. Das hatte seinen Grund: Zum einen gab es in der ehemaligen Sowjetunion noch keine funktionierenden staatlichen Institutionen, die den Schutz des Privateigentums garantieren konnten, und zum anderen war noch nicht abzusehen, wie viel Widerstand die arbeitende Bevölkerung gegen die angekündigten Reformen leisten würde.

Am 19. August 1991 kam es in Moskau zu einem Putsch konservativer Hardliner gegen Gorbatschow, der zwar nach drei Tagen scheiterte und mit seiner Rückkehr ins Amt endete, seine Schwäche und seinen mangelnden Rückhalt in der Bevölkerung aber mehr als deutlich machte. Nutznießer war Boris Jelzin, dessen Macht zusehends wuchs und der vom IWF nun einem Eignungstest ganz besonderer Art unterzogen wurde: Da einige sowjetische Funktionäre sich negativ über das inzwischen bekannt gewordene Schockprogramm geäußert hatten, ließ der IWF auf seiner Jahrestagung in Bangkok erklären, dass er auf der Rückzahlung aller sowjetischen Schulden beharre und erwarte, dass die Sowjetrepubliken diese durch die Beseitigung aller Subventionen für Industrie und Landwirtschaft und tiefe Einschnitte im Verteidigungsetat ermöglichten. Jelzin verstand die Botschaft, reagierte umgehend und ersetzte den IWF-kritischen Premier Silajew durch Jegor Gaidar, einen zum Verehrer Milton Friedmans und seiner *Chicago Boys* mutierten ehemaligen Wirtschaftsredakteur der *Prawda*.

Gaidar fackelte nicht lange, sondern setzte die Anweisungen des IWF sofort um – mit dem Ergebnis, dass sich der wirtschaftliche Zerfall der Sowjetunion weiter beschleunigte. Bis zum Ende des Jahres fielen die industrielle Produktion um 8 % und das Bruttoinlandsprodukt um 17 %. Von den 237 staatsfinanzierten Bauprojekten, die für dieses Jahr geplant waren, wurden nur drei fertiggestellt. Die Importe aus den Satellitenstaaten brachen um 63 % ein, die Exporte in diese Länder um 57 %. Importe aus kapitalistischen Ländern fielen um 32 %.

Ein katastrophales Ernteergebnis und die Rationierung von Lebensmitteln im November und Dezember 1991 besiegelten schließlich Gorbatschows Ende. Der letzte Sekretär der KPdSU trat am 25. Dezember 1991 von seinem Amt zurück. Am 31. Dezember 1991 hörte die Sowjetunion formell auf zu existieren, am 2. Januar 1992 hatte der IWF sein Ziel erreicht: Russland trat unter der Führung von Boris Jelzin und Jegor Gaidar offiziell in die Ära der wirtschaftlichen »Schocktherapie« ein.

Moskauer Statthalter des IWF wurde Augusto Lopez-Claros. Der neoliberale Wirtschaftswissenschaftler hatte von 1982 bis 1984 während der Pinochet-Diktatur als Ökonomie-Professor an der Universität von Chile in Santiago und Chef eines Forschungsteams für das chilenische Gesundheitsministerium Erfahrungen in der Durchsetzung knallharter Reformen gegen die arbeitende Bevölkerung gesammelt. Sein Verständnis von einem »Übergang vom Totalitarismus zur Demokratie« – so der Titel einer 1994 von Lopez-Claros gehaltenen Vorlesung – führte in der ehemaligen Sowjetunion zu einer Senkung des Lebensstandards, wie sie das Land selbst im Ersten und Zweiten Weltkrieg nicht erlebt hatte.

Allein im ersten Jahr verteuerten sich Grundnahrungsmittel, die bis dahin staatlich subventioniert worden waren, um ein Vielfaches. Der Preis für Eier stieg um 1.900 %, der von Brot um 4.300 % und der von Milch um 4.800 %. In den folgenden vier Jahren sank das russische Bruttosozialprodukt um durchschnittlich 42 %, die industrielle Produktion ging um 46 % und die landwirtschaftliche Produktion um 32 % zurück. Die zunächst überaus zurückhaltende Kreditvergabe[16] des IWF führte dazu,

---

[16] Der IWF genehmigte im Juli 1992 einen Beistandskredit in Höhe von 1 Mrd. Dollar, der ab 1993 zur Verfügung stehen sollte. 1993 und 1994 folgten »Systemtransformationskredite« von jeweils 1,5 Mrd. Dollar.

dass sich die russische Regierung das fehlende Geld bei der eigenen Zentralbank besorgte. Das wiederum heizte eine Hyperinflation von über 1000 % an, die die Sparguthaben der arbeitenden Bevölkerung vernichtete und immer mehr Menschen unter die Armutsgrenze drückte.

Das Missverhältnis zwischen dem Anstieg der Preise für landwirtschaftliche Maschinen, Dünger und Pestizide zwischen 1991 und 1994 um mehr als das 520-Fache und der gleichzeitigen Erhöhung der Preise landwirtschaftlicher Produkte um das 90-Fache bewirkte eine Landflucht, die zwischen 1991 und 2003 zu der Entvölkerung von 17.000 Siedlungen führte.

Die parallel erfolgende radikale Öffnung des Marktes für ausländische Waren eröffnete westlichen Großkonzernen gewaltige Absatzmöglichkeiten und führte wegen der mangelnden Konkurrenzfähigkeit der heimischen Produktion zum massenhaften Untergang kleiner Betriebe. Die Privatisierung großer Staatskonzerne verschaffte einer winzigen Schicht ehemaliger Funktionäre aus Staats- und Wirtschaftsbürokratie die Gelegenheit, sich auf zweifache Weise zu bereichern: Zum einen lösten sie nicht konkurrenzfähige Betriebe auf und kassierten dafür schnelle Zerschlagungsgewinne, zum anderen eigneten sie sich – vor allem in den Bereichen Energie, Telekommunikation und Buntmetalle – einen gewaltigen Anteil des ehemaligen Volksvermögens an und akkumulierten auf diese Weise Milliarden.

Nach Schätzung der *New York Times* sorgten die so zu Oligarchen gewordenen Ex-Funktionäre in den Jahren von 1993 bis 1998 dafür, dass 200 bis 500 Mrd. US-Dollar außer Landes geschafft und damit der russischen Wirtschaft entzogen wurden. Selbst hohe US-Regierungsbeamte sprachen von einer »Plünderung« der Sowjetunion. Was auf der einen Seite zu wachsender Staatsverschuldung und dadurch zu einer immer größeren Abhängigkeit von internationalen Finanzinstitutionen wie dem IWF, dem Pariser und dem Londoner Club führte, ließ auf der anderen Seite das internationale Finanzkapital jubeln – schließlich wanderte das Geld nicht irgendwohin, sondern direkt auf die Konten westlicher Banken, denen es gewaltige Profite bescherte.

Am härtesten traf die Transformation von der Plan- zur Marktwirtschaft die schwächsten Glieder der gesellschaftlichen Kette – Arme, Alte, Behinderte und Kinder. Renten konnten häufig über Monate hinweg nicht ausgezahlt werden, eine flächendeckende medizinische Versorgung der Bevölkerung war wegen der rücksichtslosen Kommerzialisierung des Gesundheitswesens nicht mehr gewährleistet. Medikamente verteuerten sich derart, dass selbst städtische Normalverdiener sie nicht mehr kaufen konnten. Zwischen 1991 und 1994 nahm die Anzahl tödlich verlaufender Tuberkulose-Erkrankungen um 87 % zu. Zwischen 1989 und 1995 sank die Lebenserwartung von Männern von 63,3 auf 58,4 Jahre und diejenige von Frauen von 74,4 auf 72,1 Jahre.

55

Im gleichen Zeitraum ging die Geburtenrate um 30 % zurück. Die Gesamtbevölkerung Russlands nahm innerhalb von 12 Jahren um fast 10 Millionen auf 142 Millionen Menschen ab. Alkoholismus, psychische Erkrankungen, Kriminalität und Obdachlosigkeit griffen in nie gekanntem Maße um sich. Sozialleistungen wie Kinderbetreuungseinrichtungen und Kinderbeihilfen, die in der Sowjetunion allen zugänglich gewesen waren, wurden abgebaut. Viele Eltern waren nicht mehr in der Lage, sich um ihre Kinder zu kümmern. Jugendliche wurden gezwungen, sich zu prostituieren, in den Großstädten tauchten immer mehr »Straßenkinder« auf – Phänomene, die selbst in den schlimmsten Kriegszeiten der Sowjetunion unbekannt gewesen waren.

Die Versprechen, mit denen der Bevölkerung der ehemaligen Sowjetunion das Schockprogramm präsentiert worden war, wirken im Nachhinein fast wie ein makabrer Scherz. Nach einer kurzen Phase der Einschränkung werde die Einführung des Kapitalismus zu nie gekanntem Wohlstand führen, hatte der IWF noch 1992 vorausgesagt. In Wahrheit führten die Verelendung der arbeitenden Bevölkerung und der vom internationalen Kapital begünstigte Aufstieg einer Schicht extrem wohlhabender Neureicher zu einer sozialen Ungleichheit, wie sie das Land selbst in den dunkelsten Zeiten des Zarismus nicht gekannt hatte. Noch haarsträubender war die Art und Weise, wie die internationalen Medien den gesellschaftlichen und wirtschaftlichen Niedergang des Landes vor der Weltöffentlichkeit rechtfertigten – als notwendige Phase, die der »Demo-

kratisierung« und der »Liberalisierung« eines bis dahin totalitären Landes
den Weg bereiten würde.

56 Wie sehr dem IWF und der US-Regierung die Entwicklung demokratischer Verhältnisse in der Sowjetunion am Herzen lag, zeigte sich 1993,
als Boris Jelzin nach einer kurzen Phase der Doppelherrschaft eine neue
Verfassung durchsetzen wollte. Nachdem das Parlament seinen Entwurf
abgelehnt und ihn als Präsidenten für abgesetzt erklärt hatte, ließ Jelzin
Panzer auffahren und das Parlamentsgebäude in Brand schießen. Das
folgende Blutbad, bei dem nach Regierungsangaben 187 Menschen ihr
Leben verloren und 437 verletzt wurden, veranlasste die G7 keinesfalls,
dem Auftraggeber des Blutbades in Aussicht gestellte Kredite in Höhe
von 43,4 Mrd. US-Dollar zu entziehen. Auch den IWF ließ Jelzins mör-
derisches Vorgehen kalt. Sein Systemtransformationskredit in Höhe von
3 Mrd. US-Dollar half mit, die Position eines Präsidenten zu festigen, der
sich über die Verfassung hinweggesetzt und mit nackter Gewalt diktato-
rische Vollmachten gesichert hatte.

Es sollte aber noch schlimmer kommen. 1994 begann Jelzin einen Krieg
gegen Tschetschenien, der innerhalb von zwei Jahren 80.000 Tote forderte. Selbst Luftangriffe auf die Zivilbevölkerung oder die Belagerung
der Hauptstadt Grosny, bei der im Januar 1994 25.000 Menschen ihr
Leben verloren, hielten den IWF nicht davon ab, Jelzin in den Jahren
1994, 1995 und 1996 weitere Kredite in Höhe von 1,5 Mrd., 6,4 Mrd.
und 18,9 Mrd. Dollar zu gewähren. Und damit nicht genug: Der IWF
nutzte sogar den Gegenwind, der Jelzin zu jenem Zeitpunkt wegen des
Krieges innenpolitisch entgegenschlug, um die Auszahlung des Geldes
unter anderem an eine weitere Liberalisierung des Handels, eine Erhöhung der Steuern und scharfe Einschnitte in das Rentensystem des Landes zu koppeln.

Trotz aller gegenteiligen Beteuerungen ging es dem IWF (wie auch den
westlichen Regierungen) niemals darum, die Sowjetunion zu »demo-
kratisieren« oder ihrer Bevölkerung durch eine Radikalkur zu größerem
Wohlstand und mehr Freiheit zu verhelfen. Ausschließliches Ziel der Politik des IWF war es, alle Barrieren für das internationale Finanzkapital

niederzureißen und ihm die Möglichkeit zu verschaffen, sich die Reichtümer des Landes unter den Nagel zu reißen, billige Arbeitskräfte auszubeuten und durch Währungsspekulation, Kreditvergabe und kurzfristige Investitionen Milliarden zu scheffeln.

57

Das Ergebnis: Sagenhafte Vermögen für eine winzige Schicht von ultrareichen Profiteuren und ein Leben in opulentem Luxus für eine Minderheit von Emporkömmlingen. Für die überwiegende Mehrheit der Bevölkerung dagegen geringere Lebenserwartung, unzureichende medizinische Versorgung, mangelhafte Bildungschancen, ein Leben an oder unter der Armutsgrenze und vor allem: die Zerstörung all ihrer Hoffnungen auf eine bessere Zukunft.

Christine Lagarde, 2007

Südafrika nach der Rassentrennung.
IWF und ANC verbünden sich gegen das Volk

»Nelson Mandela war ein mutiger und visionärer Führer… Die außergewöhnliche weltumspannende Reichweite seiner Bewunderer zeugt von dem großen Beitrag, den er geleistet hat, um Südafrika und die Welt zu einem besseren Ort zu machen.«

Diese Worte zum Tode Nelson Mandelas im Dezember 2013 stammen nicht etwa von einem seiner Kampfgefährten, sondern aus dem Mund von IWF-Chefin Christine Lagarde und dürften so manchen Zuhörer verwundert haben. Hatte das rassistische Apartheid-Regime nicht zu den Gründungsmitgliedern des IWF gezählt? War Mandela nicht als sein erbitterter Gegner zu lebenslanger Haft verurteilt worden?

Beides ist richtig. Sowohl die pro-rassistische Haltung des IWF wie auch Mandelas jahrzehntelange Haft als politischer Gefangener entsprechen den geschichtlichen Tatsachen. Aber es gibt eine historische Verbindung zwischen den zweien, die Christine Lagardes geradezu schwärmerischen Ton erklärt. Dass sie von den offiziellen Medien bis heute totgeschwiegen wird, hat seinen Grund: Zum einen demontiert sie eine der verklärtesten Heldenfiguren unserer Zeit, zum anderen enthüllt sie die wahren Motive, die hinter der Verehrung Mandelas durch erzkonservative Politiker und Wirtschaftsführer wie Lagarde stehen. Darüber hinaus liefert sie auch die Erklärung dafür, warum Südafrika fünfundzwanzig Jahre nach der Aufhebung der Rassentrennung vom Ideal einer gerechten Gesellschaft weiter entfernt ist als jemals zuvor. Hierzu ein kleiner Blick auf die Geschichte:

Seit Beginn des zwanzigsten Jahrhunderts ermöglichte das System der Apartheid einer wohlhabenden weißen Minderheit in Südafrika, ein Herrenleben im Kolonialstil zu führen, während sie die schwarze Mehrheit des Volkes zu einem modernen Sklavendasein verdammte. Als das Land in den sechziger Jahren einen gewaltigen wirtschaftlichen Aufschwung erlebte, profitierte ausschließlich die herrschende weiße Minderheit davon. Die immer krasser zutage tretende soziale Ungleichheit führte zu ersten größeren Protesten der schwarzen Mehrheit. Ihr Widerstand erhielt durch den Erfolg der Befreiungsbewegungen im übrigen Afrika und das Aufkommen der Black-Power-Bewegung in den USA zusätzlichen Auftrieb.

In den siebziger Jahren häuften sich Aufstände und blutige Zusammenstöße. Die Brutalität des Rassistenregimes zeigte sich unter anderem beim Einsatz einer Polizeieinheit gegen protestierende Schüler und Studenten 1976 in der Armensiedlung Soweto bei Johannisburg. Hunderte Jugendliche und Kinder wurden auf offener Straße erschossen und zahlreiche weitere bei der anschließenden »Ermittlung der Rädelsführer« gefoltert.

Die weltweite Empörung über das Massaker hielt den IWF nicht davon ab, die südafrikanische Regierung auch weiterhin zu unterstützen und ihr in den folgenden Jahren Kredite über mehr als zwei Mrd. US-Dollar zu gewähren. Doch weder diese Gelder noch die regelmäßigen Kredite der Weltbank konnten verhindern, dass der Widerstand gegen das verhasste Regime kontinuierlich zunahm und dessen Herrschaft immer stärker gefährdete.

Um die eigenen Interessen zu wahren und Südafrika auch unter einer möglichen neuen Führung weiter in seiner Abhängigkeit zu halten, entschlossen sich die USA 1983 zu einer radikalen Kursänderung. Unter dem scheinheiligen Vorwand, sich von nun an für die Rassengleichheit einsetzen zu wollen, verbot die Regierung in Washington alle weiteren Zahlungen an das Regime in Pretoria. Gleichzeitig setzte sie hinter den Kulissen auf eine neue Taktik und drängte die südafrikanische Regierung, Geheimverhandlungen mit den potentiellen zukünftigen Machthabern des Staates aufzunehmen.

Als die wahrscheinlichsten neuen Herrscher galten damals die Vertreter des Gewerkschaftsdachverbandes Cosatu *(Confederation of South African Trade Unions)* und des von 1960 bis 1990 verbotenen ANC *(African National Congress)* unter der Führung Nelson Mandelas. Mandela war 1961 festgenommen und 1964 zu lebenslanger Haft verurteilt worden. Er hatte die vorangegangenen Jahrzehnte zum großen Teil im mittlerweile berühmt gewordenen Gefängnis auf Robben Island verbracht.

61

Um das drohende Ende der eigenen Herrschaft abzuwenden, organisierte die südafrikanische Regierung ab 1985 mehrere hochrangige Geheimtreffen. In Sambia traf sich eine Gruppe südafrikanischer Industrieller unter Führung von Gavin Reilly, dem Vorsitzenden der *Anglo-American Mining Company*, mit führenden Exil-Mitgliedern des ANC. In Großbritannien traf Thabo Mbeki, nach Mandela die Nr. 2 in den Rängen des ANC, in der Villa des seit über einhundert Jahren durch die Ausbeutung schwarzer Minenarbeiter vom Rassismus profitierenden Konzerns *Consolidated Goldfields* auf führende Wirtschaftsbosse.

Die wichtigsten Treffen aber fanden in einem Vorort von Kapstadt statt. Im Pollsmoor-Gefängnis kamen Geheimdienstchef Neil Barnard und Staatspräsident Pieter Botha unter Ausschluss der Öffentlichkeit mit Nelson Mandela zusammen. Bei diesen Treffen machte Botha, wegen seiner eisernen Linie in Rassenfragen auch »das Krokodil« genannt, Mandela ein Angebot: Sollte Mandela den ANC dazu bewegen, Gewaltverzicht gegen das alte Regime zuzusagen, auf die in der Freiheitscharta des ANC geforderte staatliche Lenkung der Wirtschaft sowie die teilweise Kollektivierung von Monopolunternehmen, Banken und Bodenschätzen zu verzichten, und darüber hinaus bereit sein, die Auslandsschulden des Apartheidregimes anzuerkennen, würde die südafrikanische Regierung das Verbot des ANC aufheben und ihn selbst aus der Haft entlassen.[17]

Obwohl die Anhängerschaft des ANC zur gleichen Zeit rasant zunahm, das Rassistenregime tagtäglich an Boden verlor und sein endgültiger Fall

---

[17] Details der Gespräche sind in zahlreichen Interviews enthalten, die Geheimdienstchef Barnard in späteren Jahren gab.

nur noch eine Frage der Zeit war, gingen Mandela und seine führenden Weggefährten hinter dem Rücken ihrer Anhänger auf das Angebot ein. Am 2. Februar 1990 wurde Mandela von Bothas Nachfolger De Klerk aus der Haft entlassen.

Zwanzig Jahre nach Mandelas Entlassung sagte De Klerk, dass durch die Entlassung Mandelas »eine Katastrophe verhindert wurde.« Was für eine Katastrophe er meinte, machte Geheimdienstchef Neil Barnard in einem Interview klar: »Wir mussten uns damals auf die Bewältigung einer länger anhaltenden Revolution vorbereiten.«

In der Tat lief die gesellschaftliche Entwicklung Südafrikas zum Ende der achtziger Jahre auf einen revolutionären Umsturz des Rassistenregimes hinaus. Immer mehr Menschen forderten die Vertreibung der reichen weißen Oberschicht, eine gerechte Aufteilung des Landes unter den armen Bauern, die Enteignung der verhassten Banken und Konzerne und die juristische Verfolgung der Verbrechen des Rassistenregimes. Dass nicht ein einziges dieser Ziele erreicht wurde, ist vor allem auf die Zusammenarbeit Mandelas und seiner führenden Mitstreiter vom ANC mit der südafrikanischen Regierung und den damaligen Wirtschaftsführern des Landes zurückzuführen.

Die historische Funktion Nelson Mandelas bestand nicht – wie offiziell behauptet wird – darin, die Rassentrennung abgeschafft zu haben. Ihr Ende wäre 1990 auch ohne sein Zutun besiegelt gewesen. Mandelas historische Rolle bestand darin, die Enteignung der herrschenden Schicht und die Vertreibung ausländischer Investoren verhindert und damit die Interessen der schwarzen Mehrheit der Bevölkerung im entscheidenden Moment den Interessen der alten herrschenden Clique und des mit ihnen verbündeten internationalen Kapitals untergeordnet zu haben. Genau das ist der Grund für die bis heute anhaltenden Lobeshymnen in den Medien und aus dem Mund der konservativsten Vertreter von Wirtschaft und Politik einschließlich der Geschäftsführenden Direktorin des IWF.

Belohnt wurde Mandela für seine Haltung durch eine wahre Vergötterungskampagne in den internationalen Medien, die ihn in die Nähe von

Abraham Lincoln, George Washington und Martin Luther King rückte, und die Vergabe des Friedensnobelpreises im Jahr 1993 (den er sich freiwillig mit dem Rassisten De Klerk teilte). Mandela wiederum zeigte sich dafür erkenntlich, indem er vor den Wahlen von 1994 zusammen mit den übrigen ANC-Führern eine geheime Absichtserklärung an den IWF unterzeichnete und sich bereit erklärte, im Falle der Machtübernahme marktwirtschaftliche Prinzipien zu garantieren, drastische Haushaltseinschnitte vorzunehmen, hohe Zinsraten festzusetzen und dem internationalen Kapital freien Zugang zu allen Bereichen der südafrikanischen Wirtschaft zu verschaffen.

Bereits in der »Übergangsperiode« von 1990 bis 1994 taten Mandela und seine Mitstreiter alles, um dem alten Regime, dem IWF und der Weltbank ihre Verlässlichkeit zu beweisen. Zunächst benannten sie das »Referat für Wirtschaftsplanung« des ANC in »Referat für Wirtschaftspolitik« um und übertrugen den Vorsitz einem gemäßigten Wirtschaftsprofessor. Dann vereinbarten sie zwischen ANC, Gewerkschaften und Regierung eine Arbeitsteilung, die in der Realität folgendermaßen aussah: Als die Regierung im September 1991 ganz im Sinne des IWF die Einführung einer zehnprozentigen Mehrwertsteuer ankündigte und die Wellen der Empörung in der schwarzen Bevölkerung hochschlugen, setzten sich ANC und der Gewerkschaftsdachverband Cosatu an die Spitze des Protestes von 3,5 Millionen Menschen, organisierten einen zweitägigen Generalstreik, um Dampf abzulassen, warteten dann ein paar Wochen tatenlos ab und stimmten anschließend der neuen Steuer zu.

Es sollte nicht der einzige Betrug bleiben, der vor allem die ärmsten Teile der schwarzen Bevölkerung hart traf. Im »Wiederaufbau- und Entwicklungsprogramm«, das auch als Plattform für die Wahlen im Mai 1994 diente, versprach der ANC die Neuaufteilung von 30 % des Großgrundbesitzes. In Absprache mit der Weltbank und dem IWF ließ er die Forderungen später fallen und ersetzte sie durch eine »marktorientierte Landreform«, die weniger als 1 % der Gesamtfläche umfasste.

Fünf Monate vor den Wahlen vom April 1994 übernahm ein Exekutiv-Übergangskomitee die Kontrolle über das südafrikanische Parlament.

Anstatt die rassistische Nationalpartei nach 45 Jahren brutaler Unterdrückung endlich aus dem Amt zu jagen, akzeptierte der ANC sie als Partner und nahm mit ihr gemeinsam einen Kredit des IWF über 850 Mio. US-Dollar entgegen, der offiziell als Hilfsmaßnahme zur Linderung der Not nach einer Dürreperiode deklariert wurde.

Da diese Dürreperiode aber 18 Monate zurücklag und ihre Folgen bereits weitgehend ausgestanden waren, fragten Skeptiker nach dem wahren Hintergrund des Kredites. Zu Recht, denn wie die Zeitschrift *Business Day* im März 1994 berichtete, enthielt er brisante und richtungsweisende geheime Vereinbarungen. Sie umfassten nicht nur die Beseitigung von Importzöllen, die Verringerung der Staatsausgaben und die Kürzung von Löhnen im öffentlichen Dienst, sondern auch die Forderung nach der Einsetzung zweier altgedienter Vertreter des Rassistenregimes auf die für das internationale Finanzkapital überaus wichtigen Posten des Finanzministers und des Gouverneurs der Zentralbank.

Einen Monat später löste der ANC sein Geheimabkommen mit dem IWF ein. Obwohl er die Wahlen mit einer überwältigenden Mehrheit von 62,5 % gewann, nahm er nicht nur die nationalistische Zulu-Partei, sondern auch die rassistische Nationalpartei in eine »Regierung der nationalen Einheit« auf und betraute die vom IWF gewünschten Vertreter des alten Regimes mit den für sie geforderten Posten.

Öffentlich rechtfertigten die Führer des ANC ihr entgegenkommendes Verhalten gegenüber dem alten Regime damit, dass sie eine Politik der »Versöhnung« und des »friedlichen Ausgleichs« betrieben. Diese kam allerdings, wie sich in den Folgejahren immer deutlicher zeigen sollte, in erster Linie dem alten Regime, dem internationalen Kapital und vor allem den führenden Mitgliedern des ANC selbst zugute. Die arbeitende Bevölkerung dagegen erfuhr schon bald, wovon Nelson Mandela sprach, als er bei der Eröffnung des Parlaments 1995 sagte: »Wir müssen uns von der Kultur des Anspruchsdenkens freimachen.«

Die Politik, die Mandela während seiner bis 1999 dauernden Präsidentschaft zusammen mit seinem Finanzminister und dem Zentralbankgouverneur unter Mitwirkung des IWF betrieb, hatte nicht das Geringste mit den Versprechungen zu tun, die er und der ANC dem Volk vor seiner Wahl zum Präsidenten gegeben hatten. Im Gegenteil. Sie war ein Schlag ins Gesicht der arbeitenden Bevölkerung und der Armen und glich einem neoliberalen Feuerwerk, das sowohl bei der alten Elite des Landes als auch bei internationalen Banken und Großkonzernen höchste Zufriedenheit auslöste.

Im öffentlichen Dienst wurden Stellen gestrichen und Gehälter gekürzt, während sich Unternehmen und Wohlhabende über Steuererleichterungen[18] freuen konnten. Die staatlichen Rentenfonds wurden zugunsten derer, die jahrzehntelang im Dienst des alten Rassistenregimes gestanden hatten, »umstrukturiert«. Den Großkonzernen wurden der Abzug riesiger Summen ins Ausland und die Verlegung ihrer Hauptsitze nach London gestattet, was zusammen mit der Abschaffung von Einfuhrzöllen den Verlust von tausenden von Arbeitsplätzen im Lande zur Folge hatte. Der Zentralbank wurde die Erhöhung des Zinssatzes bis auf zweistellige Beträge gestattet, was ausländische Währungsspekulanten begeisterte und heimische Kleinunternehmer in den Konkurs trieb. Das Gesetz gegen Wucherei, das einen Zinshöchstsatz von 32 % für Kredite vorsah, wurde abgeschafft.

Der Aktienmarkt schoss in die Höhe, die Pensionsfonds machten Überschüsse und wurden von der Regierung entgegen den bis dahin gültigen Regelungen ausschließlich unter die Kontrolle der Arbeitgeber gestellt. Waffenlieferungen, auch an Diktaturen, wurden nicht etwa eingestellt, sondern ausgeweitet. Das Finanzsystem wurde so weit dereguliert, dass Investitionen immer weiter zurückgeschraubt und mehr und mehr Kapital in internationale Spekulationsgeschäfte gesteckt werden konnte. Zu den profitabelsten Bereichen der Wirtschaft entwickelten sich der Finanzsektor, das Versicherungswesen und die Immobilienbranche, während die industrielle Produktion schrumpfte.

---

[18] Die Unternehmenssteuer wurde in mehreren Schritten von 48 % im Jahr 1994 auf 30 % im Jahr 1999 gesenkt.

Das Versprechen des ANC an die einfache schwarze Bevölkerung, dass vorübergehende Verschlechterungen zu langfristigen Verbesserungen ihres Lebensstandards führen würden, erwies sich als glatte Lüge. Sowohl unter Mandela als auch unter seinen Nachfolgern Mbeki und Zuma gab es für die weniger Wohlhabenden nur eine Richtung – bergab. Statt des versprochenen jährlichen Beschäftigungszuwachses von 3 % bis 4 % gingen in der zweiten Hälfte der neunziger Jahre pro Jahr 1 % bis 4 % der Arbeitsplätze verloren. Insgesamt stieg die Arbeitslosigkeit unter Schwarzen von 1994 bis 2004 von 36 % auf 47 %. Ihr Durchschnittseinkommen fiel real um 19 %, während das der Weißen um 15 % stieg. Eine Erhebung im Jahr 1996 ergab, dass knapp eineinhalb Millionen schwarze südafrikanische Haushalte in Elendsquartieren untergebracht waren. 2011 war die Zahl auf knapp 2 Millionen angewachsen – ein Anstieg von etwa 30 %.

Besonders benachteiligt wurden die unteren sozialen Schichten in der Entwicklung des Bildungs- und Krankenwesens. Immer mehr Schulen führten Schulgebühren ein, auch die Ärmsten wurden gezwungen, Schuluniformen, Bücher, Schreibmaterial und den Transport zur Schule zu bezahlen. Eine staatliche Untersuchung aus dem Jahr 2001 ergab, dass sich das öffentliche Schulsystem Südafrikas in einem katastrophalen Zustand befand. Während am Aktienmarkt und durch Finanzspekulation Milliarden verdient wurden, hatten 27 % der Schulen kein fließendes Wasser, 43 % keinen Strom und 80 % verfügten weder über eine Bücherei noch über Computer.

Noch schlimmer sah es im Gesundheitsbereich aus. Durch die Einsparungen im Staatshaushalt und die gleichzeitige Privatisierung der Dienstleistungen verbreiteten sich Krankheiten wie Tuberkulose, Cholera, Malaria und AIDS schneller und in höherem Ausmaß als zu Zeiten der Apartheid. Wegen des schlechten Zustands der Wasserversorgung und der Preiserhöhungen nach der Privatisierung vieler Wassersysteme durch europäische Firmen starben jährlich mehrere zehntausend Kinder an Durchfallerkrankungen. Als wohl schlimmster Indikator für den Niedergang der Gesellschaft dürfte der von der Weltgesundheitsorganisation WHO ermittelte Rückgang der Lebenserwartung um dreizehn Jahre (von 65 auf 52 Jahre) in den ersten zehn Jahren der Herrschaft des ANC gelten.

66

Nicht nur das Gefälle zwischen reichen Weißen und armen Schwarzen, sondern auch die soziale Ungleichheit innerhalb der schwarzen Bevölkerung nahm unaufhaltsam zu. Um das eigene Image aufzupolieren, erließ die Regierung 2004 das *Black Economic Empowerment Program* (Wirtschaftliches Ermächtigungsprogramm für Schwarze). Es wies die Behörden an, Stellen in der Verwaltung und den großen Industriekonzernen vermehrt mit schwarzen Bewerbern zu besetzen. Eine der Folgen war, dass der Anteil schwarzer Manager in börsennotierten Unternehmen von 0 % auf 20 % anstieg. Für die unteren Einkommensschichten dagegen blieb die Maßnahme vollkommen bedeutungslos.

Von großer Bedeutung war dagegen die Politik der schwarzen Gewerkschaftsführer, die die Proteste gegen die Verschlechterung des Lebensstandards immer geschickter auffingen und sie durch vereinzelte Streikaktionen ins Leere laufen ließen. Sie leisteten der Regierung damit wertvolle Dienste bei der Durchsetzung ihres neoliberalen Kurses und wurden von ihr im Gegenzug reichhaltig für ihren Einsatz entlohnt. Mandelas Weggefährte Cyril Ramaphosa, ein Gründungsmitglied der Minenarbeitergewerkschaft und der Cosatu, steht stellvertretend für diese Schicht. Er ist heute selbst Großunternehmer, mehrfacher Milliardär und zählt zu den reichsten Menschen Südafrikas. (Auch Mandela selbst starb als schwerreicher Mann und hinterließ seinen Erben Beteiligungen an über zweihundert Firmen.)

Die vom IWF geforderte und vom ANC durchgesetzte Politik verwandelte Südafrika in ein Land, in dem der Graben zwischen denen, die im Überfluss leben, und denen, die am Rande des Existenzminimums dahinvegetieren, so groß ist wie in fast keinem anderen Land der Welt. Sie hat auch das wichtigste Argument, mit dem Nelson Mandela und der ANC ihre Kompromissbereitschaft gegenüber dem alten Regime immer wieder entschuldigt und gerechtfertigt haben – »friedliches Miteinander und keine Gewalt« –, ad absurdum geführt. Südafrika hat heute eine der höchsten Gewaltkriminalitätsraten und gilt als eines der unsichersten und gefährlichsten Länder der Erde.

Sicher fühlen können sich in Südafrika nur die 10 % der Bevölkerung, die über fast die Hälfte der Haushaltseinkommen verfügen und ein Leben im Luxus führen – in hermetisch abgeschirmten Wohngebieten, hinter meterhohen Mauern, umgeben von Stacheldraht, Alarmsystemen und bewacht von bis an die Zähne bewaffneten Sicherheitsdiensten. Es ist vermutlich diese Art von Leben, die Christine Lagarde meinte, als sie sagte, Nelson Mandela habe Südafrika »zu einem besseren Ort« gemacht.

Jugoslawien.
Der IWF als Kriegsvorbereiter und -begleiter

Ein für Europa besonders dunkles Kapitel seiner Geschichte schrieb der IWF in der ehemaligen sozialistischen Republik Jugoslawien. In den 1980er und 1990er Jahren trug er dort nicht nur maßgeblich dazu bei, ein Volk von 24 Millionen Menschen ins Elend zu stürzen, sondern half mit, einen Vielvölkerstaat zu zerbrechen und die Voraussetzungen für die blutigsten Auseinandersetzungen auf europäischem Boden nach dem Zweiten Weltkrieg zu schaffen.

Das 1945 aus den sechs Republiken Slowenien, Kroatien, Bosnien-Herzegowina, Montenegro, Serbien und Mazedonien sowie den autonomen serbischen Provinzen Kosovo und Vojvodina entstandene Jugoslawien hatte 1948 mit der Sowjetunion gebrochen und sich vom Ostblock abgewandt. Da es wegen der Verstaatlichung seiner Schlüsselindustrien und seines Bankensektors auch nicht zum kapitalistischen Westen gehörte, schlug seine Führung unter Staatschef Tito nach eigenen Aussagen einen »dritten Weg« zwischen Kapitalismus und Sozialismus ein. Nüchtern betrachtet bestand dieser Weg darin, die Spannungen des Kalten Krieges durch geschicktes Taktieren zwischen den Westmächten und der Sowjetunion zum Vorteil der herrschenden Funktionärsclique auszunutzen.

Für die USA spielte Jugoslawien wegen seiner strategischen Lage am Rande des ölreichen Nahen Ostens und im Rahmen der Strategie der »Eindämmung« des sowjetischen Einflusses als Front- und Pufferstaat eine so wichtige Rolle, dass sie dem Land die Mitgliedschaft im IWF gewährten und dafür sorgten, dass amerikanische Banken es durch großzügige Kredite unterstützten.

In der Zeit des Nachkriegsbooms erlebte die jugoslawische Wirtschaft deshalb einen kräftigen Aufschwung. Der Import von Konsumgütern, Investitionen in das Gesundheits- und Bildungswesen und die Verdopplung des Exports von Industriewaren zwischen 1954 und 1960 führten zu einer erheblichen Verbesserung der Lebensbedingungen, erhöhten aber gleichzeitig die Abhängigkeit von ausländischem Kapital. Außerdem begünstigte das rasante Wirtschaftswachstum den industrialisierten Norden gegenüber dem rückständigen und weitgehend rohstoffabhängigen Süden und schuf damit ein Ungleichgewicht, das später fatale Konsequenzen haben sollte.

Mit der Petrodollar-Schwemme der siebziger Jahre nahm der Umfang der Kredite zu. Von 1966 bis 1979 wuchs die Industrieproduktion um durchschnittlich 7,1 % pro Jahr. Da jugoslawische Industrie- und Agrarprodukte auf den westlichen Märkten aber nur bedingt konkurrenzfähig waren, flossen zu wenig Devisen zurück ins Land, um den wachsenden Schuldenstand abzubauen. Hatte die Auslandsverschuldung 1970 noch bei etwas über 2 Mrd. US-Dollar gelegen, stieg sie bis 1980 auf 18 Mrd. US-Dollar und damit auf mehr als ein Viertel des Nationaleinkommens an.

Die US-Hochzinspolitik Ende der siebziger Jahre verteuerte die Rückzahlung der Kredite schlagartig und beunruhigte zusammen mit der anschwellenden Inflation die internationalen Gläubiger. Anfang der achtziger Jahre verlangte ein Großteil der mehr als 600 in Jugoslawien engagierten westlichen Banken seine Gelder zurück oder weigerte sich, neue Gelder zu vergeben. Der IWF sprang mit einem Stand-by-Kredit ein und forderte als Gegenleistung eine Steigerung des Exports, eine Drosselung der Inflation und eine Kürzung der Staatsausgaben. Die Durchsetzung der Maßnahmen zog sich hin und die Zeit drängte, da sich die Situation rapide verschlechterte.

Als kurze Zeit später ein Zahlungsausfall drohte, sorgte der in Belgrad stationierte US-Botschafter Lawrence Eagleburger dafür, dass sich westliche Industrienationen, kommerzielle Banken und der IWF zu einem Bündnis unter dem Namen »Freunde Jugoslawiens« zusammenschlossen und

1983 eine erste Umschuldung organisierten. Ein 600-Mio.-Dollar-Kredit des IWF – der größte bis dahin an ein einzelnes Land vergebene Kredit – wurde dabei an die Bedingung geknüpft, dass die Regierung – und damit die steuerzahlende arbeitende Bevölkerung Jugoslawiens – nicht nur die Haftung für öffentliche Schulden in Höhe von 5,5 Mrd. US-Dollar, sondern auch für private Schulden in Höhe von 10,9 Mrd. US-Dollar übernahm. Außerdem wurden die jugoslawischen Betriebe dazu verpflichtet, ihre Auslandsschulden ungeachtet ihrer jeweiligen finanziellen Situation zu begleichen, was in vielen Fällen dazu führte, dass zwar die Banken ihr Geld erhielten, die Löhne aber nicht mehr ausgezahlt wurden.

Beide Maßnahmen wurden in enger Absprache mit dem US-Finanzministerium und den Vertretern der Wall Street getroffen und orientierten sich offensichtlich an einer Entscheidungsdirektive für die Nationalen Sicherheitsbehörden der USA, in der »verstärkte Anstrengungen« gefordert wurden, »um kommunistische Regierungen und Parteien« – zu denen die USA auch das blockfreie Jugoslawien zählten – »in einer ‚leisen Revolution' zu stürzen«.

Die Folgen der Maßnahmen waren so absehbar wie beabsichtigt. Betriebe brachen reihenweise zusammen, die Arbeitslosigkeit schnellte in die Höhe, die Durchschnittslöhne sanken bis 1985 um 40 %. Das angebliche Ziel des IWF, die Verringerung des Schuldenstandes, wurde nicht erreicht, im Gegenteil: Obwohl Jugoslawien bis 1988 30 Mrd. US-Dollar an Zins-, Zinseszins- und Tilgungszahlungen leistete, wurde es in der zweiten Hälfte der achtziger Jahre zum höchstverschuldeten Land Europas und lag nach Angaben der Weltbank hinter Brasilien, Mexiko, Argentinien, Nigeria, den Philippinen und Venezuela an siebter Stelle der Gruppe der *Highly Indebted Countries* (hoch verschuldete Länder). Die Verschlechterung der Lage der einfachen Bevölkerung führte dazu, dass die Spannungen zwischen den einzelnen Republiken, die vom sozialen Niedergang sehr unterschiedlich getroffen wurden,[19] zunahmen. Politiker

---

[19] Die Arbeitslosigkeit in Slowenien überstieg in den achtziger Jahren nie die Fünf-Prozent-Marke, während sie im Kosovo bis auf fast 60 % anstieg.

der Rechten versuchten, die Situation auszunutzen, und begannen, nationalistische und separatistische Töne anzuschlagen.

72 Drei weitere Umschuldungen, die »verschärfte Überwachung« des Landes durch den IWF und ein im Rahmen der vierten Umschuldung gewährter Kredit in Höhe von 300 Mio. US-Dollar kamen ebenfalls ausschließlich den Gläubigern zugute. Das Wirtschaftswachstum fiel 1987 auf 2,4 %. Der Kapitalabfluss ins Ausland hielt an, die Arbeitslosigkeit stieg weiter. Während 45 % der Auslandseinnahmen zur Bedienung der Schulden eingesetzt wurden, kam es im Lande zu ersten Nahrungsmittelengpässen. In der Bevölkerung begann es zu brodeln. Der wirtschaftliche Niedergang nahm an Fahrt auf, 1987 drohte erneut der staatliche Zahlungsausfall. Eine Welle von Arbeitsniederlegungen überzog das gesamte Land und erreichte 1987/88 mit über 4000 Streiks und Demonstrationen ihren Höhepunkt.

Der Widerstand der arbeitenden Bevölkerung gegen das Diktat der Banken hielt den IWF nicht davon ab, die damaligen Veränderungen in der Weltpolitik zu nutzen, um das Land noch stärker in die Knie zu zwingen. Wegen des sich andeutenden Zusammenbruchs der Sowjetunion und ihrer Satellitenstaaten begannen die herrschenden jugoslawischen Funktionäre nämlich, nach Wegen zu suchen, um ihre Privilegien trotz des drohenden Zusammenbruchs der alten Strukturen zu erhalten. Nach einer kurzen Phase der Orientierungslosigkeit schlugen sie denselben Kurs ein wie die zu Oligarchen mutierten Staats- und Parteifunktionäre der Sowjetunion: Sie streiften die eigene Vergangenheit als Verfechter der Planwirtschaft ab und halfen aktiv mit, die bisherigen Strukturen der Selbstverwaltung zu zerstören und die Privatisierung zu fördern, um sich selbst auf diese Weise in den Besitz des bisherigen Gemeinschaftseigentums zu bringen. Ein Beispiel dieser politischen Verwandlung lieferte Premierminister Ante Markovic, der zum glühenden Anhänger des Neoliberalismus wurde und nach Beendigung seiner politischen Laufbahn, die er einst als glühender Partisan im Kampf gegen den Faschismus begonnen hatte, als wohlhabender Unternehmer in Österreich endete.

Mit vereinten Kräften trieben die alten und neuen Herrscher Jugoslawiens zusammen mit dem IWF das Land von nun an in den endgültigen Ruin. Ab 1988 durfte ausländisches Kapital, das sich bis dahin nur in der Form von Joint Ventures an Staatsbetrieben hatte beteiligen dürfen, ohne Einschränkungen in der Industrie, im Bankensektor, im Versicherungswesen und im Dienstleistungsgewerbe investiert werden. Da die Vermögenswerte nach ihrem im Vergleich zum kapitalistischen Westen viel zu niedrigen planwirtschaftlichen »Buchwert« eingeschätzt wurden, begann für westliche Investoren ein wahrer Beutezug. Während sie ihre Taschen füllten, wurden 1989 knapp 250 Betriebe in den Bankrott getrieben oder aufgelöst, 89.400 Beschäftigte verloren ihre Arbeit. Bis zum September 1990 folgten fast 900 Betriebe, mehr als eine halbe Million Menschen wurde arbeitslos. Am härtesten von den Schließungen betroffen waren Serbien, Bosnien-Herzegowina, Mazedonien und der Kosovo.

Auf Anordnung des IWF wurden die Löhne auf dem Niveau vom November 1989 eingefroren. Bis zum Jahresende erreichte die Inflation 70 %, stieg 1991 auf 140 %, 1992 auf 937 % und erreichte 1993 1.134 %. Die Lebensbedingungen für die breite Bevölkerung sanken auf das Niveau eines Entwicklungslandes. Am härtesten traf es die ärmeren Landesteile wie den Kosovo, Mazedonien und Montenegro. Gleichzeitig wuchs die Verärgerung in den wohlhabenderen Provinzen wie Serbien, Kroatien und Slowenien, die von der Zentralregierung zur Finanzierung stärker zur Kasse gebeten wurden als die finanzschwächeren Gegenden. 1989 führte Serbien Steuern auf slowenische und kroatische Produkte ein. Kroatien begann im Gegenzug, serbische Ferienhäuser an der Adria mit Sonderabgaben zu belasten. Slowenien stellte seine Zahlungen an den Entwicklungsfonds für den Kosovo, Mazedonien und Montenegro ganz ein, womit 40 % der Gelder für diese Regionen entfielen.

Nationalistische Töne griffen um sich und gewannen immer mehr Anhänger. Die ersten Rufe nach der Unabhängigkeit einzelner Provinzen ertönten – und ließen die westlichen Großmächte aufhorchen. Hatten sich die USA die Willfährigkeit Jugoslawiens wegen seines Zickzack-Kurses zwischen den Großmächten in der Vergangenheit teuer erkaufen müssen, so eröffnete der absehbare Fall des sowjetischen Regimes völlig neue

Perspektiven. Hier konnte eine Region jetzt nicht nur wirtschaftlich vollständig dem Weltmarkt unterworfen, sondern zersplittert und nach dem Motto »teile und herrsche« geopolitisch zum strategischen Bündnispartner gemacht werden! Der Ruf nach der Gründung unabhängiger Staaten veranlasste die USA, auf den Zug aufzuspringen und diese Tendenzen zu unterstützen. Deutschland, das 1989 durch die Wiedervereinigung zum politischen und wirtschaftlichen Schwergewicht innerhalb der damaligen EG (der Vorläuferin der EU) aufstieg und den Balkan ebenfalls dringend als Absatz- und Investitionsmarkt brauchte, blies ins gleiche Horn, indem es – unterstützt von Österreich – die Unabhängigkeitsbestrebungen vor allem Kroatiens und Sloweniens finanziell und durch den Einsatz seiner Geheimdienste förderte.

Um den Zerfall des alten Jugoslawiens endgültig zu besiegeln, legten der IWF und die Weltbank mit ihrem gemeinsamen *Financial Operations Act* im Herbst 1989 noch einmal die Daumenschrauben an: Der Handel wurde vollständig dereguliert, so dass der jugoslawische Markt mit ausländischen – vor allem von der Europäischen Gemeinschaft subventionierten – Waren überschwemmt wurde und die heimische Industrieproduktion um mehr als 10 % einbrach. Der Zentralregierung wurde die Aufnahme von Krediten bei ihrer eigenen Zentralbank untersagt. Außerdem wurde sie gezwungen, Ausgabenkürzungen in Höhe von 5 % des Bruttoinlandsproduktes vorzunehmen, was zu Lasten der Sozialleistungen ging.

Ein neues zur Förderung der Privatisierung von Betrieben eingeführtes »Unternehmensgesetz« sah einen sogenannten »Exit-Mechanismus« vor, demzufolge Unternehmen, die dreißig Tage lang zahlungsunfähig waren, sich mit ihren Gläubigern arrangieren mussten. Da der Regierung ein Eingreifen und der Nationalbank die Vergabe weiterer Kredite an die Unternehmen untersagt war, bedeutete die Regelung, dass die Gläubigerbanken ihren Anteil an den Krediten in Anteile am Unternehmenseigentum umwandeln konnten. Um genau diesen Fall zu verhindern, stellte ein Großteil der Staatskonzerne im ersten Halbjahr 1990 die Lohnzahlungen ein, woraufhin eine halbe Million Arbeiter – jeder fünfte Beschäftigte – über Monate unbezahlt blieb.

Die folgenreichste Maßnahme aber war die Einstellung der Zahlungen an die Provinzen und die Teilrepubliken. Auf Anordnung des IWF durfte das Geld ab sofort nicht mehr innerhalb des Landes eingesetzt, sondern musste zur Begleichung der Schulden beim Pariser Club und beim Londoner Club verwendet werden. Diese provokative Durchtrennung der finanziellen Adern zwischen der Hauptstadt Belgrad und den einzelnen Provinzen führte zu einer verhängnisvollen, aber mit Sicherheit von den Großmächten beabsichtigten Reaktion: Slowenien und Kroatien stellten im Gegenzug ihre Zahlungen für den Ausgleichsfonds ein und begannen öffentlich über Aufnahmeanträge in die EG zu spekulieren.

Nachdem der IWF so die wirtschaftlichen Grundlagen für das endgültige Auseinanderbrechen Jugoslawiens geschaffen hatte, pochten jetzt die Regierungen vor allem der USA und Deutschlands plötzlich auf das Selbstbestimmungsrecht der einzelnen Volksgruppen, das in ihrer bisherigen Politik nie den Hauch einer Rolle gespielt hatte. Gleichzeitig förderten und unterstützten sie die Separatisten materiell und entfesselten eine wahre Medienschlacht, um 26 ethnische Gruppen, die fast ein halbes Jahrhundert friedlich zusammen gelebt hatten und deren Ehen zu 30 % zwischen verschiedenen Volksgruppen geschlossen worden waren, gegeneinander aufzuhetzen. Mit Erfolg: Bei den 1990 abgehaltenen Wahlen in den Teilrepubliken setzten sich nationalistische Parteien durch, es kam zu ersten Übergriffen zwischen verschiedenen Volksgruppen.

Die Unterstützung der Separatisten erhöhte die Spannungen zwischen den Großmächten und Serbien, das sich zum Nachfolgestaat Jugoslawiens erklärte und auf der alten territorialen Einheit bestand. Die Situation verschärfte sich, als die serbische Regierung unter Slobodan Milošević Anfang 1991 von der eigenen Nationalbank über 1,8 Mrd. US-Dollar drucken ließ, um ausstehende Staatslöhne auszubezahlen, und auf diese Weise das IWF-Programm unterlief. Die Vereinten Nationen antworteten mit einem Embargo, das im folgenden Jahr drastisch verschärft wurde.

Im Juni 1991 erklärten Kroatien und Slowenien ihre Unabhängigkeit. Noch im selben Monat griff die jugoslawische Volksarmee ein, es kam zum Zehn-Tage-Krieg gegen Slowenien, der sich schnell nach Kroatien verlagerte und dort zu einem bis 1995 andauernden Krieg führte, der sich 1992 auch auf Bosnien ausdehnte. Als Kroatien am 22. Dezember 1991 eine eigene Verfassung verkündete und sich zum souveränen Staat erklärte, reagierte Deutschland blitzschnell und erkannte das Land unter Missachtung der von der EG verlangten Bedingungen wie dem Minderheitenschutz schon einen Tag später an. Die EG nahm es mit den eigenen Vorschriften ebenfalls nicht so genau und zog am 15. Januar 1992 nach, gefolgt von der UNO, die Kroatien im Mai 1992 anerkannte.

Der IWF reagierte auf die neue Situation, indem er die Mitgliedschaft Jugoslawiens einfror, Slowenien und Kroatien als neue Mitglieder aufnahm und sie im Dezember desselben Jahres wissen ließ, wie hoch ihr Schuldenstand bei den internationalen Gläubigern war. Kroatien musste demnach für 28,5 %, Slowenien für 16,4 % der Altschulden des ehemaligen Jugoslawiens aufkommen. Der Löwenanteil von 36,5 % wurde Serbien-Montenegro aufgebürdet. Ungeachtet der kriegerischen Auseinandersetzungen, die bis 1995 andauerten, verhandelte der IWF anschließend weiter mit Kroatien, Slowenien und Mazedonien über neue Kredite, die allerdings nicht für die Beseitigung von Kriegsfolgen oder den Wiederaufbau, sondern zur Bedienung der Altschulden gedacht waren. Ein 1993 von der kroatischen Regierung unter Franjo Tudjman unterzeichnetes Abkommen führte zu noch mehr Firmenschließungen, senkte die Löhne zum Teil unter die Armutsgrenze und trieb die Arbeitslosenquote bis 1994 auf 19,1 % – alles zugunsten der internationalen Gläubiger.

Nicht besser erging es der arbeitenden Bevölkerung Bosniens und Herzegowinas. Nachdem die Kampfflieger der NATO zwischen April 1993 und März 1995 52.000 Einsätze geflogen waren und mehr als 33.000 Zivilisten und fast ebenso viele Soldaten umgekommen waren, wurde dem Land im Abkommen von Dayton von den USA und der EU eine neue »marktorientierte« Verfassung verordnet. Außerdem wurde es militärisch der NATO und politisch dem schwedische Premierminister Carl Bildt als »Hohem Repräsentanten« für den Wiederaufbau unterstellt – der bis dahin schärfste Eingriff in die Souveränität eines europäischen Landes nach dem Zweiten Weltkrieg.

Die Wirtschaftspolitik Bosniens und Herzegowinas wurde dem IWF, der Weltbank und der *Europäischen Bank für Wiederaufbau und Entwicklung* übertragen. Die ohne konstituierende Versammlung zustande gekommene Verfassung sah vor, dass der Direktor der Zentralbank vom IWF ernannt werden sollte und »kein Bürger Bosnien-Herzegowinas oder eines benachbarten Staates« sein durfte. Der Zentralbank selbst wurde für die Dauer von sechs Jahren untersagt, neues Geld zu drucken oder eine eigene Währung einzuführen. Internationale Kredite durften ausschließlich zur Rückzahlung von Schulden an internationale Gläubiger und zur Finanzierung der im *Dayton-Abkommen* festgelegten Stationierung von Militär verwendet werden, nicht aber zur Finanzierung des wirtschaftlichen Wiederaufbaus. So wurde ein vom niederländischen Staat gewährter »Brückenkredit« in Höhe von 37 Millionen Dollar nicht etwa zur Linderung der Leiden der Kriegsopfer benutzt, sondern diente dazu, die niederländische Zentralbank auszuzahlen, die dem IWF das Geld zur Begleichung von Außenständen geliehen hatte.

Die vollständige Öffnung des zerstückelten Jugoslawiens für das internationale Kapital und die an Kolonialzeiten erinnernde Unterordnung der Nachfolgeländer unter das gemeinsame Regime von UNO, NATO und EU reichte den Westmächten nicht aus. Trotz der großen Zahl an Kriegsopfern und der Traumatisierung der Bevölkerung suchten sie nach weiteren Möglichkeiten, sich das Land vollständig zu unterjochen. Als sich im Kosovo ebenso wie in den anderen Teilen Ex-Jugoslawiens nationalistische Kräfte bemerkbar machten, ergriffen Deutschland, Großbritannien und die USA die Gelegenheit beim Schopf, schickten ihre Geheimdienste ins Feld und trugen entscheidend dazu bei, dass sich zunächst friedliche Proteste in blutige bürgerkriegsartige Auseinandersetzungen verwandelten.

Die Konflikte wurden so lange geschürt, bis Serbiens Führer Milošević gewaltsam eingriff und damit den Großmächten den gewünschten Vorwand für ein aggressiveres Vorgehen lieferte. Die Westmächte baten ihn im französischen Rambouillet an den Verhandlungstisch und legten ihm einen Vertrag vor, der unter anderem die Stationierung von 50.000 NATO-Soldaten vorsah, die der Polizei und den Behörden des Landes gegenüber weisungsbefugt und darüber hinaus berechtigt sein sollten, Flughäfen, Häfen, Bahnhöfe und Straßen jederzeit kostenfrei zu nutzen.

78 Nachdem Milošević den Vertrag – wie erwartet – abgelehnt hatte, entfesselten die Streitkräfte der NATO und der USA – zum ersten Mal ohne ein Mandat der UNO oder der OSZE (Organisation für Sicherheit und Zusammenarbeit in Europa) – die bis dahin größte Militäraktion in Europa seit 1945. Unter dem Vorwand, Menschenrechtsverletzungen Einhalt zu gebieten und eine humanitäre Katastrophe verhindern zu wollen, bombardierten sie 78 Tage lang fünfzehn Städte rund um die Uhr aus der Luft. Dabei setzten sie Splitterbomben und Uranmunition ein und zerstörten unter anderem für die Bevölkerung lebenswichtige Wasserversorgungssysteme und Heizkraftwerke sowie 344 Schulen und 33 Krankenhäuser.

Nach Beendigung der Kämpfe setzten sie eine paramilitärische Regierung ein, die enge Verbindungen zum organisierten Verbrechen unterhielt. Dass diese in den kommenden Jahren mehr als die Hälfte des weltweiten Heroinhandels durch ihr Land laufen ließ, hielt den IWF und die deutsche Commerzbank nicht davon ab, die vollständige Kontrolle über das Bankensystem zu übernehmen. Dort, wo die Milliarden zur Rückzahlung internationaler Kredite nur schwer aus einer völlig verarmten Bevölkerung herauszupressen waren, musste zur Begleichung von Krediten internationaler Investoren für den Wiederaufbau eben auf gewaschene Drogengelder zurückgegriffen werden.

Für Deutschland markierte der erste Kriegseinsatz seit Gründung der Bundeswehr unter der rot-grünen Bundesregierung von Kanzler Gerhard Schröder und Vizekanzler Joschka Fischer ein knappes Jahrzehnt nach der Wiedervereinigung die Rückkehr in den Kreis der Großmächte. Die USA dagegen verfolgten das Ziel, durch den vollkommen unverhältnismäßigen Einsatz neuester Waffentechnologie ein deutliches Zeichen zu setzen und die eigene militärische Stärke zu demonstrieren – zum einen in Richtung des aus der Auflösung der Sowjetunion hervorgegangenen Russland, zum anderen in Richtung des aufstrebenden China, dazu in Richtung der wirtschaftlich und militärisch immer stärker werdenden

Europäische Union[20] und nicht zuletzt zur Untermauerung des eigenen Dominanzanspruches innerhalb der NATO.[21]

Für den IWF schloss sich mit dem Ende des Kosovo-Krieges ein Kreis der besonderen Art. Seine durch Kredite erzwungene neoliberale Politik hatte die Voraussetzungen für die Destabilisierung der gesamten Region geschaffen. Er hatte dafür gesorgt, dass ein Land, das einst wirtschaftliches Wachstum, Vollbeschäftigung, ein freies Gesundheitssystem, kostenlose Bildung, Mutterschaftsurlaub, sechs Wochen Jahresurlaub, niedrige Mieten und bezahlbare Nahrungsmittel, eine Alphabetisierungsrate von über 90 % und eine Lebenserwartung von 72 Jahren gekannt hatte, in Schutt und Asche gelegt und seine Bevölkerung auf den Status eines Entwicklungslandes zurückgeworfen worden war. Seine Programme hatten den Nährboden gelegt, auf dem die westlichen Geheimdienste und die vom Geld des Westens unterstützten Medien einen Feldzug starten konnten, der arbeitslose und verzweifelte Menschen dazu trieb, ethnische Verbrechen zu begehen, und schließlich dazu führte, dass rechtsgerichtete Nationalisten die Oberhand gewannen. Ohne die systematische Vorbereitung durch den IWF wäre die humanitäre Katastrophe der neunziger Jahre auf dem Balkan nicht möglich gewesen.

---

[20] Auf dem EU-Gipfel in Köln z. B. waren eine »Umstrukturierung der europäischen Verteidigungsindustrie« diskutiert und gemeinsame Beratungen von Außen- und Verteidigungsministern vorgeschlagen worden, um die Effektivität von Befehls- und Kommunikationsstrukturen für Militäreinsätze in Krisenfällen zu verbessern.

[21] Zielaufklärung, Zielauswahl und Zielplanung wurden wie auch die Luftbetankung und der Einsatz präzisionsgelenkter Munition während des gesamten Krieges ausschließlich von der US-Armee kontrolliert.

Protest in Seoul (Südkorea) gegen den neoliberalen Strukturwandel,
der mit den Maßnahmen des IWF im Anschluss an die Asienkrise begann, 13. Oktober 2008

Die Asien-Krise.
Der IWF demonstriert seine Macht

Im Zuge der zunehmenden Globalisierung der Finanzmärkte boten die Wirtschaften Asiens, die seit den sechziger Jahren die weltweit höchsten Wachstumsraten aufwiesen, internationalen Investoren immer interessantere Anlagemöglichkeiten. Zu Beginn der neunziger Jahre drängten IWF und US-Finanzministerium die Staaten in der Region, ausländischem Kapital den Zugang zu ihren Märkten zu erleichtern. Die daraufhin angeordneten Liberalisierungsmaßnahmen der Regierungen führten dazu, dass der Gesamtumfang ausländischer Bankkredite allein in Indonesien, Südkorea, Malaysia, Thailand und auf den Philippinen bis zum Ende 1996 die Rekordsumme von mehr als 260 Mrd. US-Dollar erreichte.

Zwischen 50 % und 67 % dieser Kredite hatten allerdings kurze Laufzeiten und wurden nicht in die Realwirtschaft investiert, sondern als »hot money« (»heißes Geld«) zum Kauf von Aktien und Immobilien eingesetzt, wo sich schnelle und hohe Profite erzielen ließen. Die dadurch erzeugten Preissteigerungen insbesondere bei Immobilien wurden von asiatischen Banken umgehend genutzt, um weitere Kredite zu besichern. Das setzte eine gefährliche Spirale in Gang, was ausländische Investoren wie US-Pensionsfonds und Wall-Street-Banken aber nicht weiter störte – zum einen, weil sie wegen der hohen Zinsen für riskante Anlagen glänzend verdienten, zum anderen, weil das Risiko ja nicht mehr bei ihnen, sondern bei den asiatischen Banken lag.

Auch der IWF sah seine Rolle nicht darin, vor den lauernden Gefahren zu warnen, sondern unterstützte die Entwicklung selbst dann noch, als sich das kommende Unheil bereits abzeichnete. »Private Kapitalflüsse haben für das internationale Geldwesen größte Bedeutung bekommen, und ein zunehmend offenes und liberales System hat sich für die Weltwirtschaft als vorteilhaft erwiesen«, hieß es in einer Erklärung des IWF vom 21. September 1997 – zu einem Zeitpunkt, da US-Milliardär George Soros und andere Spekulanten bereits gegen die thailändische Währung Baht wetteten und der Startschuss für eine verheerende länderübergreifende Kettenreaktion längst gefallen war.

Wenig später überschlugen sich die Ereignisse. Die Immobilienblase zerplatzte, der Baht musste mehrmals abgewertet werden, ausländische Investoren zogen ihr Kapital im großen Stil ab. Die Verunsicherung der Geldgeber griff auf andere Länder über, es kam zu einem Kapitalabfluss nie dagewesenen Ausmaßes.[22] Innerhalb weniger Wochen lagen große Teile des asiatischen Bankwesens in Scherben. Da kein privates ausländisches Kapital verfügbar war, blieb den Regierungen der betroffenen Länder keine andere Wahl, als sich an den IWF als Kreditgeber letzter Instanz zu wenden.

Was dann folgte, verlief exakt nach dem vom IWF vorgegebenen Drehbuch. Die kreditsuchenden Länder erklärten ihre Bereitschaft zu Zugeständnissen in einem – vorher mit den Vertretern des Fonds abgesprochenen – »Letter of Intent«, um der Öffentlichkeit vorzugaukeln, die Maßnahmen seien nicht vom IWF erzwungen, sondern von den offiziellen Stellen des Landes »vorgeschlagen« und anschließend vom IWF »akzeptiert« worden.

Thailand machte im Dezember 1997 den Anfang. Das Land bat um einen Kredit und erklärte sich Gegenzug bereit, ausländische Schulden grundsätzlich vorrangig zu bedienen, 30.000 Staatsbedienstete zu entlassen, 56 insolvente Finanzinstitute zu schließen und die Staatsausgaben zu senken. Indonesien folgte und kündigte neben der Haushaltssanierung

---

[22] Nach einem Zufluss von 92,8 Mrd. US-Dollar im Jahr 1996 kam es in Indonesien, Südkorea, Malaysia, Thailand und auf den Philippinen 1997 zu einem Nettoabfluss von 12,1 Mrd. US-Dollar.

die Schließung von 16 Banken und die Anhebung des Zinssatzes für ausländisches Kapital auf bis zu 80 % an, um Investoren auf diese Weise wieder ins Land zu locken.

83

Keine dieser Maßnahmen trug dazu bei, die taumelnden Wirtschaften zu stabilisieren. Im Gegenteil: Sie alle verschlimmerten die Situation, führten auf direktem Weg in die Rezession und transformierten die Finanzkrise damit in eine schwere und tiefgreifende Wirtschaftskrise. Für große Teile der Bevölkerung, die durch die Währungsabwertungen bereits mehr als die Hälfte ihrer Kaufkraft eingebüßt hatten, begann ein Kampf ums nackte Überleben.

Die Vertreter des internationalen Finanzkapitals dagegen konnten nicht nur aufatmen, sondern die Ärmel hochkrempeln, denn das Eingreifen des IWF sicherte nicht nur die Rückzahlung ihrer Kredite, sondern eröffnete ganz neue Gewinnmöglichkeiten. Die Schließung von Finanzinstituten und der daraus folgende Zusammenbruch von Unternehmen, kombiniert mit einer weiteren Liberalisierung des Kapitalmarktes, bedeutete ja nichts anderes, als dass strategisch höchst wichtige Wirtschaftszweige für zahlungskräftige ausländische Investoren zu Niedrigstpreisen zu haben waren. Hedgefonds und US-Großbanken ließen sich diese Gelegenheit nicht entgehen – mit dem Ergebnis, dass die betroffenen Wirtschaften nach der Krise wesentlich stärker von den internationalen Finanzmärkten abhingen als zuvor.

Am deutlichsten lassen sich die Begünstigung der weltweiten Geldgeber sowie das Außerkraftsetzen von nationalem Recht und Gesetz und die Abwälzung der Krise auf die arbeitende Bevölkerung durch den IWF an dem neben Thailand und Indonesien am schwersten von der Krise betroffenen Südkorea erkennen. Im Gegensatz zu allen anderen Ländern, an denen der IWF seine Strukturanpassungsprogramme bis dahin vollzogen hatte, handelte es sich nicht um ein Schwellenland, sondern um ein hochentwickeltes Industrieland und damit – vor allem in den Bereichen Autos und Elektronik – um einen Konkurrenten der USA.

Südkorea hatte eine atemberaubende Entwicklung hinter sich. Das Land war innerhalb von knapp vier Jahrzehnten von einem isolierten Agrarstaat zur elftgrößten Wirtschaftsmacht der Erde aufgestiegen. In den Jahren vor der Krise lag die Wachstumsrate bei sieben Prozent, die Arbeitslosenquote betrug unter drei Prozent. Bei einer Inflation von etwa 5% waren die Wechselkurse stabil, im Staatshaushalt wurde ein Überschuss erwartet. Nur ein Punkt trübte das Gesamtbild: Aufgrund der vor allem vom IWF und den USA geforderten Liberalisierung des Finanzsektors hatte die koreanische Regierung inländischen Banken und Kreditinstituten die Kapitalbeschaffung im Ausland seit Beginn der neunziger Jahre zunehmend erleichtert. Auf diese Weise war die Verschuldung Koreas von 44 Mrd. US-Dollar im Jahr 1993 auf 120 Mrd. US-Dollar im September 1997 angewachsen.

Die Gefahren, die diese Abhängigkeit mit sich brachte, waren bekannt. Im September 1997 hatte die japanische Regierung bei einem Treffen asiatischer Finanzminister die Einführung eines »Asiatischen Währungsfonds« vorgeschlagen, weil sie sich um japanische Banken sorgte, die mit 25 Mrd. Dollar stark im Kreditgeschäft mit Korea engagiert waren. Der Fonds sollte über 100 Mrd. Dollar verfügen, die u. a. von Japan, China, Taiwan, Hongkong, Singapur eingezahlt werden und an weniger harte Bedingungen als die Gelder des IWF geknüpft sein sollten. Der Plan wurde auf Grund der heftigen Ablehnung durch das US-Finanzministerium, das die Interessen amerikanischer Banken durch derartige Abmachungen beeinträchtigt sah, fallengelassen.

Kaum zwei Monate nach dem japanischen Vorschlag sprang die Asienkrise auf Südkorea über. Die Börse in Seoul brach ein, internationale Währungsspekulanten begannen, gegen die südkoreanische Währung, den Won, zu wetten. Die Bank of Korea wehrte sich, doch ihre Devisenreserven reichten nicht aus, um den Won wirkungsvoll zu verteidigen. Ausländische Investoren gerieten in Panik und zogen ihr Kapital in einem solchen Ausmaß ab, dass der Regierung keine andere Wahl blieb, als sich hilfesuchend an den IWF zu wenden und einen Kredit in Höhe von 20 Mrd. Dollar zu beantragen.

Ein Team von Ökonomen unter der Leitung von Hubert Neiss, dem österreichischen Direktor des IWF für Asien, eilte nach Seoul und nahm unter Hochdruck eine Bestandsaufnahme vor. Dabei stellte sich heraus, dass 20 Mrd. Dollar bei weitem nicht ausreichen würden, da Südkoreas Devisenreserven bereits unter 6 Mrd. Dollar gesunken und die kurzfristige Auslandsverschuldung mit 100 Mrd. Dollar mehr als doppelt so hoch wie angenommen war. Insgesamt elf US-Großbanken, zehn japanische Finanzinstitute und achtzig europäische Banken waren unmittelbar vom Zahlungsausfall ihrer koreanischen Schuldner bedroht.

IWF-Direktor Camdessus reiste umgehend nach Seoul und griff selbst in die Verhandlungen ein. Am 2. Dezember 1997 schloss die südkoreanische Regierung in Absprache mit dem IWF neun Großbanken und sagte ihren Gläubigern eine umfassende Entschädigung zu. Nur 24 Stunden später präsentierte die Regierung das geforderte »Politische Rahmenpapier«, das tags darauf vom IWF »akzeptiert« wurde. Es führte dazu, dass der IWF am 5. Dezember mit Südkorea den größten jemals von ihm ausgehandelten Bereitschaftskredit vereinbarte. Die Gesamtsumme betrug 58,4 Mrd. US-Dollar. 21,2 Mrd. Dollar wurden vom Fonds selber, 14,2 Mrd. Dollar von der Weltbank und der *Asiatischen Entwicklungsbank* und 23,1 Mrd. Dollar von den Regierungen der USA, Japans und der Europäischen Union bereitgestellt.

Im Gegenzug für den Kredit wurde die südkoreanische Regierung zu einem dreijährigen Strukturanpassungsprogramm verpflichtet, das an mehr als einhundert Bedingungen und im Rahmen des »Phasing« an sieben Überprüfungen durch die Kreditgeber gekoppelt war. Am Tag nach dem Abschluss des Abkommens schienen die Investoren zufrieden – der südkoreanische Aktienindex erzielte mit 7 % seinen bis dahin höchsten Tagesgewinn. Doch schon zwei Tage später wendete sich das Blatt abrupt. Der Kapitalabfluss erhöhte sich auf eine Milliarde Dollar pro Tag, der Won stürzte ab und verlor innerhalb der folgenden zwei Wochen 39 % seines Wertes. Südkorea steuerte geradewegs auf den Staatsbankrott zu.

Auslöser der Trendwende waren drei für Außenstehende voneinander unabhängige Ereignisse. Zum einen hatte die südkoreanische Regierung am 8. Dezember angekündigt, zwei Banken zu verstaatlichen anstatt sie wie vom IWF gefordert zu schließen. Zum anderen hatte der Großkonzern *Daewoo* öffentlich gemacht, dass er den in Schulden versinkenden Konzern *Ssangyong* Motors kaufen und den beteiligten Banken entgegen den Forderungen des IWF einen Teil seiner Schulden aufbürden wollte. Außerdem hatten sich die drei Kandidaten für die am 18. Dezember anstehende Präsidentschaftswahl wegen der heftigen Ablehnung des IWF in der Bevölkerung – aus rein wahltaktischen Gründen – öffentlich vom Deal der Regierung mit dem IWF distanziert und eine zukünftige Zusammenarbeit mit dem Fonds infrage gestellt. Alle drei Vorgänge wurden von den internationalen Investoren als Gehorsamsverweigerung gewertet und dementsprechend beantwortet.

Der IWF reagierte, indem er ein Exempel statuierte und der Welt zeigte, was Staaten zu erwarten haben, die sich seinem Diktat in Krisenzeiten nicht vollständig unterwerfen. Er nutzte die zwei Wochen bis Weihnachten, um seine Forderungen drastisch zu verschärfen und deren Umsetzung in noch kürzerer Zeit zu erzwingen. Der am 18. Dezember zum neuen Präsidenten gewählte Kim Dae Jung, der IWF-Direktor Camdessus hinter dem Rücken seiner Wähler bereits in einem vertraulichen Brief seine zukünftige Unterstützung zugesagt hatte, verstand die Drohung, trat demonstrativ an die Öffentlichkeit und erklärte, er werde den koreanischen Markt für ausländisches Kapital öffnen und internationalen Investoren verlorenes Vertrauen zurückgeben.

Der IWF registrierte die Geste der Unterwerfung mit Genugtuung, wartete aber nicht bis zu Kims Amtsantritt im neuen Jahr, sondern schloss bereits am 24. Dezember eine neue Vereinbarung mit Südkorea, die an Härte und Kompromisslosigkeit kaum zu übertreffen war. Hatte der IWF am 5. Dezember verlangt, dass ausländische Investoren ab Mitte Dezember 1997 50 % und ab Ende 1998 55 % des Firmenkapitals zugelassener koreanischer Firmen kaufen durften, so ließ er sich nun schriftlich versichern, dass ausländische Investoren ab dem 30. Dezember 1997 55 % und ab Ende 1998 100 % des Firmenkapitals zugelassener koreanischer Firmen erwerben durften. Der Aktienmarkt, auf dem Ausländern bisher nur ein Anteil von 26 % zugestanden worden war, wurde bis Ende 1998 vollständig für ausländisches Kapital geöffnet.

Der Zentralbank in Seoul wurde untersagt, Kredite an taumelnde südko-   87
reanische Unternehmen oder Banken zu vergeben. Ausländischen Banken und Finanzinstituten hingegen wurde gestattet, sich ab März 1998 unbegrenzt an inländischen Finanzeinrichtungen zu beteiligen. Die Zinsobergrenze von 40 % wurde aufgehoben, in Zahlungsschwierigkeiten geratene südkoreanische Banken wurden für Investoren attraktiver gemacht, indem ihre faulen Kredite in den Rettungsfonds *Korea Asset Management Cooperation* überführt und so der steuerzahlenden Bevölkerung aufgebürdet wurden. Dem auf diese Weise in Fragen der Haushalts- und Geldpolitik völlig entmachteten Finanzministerium wurde angedroht, dass die Zahlungen der einzelnen Kredittranchen bei Nichtbefolgung aller Anweisungen eingestellt würden – was unmittelbar zu weiterer Währungsspekulation geführt hätte.

Auch die Wirtschaft Südkoreas wurde einer Rosskur unterzogen. Handelsbarrieren wurden beseitigt, ausländischen Produkten – vor allem japanischen – wurde die Einfuhr erleichtert, den riesigen südkoreanischen Familienkonzernen dagegen die Aufnahme von Krediten drastisch erschwert und das Eingehen »strategischer Allianzen« mit ausländischen Firmen empfohlen. Gleichzeitig wurden im Interesse der Investoren die Rechte von Fondsgesellschaften und Aktionären massiv ausgedehnt – zwei entscheidende Schritte in Richtung der Unterwerfung der südkoreanischen Konzerne unter fremdes Kapital. Der Arbeitsmarkt wurde »reformiert« und »flexibilisiert«, d. h. Arbeitsanforderungen wurden erhöht, Arbeitszeiten verlängert, Entlassungen erleichtert, Abfindungszahlungen und Urlaubstage gestrichen und befristete Arbeitsverhältnisse ermöglicht. Der Widerstand der koreanischen Arbeiter, die sich zunächst heftig gegen diese Eingriffe wehrten, wurde mit Gewalt niedergeschlagen. Als besonders hilfreich erwies sich hierbei die korrupte Gewerkschaftsbürokratie, die mit Regierung und Unternehmerverbänden ein »Dreierbündnis« einging und ihrer Basis derart in den Rücken fiel, dass sich IWF-Chef Camdessus in einem Beitrag für die *Korea Times* für ihr »hohes Verantwortungsbewusstsein gegenüber Regierung und Geschäftswelt« bedankte.

Folge der weihnachtlichen Vereinbarung zwischen IWF und südkoreanischer Regierung waren wirtschaftliche und soziale Erschütterungen, wie sie das Land noch nicht erlebt hatte. 14 der 30 größten südkoreanischen Unternehmenskonglomerate brachen im ersten Halbjahr 1998 zusammen, mehrere tausend mittelständische Betriebe mussten schließen. Massenentlassungen, ein bis dahin in Südkorea unbekanntes Phänomen, trieben die Arbeitslosenquote bis Ende 1998 auf 6,8 %. Durch Übernahmen, Schließungen und Fusionen reduzierte sich die Zahl der Geschäftsbanken von 33 auf 22, die Zahl der Handelsbanken von 30 auf 9. Das Bruttoinlandsprodukt fiel um 5,7 %, die Immobilienpreise gingen um 12,4 % zurück. Die Staatsverschuldung, die 1996 noch bei 6 % gelegen hatte, verdreifachte sich und führte wegen der höheren Zins- und Tilgungszahlungen der öffentlichen Hand zu Steuererhöhungen bei gleichzeitiger Verringerung der Sozialleistungen.

Ab Mitte 1998 fielen ausländische Firmen und Banken wie Heuschrecken über das Land her. Großkonzerne wie *General Motors, Ford, Renault, Royal Dutch/Shell* und *BASF,* Großbanken wie *Goldman Sachs* und die *Deutsche Bank* oder US-Investmentgesellschaften wie *Newbridge Capital* und *Lone Star* sicherten sich nicht nur Unternehmensbeteiligungen oder Übernahmen zu Spottpreisen[23], sondern profitierten umgehend auch von den neuen »flexiblen« Arbeitsgesetzen. Die arbeitende Bevölkerung dagegen erlebte einen Absturz ins Bodenlose. Bis zu 8000 Arbeiter pro Tag wurden entlassen, die Zahl irregulärer Zeitarbeiter und Tagelöhner stieg auf 52%. Die englische Abkürzung IMF (*International Monetary Fund*) wurde als Synonym für »I am fired« (»Ich bin gefeuert«) ebenso zum geflügelten Wort wie die Bezeichnung »IWF-Waisen« für Kinder, deren Eltern nicht mehr in der Lage waren, ihren Nachwuchs zu ernähren, und ihn deshalb in staatlichen Waisenhäusern abgeben mussten.

Das Realeinkommen städtischer Haushalte fiel innerhalb eines Jahres um 20 % und erreichte Ende 1998 das niedrigste Niveau seit 35 Jahren. Die

[23] Ein Beispiel für den Preisverfall südkoreanischer Unternehmen: Der Marktwert von *Samsung Electronics* fiel von 6,75 Mrd. Dollar im Oktober 1997 innerhalb eines halben Jahres auf 2,4 Mrd. Dollar.

vom IWF geforderte Deregulierung des Kreditkartengeschäftes führte dazu, dass sich bis Ende 1998 fast eineinhalb Millionen Südkoreaner verschuldeten und in den persönlichen Bankrott rutschten – fast vier Mal so viele wie im Jahr 1997. Die Leistungen für Arbeitslose beschränkten sich auf wenige besser verdienende Arbeiter von Großbetrieben und waren gesamtgesellschaftlich gesehen vollkommen unzureichend. 1999 erhielten ganze 15,5 % der Entlassenen Unterstützung vom Staat. Die Folge: Bettler und Obdachlose überfluteten die Straßen; die Anzahl der Armen schoss ebenso wie die Selbstmordrate in die Höhe. Eigentumsdelikte nahmen im ersten Halbjahr 1998 gegenüber demselben Zeitraum 1997 um 60 % zu, die Zahl der Gefängnisinsassen stieg innerhalb von sechs Monaten um 20 %.

Anders sah das Bild am oberen Ende der sozialen Leiter aus. Während ausländische Investoren auf ihren Konten gewaltige Gewinne verbuchen konnten, stiegen die Gehälter der obersten 10 % unter den leitenden Angestellten, und die Vermögen der reichsten 20 % der Gesellschaft erhöhten sich um 13 %. Privatschulen schossen aus dem Boden, Luxusgüter erlebten einen Verkaufsboom und der Graben zwischen Arm und Reich vertiefte sich in einem Land, das sich seiner sozialen Gleichheit jahrzehntelang gerühmt hatte.

Dass die südkoreanische Wirtschaft bereits 1999 wieder zu wachsen begann, bedeutete für die arbeitende Bevölkerung keine Rückkehr zu den Verhältnissen vor der Krise. Die Deregulierung des Arbeitsmarktes, die erhöhte Steuerbelastung, eingeschränkte Sozialleistungen und hohe Teuerungsraten verfestigten die sozialen Verhältnisse und führten zu einer dauerhaften Senkung des Lebensstandards. Vor allem aber wurden die strukturellen Probleme Südkoreas durch die Maßnahmen des IWF nicht beseitigt, sondern verschärft. Die Abhängigkeit Südkoreas vom Weltmarkt – insbesondere die Abhängigkeit im Bereich Speicherchips und Informationstechnik von China und den USA – wurde deutlich erhöht, die Fähigkeit der Regierung zum Eingreifen während künftiger Krisen durch die steigende Staatsverschuldung gemindert, die Unterordnung unter die finanzielle Übermacht des amerikanischen und des internationalen Finanzkapitals aber zumindest mittelfristig sichergestellt.

Lohnobergrenzen und höhere Preise.
Die »Armutsbekämpfung« des IWF

Bis in die siebziger Jahre wurde dem IWF von der Mehrheit der Bevölkerung in den Industriestaaten kaum Beachtung geschenkt. Auch in den Achtzigern wurde er von der breiten Öffentlichkeit nur selten – wie zum Beispiel nach der ausführlichen Berichterstattung über die Proteste gegen das IWF-Weltbank-Treffen in West-Berlin 1988 – wahrgenommen. Das änderte sich in den neunziger Jahren grundlegend. Zum einen, weil der Wirkungsbereich des IWF durch sein Eingreifen in Russland und im ehemaligen Ostblock geographisch näher an Europa herangerückt war, zum anderen aber auch, weil sich immer mehr NGOs kritisch mit den Folgen seiner Politik auseinandersetzten. Vor allem junge Menschen empörten sich zunehmend darüber, dass die ärmsten Staaten der Erde gezwungen wurden, Schulden bei milliardenschweren Finanzeinrichtungen in den Industriestaaten zu begleichen, statt das Geld im eigenen Land für die dringend notwendige Bekämpfung von Hunger, Seuchen und Analphabetismus einzusetzen.

1994 taten sich weltweit etwa fünfhundert NGOs zusammen und starteten fünfzig Jahre nach der Konferenz von Bretton Woods eine gegen den IWF und die Weltbank gerichtete Kampagne unter dem Motto »Fünfzig Jahre sind genug«. Zur gleichen Zeit wurden die ersten Vorbereitungen für das »Jubilee-2000-Movement« getroffen, eine Bewegung, die zur Jahrtausendwende einen vollständigen Schuldenerlass für die ärmsten Länder der Erde forderte und innerhalb der folgenden Jahre in vierzig Ländern hunderttausende Anhänger gewann.

1996 wandten sich IWF und Weltbank überraschend an die internationale Öffentlichkeit und kündigten an, dass sie ihre Strategie gegenüber ihren wirtschaftlich schwächsten Schuldnern ändern wollten. Nachdem man sich in den achtziger Jahren vornehmlich um das Schuldenproblem von Ländern mittleren Einkommens gekümmert habe, werde man sich nun den ärmsten Ländern der Welt zuwenden. Mit der »HIPC-Initiative« (HIPC für *Heavily Indebted Poor Countries* = hoch verschuldete arme Länder) wolle man diesen Ländern durch die Erreichung eines tragfähigen Schuldenniveaus einen Ausweg aus der Schuldenfalle ermöglichen und so vor allem den südlich der Sahara gelegenen afrikanischen Staaten den Weg in eine weniger belastete Zukunft bahnen.

Einige der Organisationen, die sich für einen Schuldenschnitt oder einen kompletten Schuldenerlass einsetzten, führten den angekündigten Politikwechsel auf den Druck zurück, den ihre internationalen Aktivitäten ausgelöst hatten, und begrüßten das »Umdenken« der Finanzorganisationen. Andere reagierten skeptischer, und das – wie sich schon bald herausstellte – zu Recht. Bei der HIPC-Initiative handelte es sich nämlich nicht etwa um eine neue, sondern nur um eine veränderte und der weltwirtschaftlichen Entwicklung angepasste Form der 1987 vom IWF geschaffenen ESAF (*Enhanced Structural Adjustment Facility* = Erweiterte Strukturanpassungsfazilität). Diese hatte armen und in Zahlungsschwierigkeiten geratenen Ländern unter einem dreijährigen SAP-Programm Kredite bis zu 140 % und in Ausnahmefällen bis zu 185 % ihrer Quote beim IWF zu günstigen Bedingungen zugestanden – 0,5 % Zinsen bei Zahlungsbeginn nach 5½ Jahren, Fälligkeit bei halbjährlicher Rückzahlung nach zehn Jahren. Insgesamt waren im Rahmen der ESAF 10,1 Mrd. US-Dollar vergeben worden, die allerdings fast ausschließlich zur Begleichung alter Schulden eingesetzt worden waren und die Schuldenlast der betroffenen Länder nicht gesenkt, sondern trotz der für einen begrenzten Zeitraum günstigeren Konditionen langfristig erhöht und ihre Situation auf diese Weise nur vorübergehend erleichtert, auf lange Sicht aber verschlechtert hatten.

Inzwischen wurde die Lage der ärmsten Länder auch dadurch erschwert, dass sich die Struktur der Schulden verändert hatte. Waren die Gläubiger in der Anfangsphase der Verschuldung überwiegend kommerzielle Banken gewesen, so handelte es sich mittlerweile mehrheitlich entweder um Staaten oder um internationale Finanzinstitutionen. Da diese über wesentlich mehr Macht- und Druckmittel als einzelne Banken verfügten, verhandelten die armen Länder nun aus einer noch schwächeren Position heraus.

Ein Vergleich der Zugangs- und Durchführungsbestimmungen von HIPC und ESAF belegt diesen Wandel. Für die HIPC-Initiative kamen nur noch solche Länder infrage, deren jährliches Pro-Kopf-Einkommen unter den von der *Internationalen Entwicklungsagentur* (IDA) für Länderarmut festgesetzten 925 US-Dollar lag, deren Auslandsschulden mehr als 150 % der jährlichen Exporterlöse oder mehr als 250 % der jährlichen Staatseinnahmen ausmachten und die in den vorangegangenen drei Jahren bereits ein Strukturanpassungsprogramm des IWF durchlaufen und dessen Bedingungen zur Zufriedenheit der Organisation erfüllt hatten. Unter diese Regelung fiel 1996 nur noch die Hälfte der Länder, die sich neun Jahre zuvor für die ESAF qualifiziert hatten.

Die Weltbank selbst beschrieb den desolaten Zustand dieser Länder in einem ihrer Dokumente folgendermaßen: »Von den sechshundert Millionen Menschen in HIPC-Ländern lebt mehr als die Hälfte in absoluter Armut, d. h. von weniger als einem Dollar pro Tag. Die Lebenserwartung liegt im Durchschnitt um dreizehn Jahre unter der in Industriestaaten und sieben Jahre unter der anderer einkommensschwacher Länder. Mehr Kinder als in anderen Entwicklungsländern sterben bei der Geburt oder vor ihrem fünften Geburtstag und noch weniger werden eine Schule besuchen.«

Die Strategen von IWF und Weltbank waren offenbar nach sorgfältiger Prüfung ihrer verarmten Klientel zu dem Ergebnis gelangt, dass insgesamt 39 Länder – so viele kamen für die HIPC-Initiative infrage – wegen ihrer katastrophalen sozialen Verhältnisse auf Dauer nicht in der Lage sein würden, ihre Schulden zu bedienen. Um einen vollständigen Zahlungsausfall zu verhindern, sollte denjenigen unter ihnen, die dem IWF gegenüber Kooperationsbereitschaft zeigten, nun so lange Erleichterung gewährt werden, bis ein »tragfähiges Schuldenniveau wiederhergestellt war« – d. h.: bis sie wieder in der Lage waren, die Altschulden mit Zins, Zinseszins, Tilgungsabtrag, Säumnis- und Umschuldungszuschlägen zu den bisherigen Konditionen zu begleichen. Es ging also keinesfalls darum, die ärmsten Länder der Welt von ihren Schulden zu befreien, sondern nur darum, ihren finanziellen Kollaps zu verhindern, um sie anschließend aufs Neue zur Kasse bitten zu können. Für die Erreichung dieses Ziels wurde sogar ein klar definierter Wert vorgegeben: Ein »tragfähiges Schuldenniveau« war dann erreicht, wenn die Schuldenlast des betroffenen Landes unter das Eineinhalbfache des Wertes seiner Exporteinnahmen gesunken war.

Der alljährliche *Human Development Index* (»Index für menschliche Entwicklung«) der Vereinten Nationen stellte 1999 fest, dass das Einkommensverhältnis zwischen den reichsten und den ärmsten 20 % in den wohlhabendsten Ländern der Welt, das im Jahr 1960 30:1 betragen hatte, im Jahr 1997 auf 74:1 angestiegen war und dass die Hälfte der Weltbevölkerung, die damals drei Milliarden Menschen umfasste, mit weniger als zwei US-Dollar pro Tag auskommen musste, während das Gesamtvermögen der reichsten drei Menschen der Welt den gesamten Besitz von 600 Millionen Menschen in den am wenigsten entwickelten Ländern übertraf.

Die Bestimmungen der HIPC-Initiative enthielten nicht das geringste Indiz dafür, dass sich dieser Trend von nun an zugunsten der Armen ändern würde. Kein Wunder also, dass die Proteste in aller Welt nicht nachließen. Im Gegenteil. Sie weiteten sich aus, nahmen an Heftigkeit zu, sprangen auf die USA über und entwickelten eine für die Regierenden und ihre Organisationen besorgniserregende Dynamik. Im Juni 1999 kam es anlässlich der Kölner EU- und G8-Gipfel zu den größten Protestaktionen seit der Anti-IWF-Kampagne von 1988. Auf den Druck der Straße hin und aus Angst vor noch größeren Protesten forderten die G8 den IWF und die Weltbank auf, ihre HIPC-Initiative zu »überarbeiten«. Bereits drei Monate später reagierten beide Organisationen und stellten der Öffentlichkeit ihre neue erweiterte HIPC-II-Initiative unter dem Namen *Poverty Reduction and Growth Facility* (PRGS = Armutsminderungs- und Wachstumsfazilität) vor.

Die Präsentation wurde von einem medienwirksam inszenierten Einge- 95 ständnis begleitet, bisher zu wenig Transparenz gezeigt und die ärmsten Länder der Erde »bevormundet« zu haben. Im Stile eines geläuterten Sünders verkündete der IWF, er wolle seine bisherige Praxis, diesen Staaten ohne vorherige Absprache einseitig beschlossene Maßnahmen aufzuzwingen, aufgeben. Stattdessen werde man zukünftig im Rahmen der neuen Strategie sogenannte *Poverty Reduction Strategy Papers* (PRSP = Armutsminderungs-Strategie-Papiere) einführen, die von den Regierungen der betroffenen Länder in Zusammenarbeit mit Parteien, Parlamenten, Gewerkschaften, kirchlichen Einrichtungen, NGOs, Genossenschaften und Interessenverbänden erarbeitet würden und Konzepte zur *Good Governance* (»guten Regierungsführung«) und zur Strategie der Armutsbekämpfung enthalten sollten. Man setze auf diese Weise auf die »Beteiligung« und die »Eigenverantwortung« der betroffenen Länder, denen nach Annahme des Strategiepapiers eine Schuldendienstentlastung (der teilweise Wegfall von Zins- und Zinseszinszahlung) und nach tatsächlich erfolgter Umsetzung des Papiers ein teilweiser Schuldenerlass in Aussicht gestellt wurde.

Was bei flüchtiger Betrachtung wie ein aufrichtiges Umdenken und nicht weniger als ein Politikwechsel der internationalen Finanzorganisationen wirkte, entpuppte sich bei näherem Hinsehen als eine von den Think Tanks von IWF und Weltbank überaus raffiniert konzipierte erneute Täuschung der Öffentlichkeit: Indem die Regierungen der ärmsten Staaten aufgefordert wurden, mit inländischen Organisationen eine Strategie zur Armutsbekämpfung zu entwickeln, wurde der Eindruck erweckt, als sei das Problem ein rein nationales, dessen Schwerpunkt im Spannungsfeld zwischen Regierung und Bevölkerung liege, und als bemühten sich die internationalen Finanzorganisationen von außen, an seiner Lösung mitzuhelfen. In Wahrheit aber war es vor allem das Ausbluten dieser Länder durch genau diese Institutionen, das die Armut in den vergangenen Jahren gefördert, verfestigt und ihre erfolgreiche Bekämpfung maßgeblich verhindert hatte.

Während der Weltöffentlichkeit in fast allen internationalen Medien das Bild eines aus humanitären Erwägungen heraus vollzogenen Kurswechsels zugunsten der ärmsten Länder vorgegaukelt wurde, änderte sich in der Realität so gut wie gar nichts. Die Strategiepapiere zur Armutsminderung unterlagen genau wie die früheren Strukturanpassungsprogramme weiterhin einer harschen Konditionalität. Das heißt: Die Maßnahmen zur Armutsminderung waren in einen Katalog von genau solchen Maßnahmen eingebettet, die bereits seit den siebziger Jahren zur Ausweitung von Armut und Hunger, zur anschwellenden Verschuldung und zur immer größeren Abhängigkeit der betroffenen Länder von internationalen Geldgebern geführt hatten.

Dass die Armutsminderungs-Strategie-Papiere nach ihrer Erstellung durch die jeweilige Regierung vom IWF begutachtet und entweder angenommen oder abgelehnt werden sollten, war reine Augenwischerei. Die meisten armen Länder hatten seit Jahrzehnten Erfahrungen mit dem IWF gesammelt und ihre – zumeist korrupten – Regierungen waren problemlos in der Lage, dem IWF mundgerechte Strategiepapiere zu liefern, die rasch seine Zustimmung fanden. Von einem demokratischen Prozess oder gar einer »Eigenverantwortung« der Länder konnte also nicht die Rede sein, dafür aber von der Erzwingung einer noch stärkeren Zusammenarbeit zwischen den Regierungen der armen Länder und dem IWF.

Ein Blick auf die tatsächlich erlassenen Schulden zeigt, dass es sich hierbei hauptsächlich um unbediente Altschulden und bei ihrem Erlass um nichts anderes als eine bei Banken übliche Abschreibungsmaßnahme auf Gelder handelte, mit denen ohnehin nicht mehr zu rechnen war. Tatsache war, dass sich der Schuldendienst für die betroffenen Länder in viel geringerem Umfang verringerte als der Schuldenstand. Die Organisation *schuldenerlassjahr.de* berechnete, dass sich der Schuldendienst für 29 Länder nach dem Erreichen des Entscheidungspunktes im ersten Jahr von 3,7 auf 2,7 Mrd. US-Dollar verminderte, dann aber wieder auf 3 Mrd. anstieg und für die nächsten fünf Jahre auf diesem Wert verharrte. Als Gründe nannte die Organisation neben der Fortführung des Schuldendienstes die notwendige Neuaufnahme von Krediten, die in fast allen Fällen wieder zu handelsüblichen Konditionen erfolgte.

Darüber hinaus galten die Zusagen eines teilweisen Schuldenerlasses unter HIPC wie auch unter HIPC II nur für multilaterale Gläubiger, also die internationalen Finanzorganisationen. Bilaterale Gläubiger, d. h. Staaten und kommerzielle Banken, wurden zwar dazu angehalten, ebenfalls auf einen Großteil ihrer Schulden zu verzichten, kamen dieser Aufforderung aber nur in geringem Maß nach. So standen im August 2006 54 Länder, die ihren proportionalen Schuldenerlass unter HIPC zugesagt und Forderungen in Höhe von 2 Mrd. US-Dollar erlassen hatten, insgesamt 46 Ländern gegenüber, die dies bei Forderungen in Höhe von 1,8 Mrd. US-Dollar nicht getan hatten.

Kommerzielle Gläubiger reagierten noch härter. Mehr als 90 % beharrten auf ihren Forderungen, einige davon mit Nachdruck. Bis zum August 2006 zogen 44 von ihnen zum Eintreiben ihrer Forderungen vor Gericht, darunter zum Beispiel das deutsche Unternehmen Klöckner Humboldt Deutz, das die Demokratische Republik Kongo mit Unterstützung der deutschen Bundesregierung auf die Rückzahlung von 70 Mio. Euro Altschulden verklagte. Der IWF distanzierte sich zwar von dem Verhalten kommerzieller Gläubiger, machte seinen wahren Standpunkt in dieser Frage aber deutlich, als sein Vorstand den Vorschlag zur Einrichtung eines Rechtshilfefonds für hoch verschuldete arme Länder, die wegen zu streichender Altforderungen verklagt wurden, ablehnte.

Leidtragende waren einmal mehr die arbeitende Bevölkerung und die Armen. Obwohl sich in der Vergangenheit klar und deutlich gezeigt hatte, welche Auswirkungen die Liberalisierung des Handels und des Agrarsektors, die Deregulierung des Finanzsektors, die Flexibilisierung des Arbeitsmarktes und die Privatisierung der öffentlichen Versorgungsbetriebe auf sie hatten, bestanden IWF und Regierungen selbst im Rahmen der »Armutsminderung« mit unerbittlicher Härte auf der Durchsetzung all dieser Maßnahmen. Das führte unter anderem dazu, dass die Strategiepapiere zur Armutsreduzierung in den Ländern Gambia, Ghana, Guinea, Malawi, Mali, Mosambik, Nicaragua, Sierra Leone und im Jemen eine Ausweitung der Privatisierung der Wasserversorgung – und damit eine Erhöhung der Wasserpreise – vorsahen, während in Burkina Faso »eine

97

Verringerung der Arbeitskosten durch Senkung des Mindestlohnes« gefordert wurde – im Namen der Armutsminderung!

98   Hatte die erste HIPC-Initiative vorgesehen, dass die betroffenen Länder zunächst ein dreijähriges IWF-Programm durchlaufen sollten, um den *decision point* (Zeitpunkt der Entscheidung) und nach weiteren drei Jahren den *completion point* (Zeitpunkt der Fertigstellung – Ende der Maßnahme) zu erreichen, so ließ die zweite die *Interim Period* (den Zeitraum zwischen den beiden Zeitpunkten) offen. Wie sich herausstellen sollte, dauerte diese Phase bei einigen Ländern bis zu fünfzehn Jahren, in denen der IWF nicht nur weitgehend ihre Wirtschaftspolitik bestimmte, sondern auch die Durchsetzung der von ihm angeordneten Maßnahmen überwachte und bei Missachtung einzelner Anordnungen Sanktionen aussprach.

Obwohl die Proteste gegen den IWF nicht abebbten, sondern bei der wegen heftiger Ausschreitungen vorzeitig abgebrochenen Jahrestagung in Prag im Jahr 2000 neue Höhepunkte erreichten, änderte der IWF seinen Kurs vorerst nicht. Im Juni 2005 kam es dann auf Grund eines Vorschlags der Finanzminister der G8 zu einem vermeintlichen Paukenschlag: Der IWF verkündete der Welt als Ergänzung zu HIPC und HIPC II die Einführung der *Multilateralen Entschuldungsinitiative* (*Multilateral Debt Relief Initiative* = MDRI), die seinen Aussagen nach für einige Länder einen »vollständigen« Schuldenerlass vorsah. Die internationalen Medien griffen das Thema umgehend auf. Viele sprachen vom lang ersehnten »Durchbruch« und einem »grundlegenden Politikwechsel«, während einige NGOs sich wiederum beeilten, die Ankündigung des Schuldenerlasses auf die eigenen Bemühungen zurückzuführen. Doch wie in der Vergangenheit lohnte sich auch diesmal ein Blick hinter die Fassade, denn zwischen den öffentlich verbreiteten humanitären Parolen des IWF und der Wirklichkeit klaffte einmal mehr ein tiefer Graben.

Der Kreis der für MDRI infrage kommenden Länder wurde gegenüber ESAF, HIPC und HIPC II ein weiteres Mal enger gezogen. Für ihn kamen nur noch zwei Kategorien von Ländern infrage – zum einen diejenigen, die unter der HIPC-II-Initiative den Vollendungspunkt erreicht und damit über Jahre (teilweise über mehr als ein Jahrzehnt) hinweg ihre makroökonomische Politik und ihre öffentlichen Finanzen nach den Vorgaben des IWF ausgerichtet hatten, zum anderen solche, deren Pro-Kopf-Einkommen unter 380 Dollar im Jahr lag. Darüber hinaus wurde der »vollständige« Schuldenerlass ausschließlich vom IWF, der IDA (Internationale Entwicklungsorganisation der Weltbank) und dem AfDF (afrikanischer Entwicklungsfonds) gewährt. Im Gegensatz zu den HIPC-Initiativen wurden andere Gläubiger diesmal nicht aufgefordert, sich an dem Schuldenerlass zu beteiligen. Zum anderen bezog sich der Erlass vornehmlich auf nicht bediente Altschulden, während die neue Kreditaufnahme, die bereits vor dem MDRI-Erlass eingesetzt hatte, nicht berücksichtigt wurde. Außerdem sollten die erlassenen Schulden auf zukünftige Kredite angerechnet werden.

99

Der IWF verzichtete also nicht etwa dann auf seine Forderungen, wenn absolut keine Aussicht auf eine Schuldenbegleichung mehr bestand, sondern ausschließlich in solchen Fällen, in denen das Land durch die Einführung aller vom IWF verlangten Reformen sämtliche Voraussetzungen geschaffen hatte, damit das internationale Finanzkapital seine Verluste nicht nur ausgleichen, sondern in Zukunft ungehindert weiter agieren und neue Profite einfahren konnte.

Da der IWF über die Finanzen seiner ärmsten Kreditnehmerländer genau informiert und der Zahlungsausfall dieser Länder bereits seit Jahren abzusehen war, bleibt für sein Verhalten nur eine Erklärung: Die hochriskante Kreditvergabe war niemals dazu gedacht, diesen Ländern beim Aufbau von Wirtschaft und Infrastruktur oder beim Abbau von Armut und Hunger zu helfen, sondern zielte von Anfang an darauf ab, sie in eine Schuldenfalle zu locken, um ihre absehbare Notsituation auszunutzen und ihnen zugunsten des internationalen Finanzkapitals Zugeständnisse abzupressen, denen sie unter normalen Bedingungen niemals zugestimmt hätten.

Die Argentinien-Krise.
Der IWF erzwingt den größten Staatsbankrott aller Zeiten

Argentinien, bis in die dreißiger Jahre eines der reichsten Länder der Erde, durchlief in den fünfziger und sechziger Jahren des vergangenen Jahrhunderts verschiedene Phasen der Stagnation und der Instabilität. Nach mehreren Militärregimes führte ein Putsch im Jahr 1976 zur Terror-Herrschaft unter Jorge Videla. Dessen Junta ließ von 1976 bis 1978 im sogenannten »Schmutzigen Krieg« 30.000 Oppositionelle verschwinden, um gegen den Willen der Mehrheit der Bevölkerung ein Wirtschaftsprogramm neoliberaler Reformen durchzusetzen. Dass diese Politik auch nach dem Ende der Diktatur fortgesetzt und unter den Verhältnissen einer parlamentarischen Demokratie sogar drastisch verschärft wurde, lag vor allem daran, dass es in der Wirtschafts- und Finanzpolitik des Landes seit den fünfziger Jahren eine konstante Größe gab – den Internationalen Währungsfonds.

Unabhängig von allen Herrschaftsformen und ungeachtet aller Menschenrechtsverletzungen traf der IWF zwischen 1956 und 1999 mit wechselnden argentinischen Regierungen insgesamt neunzehn Vereinbarungen und nahm als Gegenleistung für die Gewährung von Krediten maßgeblich Einfluss auf die wirtschaftliche und soziale Entwicklung des Landes. Um Argentinien für ausländisches Kapital attraktiv zu machen, ließ Videla Wirtschaft und Handel liberalisieren, das Finanzsystem deregulieren und eine Reihe von Staatsunternehmen privatisieren. Außerdem wurden nach chilenischem Vorbild die Löhne gekürzt und ein staatliches Streikverbot erlassen. Die Erhöhung der Zinsen sollte internationale

Investoren anlocken, die Beseitigung aller Handelsbarrieren den Import ausländischer Waren erleichtern.

102   Multinationale Konzerne, westliche Banken und Spekulanten ließen sich die Gelegenheit nicht entgehen und nutzten die neuen Möglichkeiten Hand in Hand mit der argentinischen Armeeführung. Als Videlas Herrschaft wegen des wachsenden Widerstands der Bevölkerung 1983 endete, waren aus vielen Generälen Unternehmer und Millionäre geworden.[24] Der Anteil der Löhne am Bruttoinlandsprodukt dagegen war innerhalb von sieben Jahren von 43 % auf 22 % gesunken, die Industrieproduktion um 40 % geschrumpft und die Auslandsverschuldung von anfänglich etwa 8 Mrd. US-Dollar auf mehr als 43 Mrd. US-Dollar angewachsen.

Der neue Präsident Raul Alfonsin übernahm ein in weiten Teilen de-in-dustrialisiertes Land, das mit einer Inflationsrate von mehreren hundert Prozent zu kämpfen hatte. Sein Versuch, die wirtschaftlichen Probleme im Sinne des IWF in den Griff zu bekommen, traf auf den erbitterten Widerstand der arbeitenden Bevölkerung. Während seiner Amtszeit kam es zu 4000 Streiks und 15 Generalstreiks. Zwar erließ Alfonsin ganz im Sinne des IWF einen vorübergehenden Lohn- und Preisstopp und führte mit dem bis Ende 1991 gültigen »Austral« eine neue Währung ein, doch verschleppte er, um von den protestierenden Massen nicht aus dem Amt gejagt zu werden, die geforderten Entlassungen im öffentlichen Dienst und ließ wegen der Proteste der Bevölkerung nur drei Staatsbetriebe privatisieren. Dieses in den Augen des IWF zu zögerliche Handeln führte dazu, dass der Fonds und die westlichen Banken Alfonsin durch den Entzug weiterer Kredite zum vorzeitigen Rücktritt zwangen und ganz auf seinen Nachfolger setzten.

Sie wurden nicht enttäuscht. Als Carlos Menem im Juli 1989 die Führung des Landes übernahm, lag das Pro-Kopf-Einkommen im Land zwar bereits um fast 20 % unter dem Wert von 1975 und der Lebensstandard

---

[24]   Der IWF war an diesem Prozess unmittelbar beteiligt. Dante Simone, ein Mitarbeiter des IWF, beriet während der Militärdiktatur die argentinische Zentralbank und segnete deren Transaktionen ab.

der arbeitenden Bevölkerung hatte in weiten Teilen das Niveau eines
Entwicklungslandes erreicht, doch das hinderte den neuen Präsidenten
nicht daran, Argentinien in enger Zusammenarbeit mit dem IWF dem
härtesten »Schockprogramm«, das Südamerika bis dahin erlebt hatte, zu
unterziehen. Im Mittelpunkt der Reformen von Wirtschaftsminister und
Harvard-Absolvent Domingo Cavallo, der unter den Militärs bereits als
Direktor der Zentralbank gedient hatte, standen die Entlassung von hunderttausenden Angestellten des öffentlichen Dienstes, die Beseitigung
aller Importbarrieren auch im Agrarbereich, die fast vollständige Privatisierung des Bankensektors und der Verkauf staatlicher Unternehmen wie
der Fluggesellschaft *Aerolineas Argentinas* und des Erdölkonzerns *YPF*
zu überaus günstigen Preisen an ausländische Investoren.[25] Wichtigste
Bestandteile der neoliberalen Agenda, deren Ausmaß die chilenischen
Reformen unter Diktator Pinochet bei weitem übertraf, waren neben der

103

vor allem für die unteren Einkommensschichten verheerenden Erhöhung der Mehrwertsteuer um 50 % die
feste Bindung des Peso an den Dollar, die Erhöhung der
Zinsen und die Verpflichtung der unter IWF-Kontrolle
gestellten Zentralbank, die argentinische Währung mit
ihren Dollarreserven im Verhältnis 1:1 zu decken.

Die Zinserhöhung führte dazu, dass Finanzinstitute
Geld zu vergleichsweise günstigen Zinssätzen im Dol-
lar-Raum aufnahmen und es in Argentinien zu höheren
Zinssätzen weiter verliehen – ein Vorgehen, das selbst
Milton Friedman, der Guru des Neoliberalismus, als
»Betrug an den Argentiniern« bezeichnete. Die Kopplung des Peso an den Dollar gab ausländischen Investoren Sicherheit und löste eine wahre Kreditschwemme
aus, die in den Jahren 1991 und 1992 zwar zu einem

Milton Friedman

---

[25] *YPF* wurde vom spanischen Konzern *Repsol* gekauft, der anschließend die
Hälfte seines Gesamtbetriebsgewinns in Argentinien erzielte. Das argentinische Wassersystem wurde in großen Teilen von einem französischen Firmen-
konglomerat aufgekauft, das die Wasserpreise in den Provinzen zum Teil um
bis zu 400 % anhob.

sprunghaften Wirtschaftswachstum führte, die Verschuldung Argentiniens aber rasant in die Höhe trieb. Für die Exportwirtschaft bedeutete die Dollarbindung des Peso wegen der Restinflation und der Überbewertung des Dollars hohe bzw. steigende Preise und eine Abnahme ihrer Wettbewerbsfähigkeit, während die heimische Agrarwirtschaft zunächst Absatz- und dann Produktionsrückgänge hinnehmen musste, da sie mit der Konkurrenz der multinationalen Konzerne nicht mithalten konnte.

Ungeachtet aller abzusehenden negativen Langzeitfolgen trieb die Regierung Menem ihr Programm weiter voran, »flexibilisierte« die Arbeitsgesetze, senkte die Unternehmenssteuern (auf 33 % gegenüber 45 % in den USA), verstaatlichte die Schulden privater Unternehmen und wandelte die Schulden von Staatsbetrieben im Rahmen des »Brady-Plans« in ausländische Beteiligungen um. Die vollständige Durchdringung der Wirtschaft durch ausländisches Kapital wirkte ähnlich wie eine Droge: Sie förderte kurzfristig Wachstum und Gewinne, verlangte aber, um die Wirtschaft in Gang zu halten, nach immer neuem Kapital und erhöhte so die Anfälligkeit Argentiniens gegenüber kritischen internationalen Entwicklungen. Als der mexikanische Peso 1994/1995 in der sogenannten »Tequila-Krise«[26] unter Druck geriet, waren die Auswirkungen umgehend zu spüren. Zahlreiche ausländische Investoren zogen ihr Geld aus Argentinien ab, das Wirtschaftswachstum sank auf −0,1 %. Großbanken forderten ihre Kredite zurück und trieben tausende Betriebe in den Bankrott. Kleinere Geschäftsbanken brachen zusammen, die Arbeitslosigkeit schoss innerhalb weniger Wochen auf 18 %.

Der Einbruch hinderte den IWF nicht, seinen »Musterschüler« Argentinien vor der Welt weiterhin als Paradebeispiel für die Wirksamkeit von Strukturanpassungsprogrammen anzupreisen. Kein Wunder, denn internationale Investoren konnten sich die Hände reiben: Der Ausverkauf von 40 % aller argentinischen Staatsbetriebe und 90 % der Banken des Lan-

---

[26] Im Januar 1995 erhielt Mexiko Kredite über 47,8 Mrd. US-Dollar (20 Mrd. davon aus den USA), mit denen Großbanken und Investmentfonds gerettet und der Schuldenstand des Landes auf neue Rekordwerte getrieben wurde.

des zu Schleuderpreisen hatte ihnen gewaltige Gewinne und dem argentinischen Staat Einnahmen von insgesamt 49 Mrd. US-Dollar beschert, mit denen ausländische Gläubiger regelmäßig bedient wurden.

Es interessierte weder die Geldgeber noch den IWF, dass die neuen Eigentümer der privatisierten Betriebe ihre Peso-Gewinne bei der argentinischen Zentralbank in harte Devisen umtauschten, diese umgehend nach Nordamerika oder Europa transferierten und so für einen stetigen – und die Wirtschaft untergrabenden – Abfluss von Devisen sorgten. Es interessierte sie auch nicht, dass am Ende von Menems Amtszeit 37 % der Bevölkerung in Armut lebten, von denen drei Viertel erst durch die neoliberalen Reformen unter die Armutsgrenze gedrückt worden waren. Der IWF wie die von ihm begünstigten Banken und Großkonzerne gerieten erst dann in Aufruhr, als die Einnahmen in den beiden Jahren vor der Jahrtausendwende drastisch sanken, das Haushaltsloch nach dem Ausverkauf der lukrativsten Teile des argentinischen Tafelsilbers explodierte und Krisen in Ostasien, Russland, Brasilien und der Türkei das Land – und damit den ständigen Kapitalfluss in ihre Richtung – bedrohten.

Am schwersten traf Argentinien die Wirtschafts- und Währungskrise Brasiliens. Als die fünftgrößte Wirtschaft der Welt den Kurs ihrer Währung im Januar 1999 freigab, verlor der Real innerhalb kürzester Zeit 50 % seines Wertes. Argentinische Exportwaren, die zu 30 % nach Brasilien gingen, wurden den Käufern zu teuer, während die nun billigeren brasilianischen Produkte die eigenen Waren im Inland wie auf dem Weltmarkt verdrängten. Dazu kam Ende der neunziger Jahre der Höhenflug des Dollar, der den argentinischen Peso wegen der Kopplung an die US-Währung mit aufwertete und so für eine zusätzliche Verteuerung sowohl argentinischer Waren auf dem Weltmarkt als auch ausländischer Produkte im Inland sorgte.

Fernando de la Rua, der im Oktober 1999 als Präsident die Nachfolge von Carlos Menem antrat, übernahm ein Land in der Rezession, dessen öffentlicher Schuldenberg auf 114 Mrd. US-Dollar angewachsen war und das ständig höhere Zinsen zahlen musste, um an frisches Kapital zu kommen. Wie in solchen Lagen üblich, trat der IWF auf den Plan und bot einen Kredit über 7,2 Mrd. US-Dollar an. Bedingung war, das Haushaltsdefizit innerhalb eines Jahres von 7,1 Mrd. auf 4,7 Mrd. zu reduzieren, also Ausgabenkürzungen in Höhe von 2,4 Mrd. US-Dollar vorzunehmen, die vor allem den Sozialbereich betrafen – zu einer Zeit, da bereits 14 von 36 Mio. Argentiniern offiziell unter der Armutsgrenze lebten.

Als im April 2000 bekannt wurde, dass die Regierung Kürzungen in Höhe von 938 Mio. US-Dollar pro Jahr abgesegnet hatte – zwei Drittel davon auf Kosten der Löhne und Renten öffentlicher Angestellter – kochte die Wut der Bevölkerung über. Am 31. Mai versammelten sich 40.000 Demonstranten vor dem Präsidentenpalast, um gegen den Besuch einer IWF-Delegation zu protestieren. Die Angesprochenen stellten sich taub, verhandelten weiter und vereinbarten im Sommer neue Kürzungen, die aber auch nicht verhindern konnten, dass die Staatsschulden bis Ende 2000 auf 147 Mrd. US-Dollar anwuchsen. Erneut war der IWF zur Stelle und vereinbarte mit der Regierung ein »Hilfspaket« über 39,7 Mrd. US-Dollar (13,7 Mrd. vom IWF selbst, 26 Mrd. aus anderen Quellen). Als Gegenleistung forderte er unter anderem die Liberalisierung des Gesundheitssektors, die Deregulierung von Energie- und Telekommunikationswesen, eine weitere Flexibilisierung des Arbeitsmarktes, noch mehr Privatisierungen und eine Verringerung der Einfuhren.

Die Maßnahmen stießen bei der arbeitenden Bevölkerung auf immer entschlosseneren Widerstand. Im Februar 2001 kam es zu einem Marsch tausender Arbeitsloser von La Matanza, der Stadt mit der höchsten Arbeitslosenrate im Land, nach Buenos Aires. Im März bildete Präsident de la Rua als Antwort auf die zunehmenden Proteste eine »Regierung der nationalen Einheit« und ernannte innerhalb von drei Wochen drei Finanzminister. Der dritte von ihnen, Menems Ex-Minister Domingo Cavallo, gab sofort nach seinem Amtsantritt bekannt, dass die internationalen Anleger, die »Euro-Bonds« und »Brady-Bonds« hielten, vorrangig bedient werden müssten – selbst um den Preis, die bereits unter dem Existenzminimum liegenden Renten weiter zu kürzen.

Die arbeitende Bevölkerung reagierte, indem sie im Mai 2001 zweiundzwanzig nach Buenos Aires führende Straßen blockierte und den Verkehr im ganzen Land von nun an täglich auf bis zu fünfzig Schnellstraßen stilllegte. Die Regierung blieb hart und hielt mit Rückendeckung des IWF an ihrem Kurs fest. Im Juli erteilte das Parlament Cavallo Sondervollmachten und verabschiedete das »Null-Defizit-Gesetz«, das es der Regierung verbot, mehr Geld auszugeben als sie in Form von Steuern einnahm. Um dringend benötigtes Geld aufzunehmen, kündigte die Regierung vor der Herausgabe neuer Staatsanleihen weitere Haushaltseinschnitte von 1,6 Mrd. US-Dollar an. Statt diese als Zeichen des Entgegenkommens zu werten, betrachteten Investoren die Maßnahme allerdings als Zeichen der Schwäche, worauf Argentinien ihnen um mehr als 50 % höhere Zinsen als geplant gewähren musste und sich die wirtschaftliche Talfahrt dramatisch beschleunigte.

Die Produktion fiel bis zum Ende des Sommers 2001 um 25 %. Tausende Betriebe mussten ihre Tore schließen, ein Sechstel der arbeitenden Bevölkerung landete auf der Straße. Auf Dollar-Darlehen musste zuzüglich zu den Zinsen eine 40-prozentige Risikoprämie gezahlt werden, die Zentralbank büßte mit 18 Mrd. US-Dollar die Hälfte ihrer Einlagen ein. Die Regierung kündigte weitere, noch härtere Kürzungen an, schaffte es aber nicht, die Haushaltsvorgaben des IWF zu erfüllen, der daraufhin drohte, seine Zahlungen einzustellen – mit der Folge, dass kurz danach alle Dämme brachen.

Ausländische Banken zogen hunderte Millionen US-Dollar ab und parkten sie in Offshore-Oasen. Auch die arbeitende Bevölkerung begann, ihre Konten zu räumen. Allein zwischen dem 28. und dem 30. November wurden 6 % der Spareinlagen, insgesamt 3,6 Mrd. US-Dollar, abgehoben. Um den Abfluss zu stoppen, schloss die Regierung die Banken und ließ Konten und Guthaben einfrieren. Ab dem 1. Dezember durften argentinische Kleinanleger nicht mehr als 250 US-Dollar von ihren Konten abheben – nachdem nationale und internationale Großspekulanten bereits mehr als 15 Mrd. US-Dollar in Sicherheit gebracht hatten.

107

Die Regierung wandte sich hilfesuchend an den IWF, doch der zeigte ihr die kalte Schulter und verweigerte sogar die Auszahlung einer fälligen Tranche. Am 13. Dezember kam es zu einem 24-stündigen Generalstreik, vier Tage später kündigte die Regierung noch härtere Einsparungen in Höhe von 9,2 Mrd. US-Dollar, etwa 18 % ihres Gesamthaushaltes, an. In den folgenden Tagen strömten Hunderttausende auf die Straßen, umzingelten Ministerien und Präsidentenpalast und versuchten, sich als *cacerolazos* durch das Schlagen auf Töpfe und Pfannen Gehör zu verschaffen. Obwohl die Proteste weitgehend friedlich verliefen, nahm die Polizei vereinzelte Plünderungen von Lebensmittelmärkten zum Anlass, gewaltsam gegen alle Demonstranten vorzugehen. Zahllose Menschen wurden bei Straßenschlachten verletzt, etwa zweitausend Demonstranten landeten im Gefängnis, einunddreißig starben im Kugelhagel der Polizei. Ein Pressesprecher des IWF sah sich genötigt, die Ereignisse im Stile eines Pontius Pilatus zu kommentieren. »Das Wirtschaftsprogramm Argentiniens wurde von der argentinischen Regierung entworfen und das Ziel der Beseitigung des Haushaltsdefizits vom argentinischen Kongress gebilligt«, sagte er, ohne mit einem Wort auf die aktive Mithilfe des IWF am Zusammenbruch Argentiniens einzugehen.

Das Land glitt ins Chaos. Aufgebrachte Demonstranten belagerten den Präsidentenpalast zwei Tage lang und lieferten sich so harte Gefechte mit der Polizei, dass Präsident de la Rua und sein Wirtschaftsminister aus Angst um ihr Leben mit dem Hubschrauber flohen. Innerhalb von zwei Wochen ernannte der Kongress drei verschiedene Präsidenten. Am 23. Dezember verkündete der zweite Interimspräsident Adolfo Rodriguez Saa der Welt, dass Argentinien zahlungsunfähig sei. Am 1. Januar 2002 setzte der Kongress Senator Eduardo Duhalde als Präsidenten ein. Kaum im Amt, bestätigte er den größten Staatsbankrott aller Zeiten und koppelte darüber hinaus den Peso vom Dollar ab, weil die Devisenreserven der Zentralbank nicht mehr ausreichten, um die riesige Nachfrage abzudecken. Innerhalb weniger Tage verlor der Peso 70 % seines Wertes, die Auslandsverschuldung und der Preis inländischer Kredite explodierten, die Kapitalflucht hielt unverändert an.

Argentinien glich einem Pulverfass. Nachbarschaftskomitees wurden gegründet, Betriebe von ihren Arbeitern besetzt, bankrotte Unternehmen von ihnen übernommen. Wirtschaftsminister Lenikov suchte im Februar IWF-Chef Horst Köhler auf, bat dringendst um die Freigabe der im Dezember zurückgehaltenen Gelder – und wurde ohne einen Cent, dafür aber mit der Aufforderung, die Staatseinnahmen weiter zu erhöhen und die Zahlungen an die Provinzen drastisch zu senken, nach Hause geschickt.

Innerhalb von drei Monaten verloren weitere 200.000 Menschen ihren Arbeitsplatz, die industrielle Produktion sank um zusätzliche 20 %. Während der Schuldendienst 17 % des argentinischen Staatshaushaltes auffraß, erreichten die Armutsrate 57 % und die Arbeitslosenrate 23 %. Armutsbedingte Krankheiten und Unterernährung griffen um sich, in der Provinz Tucumán litten 2002 mehr als 20 % der Kinder unter fünf Jahren an Untergewicht. Trotz dieser unmenschlichen Zustände änderte der IWF seine Haltung nicht. Im Gegenteil. Als die argentinische Justiz versuchte, den illegalen Abzug von Dollar-Mengen durch ausländische Finanzinstitutionen und die feindliche Übernahme hochverschuldeter Staatsunternehmen per Gesetz zu stoppen, ging der IWF dazwischen und forderte Präsident Duhalde auf, ein Veto gegen beide Gesetze einzulegen, da sie »ausländische Investoren abschrecken« würden.

Duhalde gehorchte nicht nur umgehend, sondern ging in seiner Unterwürfigkeit gegenüber dem IWF noch weiter. Von den drei bei seinem Amtsantritt gegebenen Versprechen, der einheimischen Industrie durch Einfuhrbeschränkungen wieder auf die Beine zu helfen, Kleinsparern ihre Dollar-Guthaben zurückzugeben und den Kündigungsschutz von Industriearbeitern zu verbessern, hielt er kein einziges. Stattdessen erfüllte er im August weitere Forderungen des IWF, zwang die Provinzgouverneure, ein 14 Punkte umfassendes Austeritätsprogramm zu unterzeichnen, feuerte den Gouverneur von San Juan, weil er sich seinen Anordnungen widersetzte, ließ besetzte Betriebe gewaltsam räumen und zahlungsunfähige Mieter aus ihren Wohnungen vertreiben.

Der Weltöffentlichkeit blieb die Tatsache, dass sich das einst wohlhabendste Land Südamerikas innerhalb von vier Jahren für mehr als die Hälfte der Bevölkerung in ein Armenhaus und für viele von ihnen in einen sozialen Alptraum verwandelt hatte, nicht verborgen. Auch die Rolle, die der IWF dabei gespielt hatte, traf weltweit auf harte Kritik. Doch wie so oft wurde diese Kritik durch die Medien entschärft, verwässert und von prominenten »Fachleuten« übernommen, deren vorrangiges Ziel darin bestand, von den wirklichen Ursachen der Katastrophe abzulenken. Ein gutes Beispiel für diese Haltung bietet Joseph Stiglitz, von 1993 bis 1997 Wirtschaftsberater Bill Clintons und von 1997 bis 2000 Chefökonom der Weltbank, der dem IWF vorwarf, in der Wechselkurs- und Haushaltspolitik und bei den Privatisierungen »eine ganze Reihe von Fehlern gemacht zu haben.«

Dass der IWF durch Fehleinschätzungen und unzulängliche Analysen »Fehler gemacht« und auf diese Weise gänzlich unbeabsichtigt ein soziales Desaster herbeigeführt hatte, war blanker Unsinn. Keine andere Organisation war so gut über Argentiniens Wirtschaft und seine Finanzen informiert wie der IWF. Er wusste sehr genau, was er tat und welche Folgen seine Aktionen haben würden. Ein Blick auf das Ergebnis des mit seiner Hilfe herbeigeführten Staatsbankrotts zeigte im Übrigen, dass der IWF seiner über Jahre hinweg verfolgten Politik der Begünstigung der wirtschaftlich Mächtigen und der Benachteiligung der sozial Schwachen auch hierbei treu geblieben war.

Leidtragende waren nämlich tausende kleine Wertpapierbesitzer, die über Investmentfonds argentinische Staatspapiere gekauft hatten[27] und nun durch einen radikalen *haircut* (Schuldenschnitt) den überwiegenden Teil ihrer Einlagen verloren. Während der IWF wie auch die Weltbank von dieser Regelung ausgenommen waren, konnten auch ausländische Großinvestoren aufatmen: Die Nachfolgeregierung unter dem neuen Präsidenten Nestor Kirchner sorgte nämlich dafür, dass der Bankrott »in geordneten Bahnen verlief«. Zwar wurde die Rückzahlung ihrer Schul-

---

[27] Allein im Euro-Raum hatten Investmentsparer 20 Mrd. Euro in argentinische Staatspapiere investiert.

den im Juni 2005 durch den Umtausch in neue Staatsanleihen auf bis zu 42 Jahre erstreckt, dafür aber erhielten sie als Entschädigung einen nicht gerade branchenüblichen Inflationsausgleich.

Dass Kirchner – wie sein brasilianischer Amtskollege Lula da Silva – in der Öffentlichkeit als harscher Kritiker des IWF auftrat und ihn für Hunger und Armut in seinem Land verantwortlich machte, war nichts als billiger Populismus und diente der Irreführung der Bevölkerung und der Verhinderung erneuter sozialer Proteste. Kirchners Finanzministerin Miceli, die bereits unter Videlas Terrorregime einen hohen Posten im Wirtschaftsministerium bekleidet hatte, hielt an allen Entscheidungen ihres Vorgängers fest und leitete keineswegs eine Umverteilung zugunsten der arbeitenden Bevölkerung oder gar der Armen ein. Kirchners öffentliche Tiraden gegen den Fonds hielten ihn nicht davon ab, Ende 2005 sämtliche Schulden beim IWF vorzeitig zu begleichen und ihm 9,81 Mrd. US-Dollar aus den Reserven der Zentralbank zu überweisen.

Auch die Weigerung, vorerst keine weiteren Kredite beim IWF zu beantragen, kam dem IWF nicht nur gelegen, sondern war auch mit seinem Direktor für die Westliche Hemisphäre, A. Singh, abgesprochen. Der IWF brauchte nämlich nach der Häufung von Krisen in Südostasien, Russland und Lateinamerika selbst eine Konsolidierungsphase, um seine Finanzen zu ordnen und sich auf die Zukunft vorzubereiten, denn schließlich zogen am Himmel des Weltfinanzsystems bereits die ersten Vorboten der nächsten großen internationalen Krise auf – des weltweiten Finanzcrashs von 2007 und 2008.

Die Austeritätspolitik des IWF. Folgen und Proteste

Einige Schlaglichter

Kinder in Brestnitsa, Lovech (Bulgarien), 2012

Die Wiedereinführung des Kapitalismus in den Staaten des ehemaligen Ostblocks hat die Wohn- und Einkommensverhältnisse der unteren Einkommensschichten weit unter das Niveau zu Zeiten der Planwirtschaft gedrückt.

Fotografie: © Mark L. Edwards

Babas Emmanuel wurde mit dem HI-Virus geboren und lebt in einem Krankenhaus in Kampala, Uganda. Der Waisenjunge ist eines der zahllosen Opfer einer Politik, die die Rückzahlung von Krediten an milliardenschwere Finanzorganisationen vor die Seuchenprophylaxe und eine angemessene medizinische Versorgung bedürftiger Menschen in armen Ländern stellt.

Fotografie: © Vanessa Vick / Redux / laif, 2002

Rentnerin am Rand der Altstadt von Chania, Kreta (Griechenland), 2013

Sechs Sparprogramme innerhalb von drei Jahren haben dazu geführt, dass mehr als eine Million griechische Rentner im Januar 2014 mit weniger als 500 Euro auskommen mussten.

Obdachloser vor einer Filiale der *National Bank of Greece*,
Athen (Griechenland), 2012

Szene aus der Einkaufszone in Kiew (Ukraine), 2008

Fotografie: © Q. Sakamaki / Redux / laif

Protest gegen den IWF im Rahmen der Aktion »Occupy Dame Street«,
Dublin (Irland), 13. Oktober 2011

PAGUE
O QUE DEVE

COM O FMI
QUEM PAGA ÉS TU

Protestmarsch in Lissabon gegen Sparpläne des IWF (anlässlich einer
Gedenkveranstaltung zur Nelkenrevolution im Jahre 1975), 25. April 2011

Fotografie: © Gerald Verdon

Protestgraffiti in Lissabon (Portugal), 2014

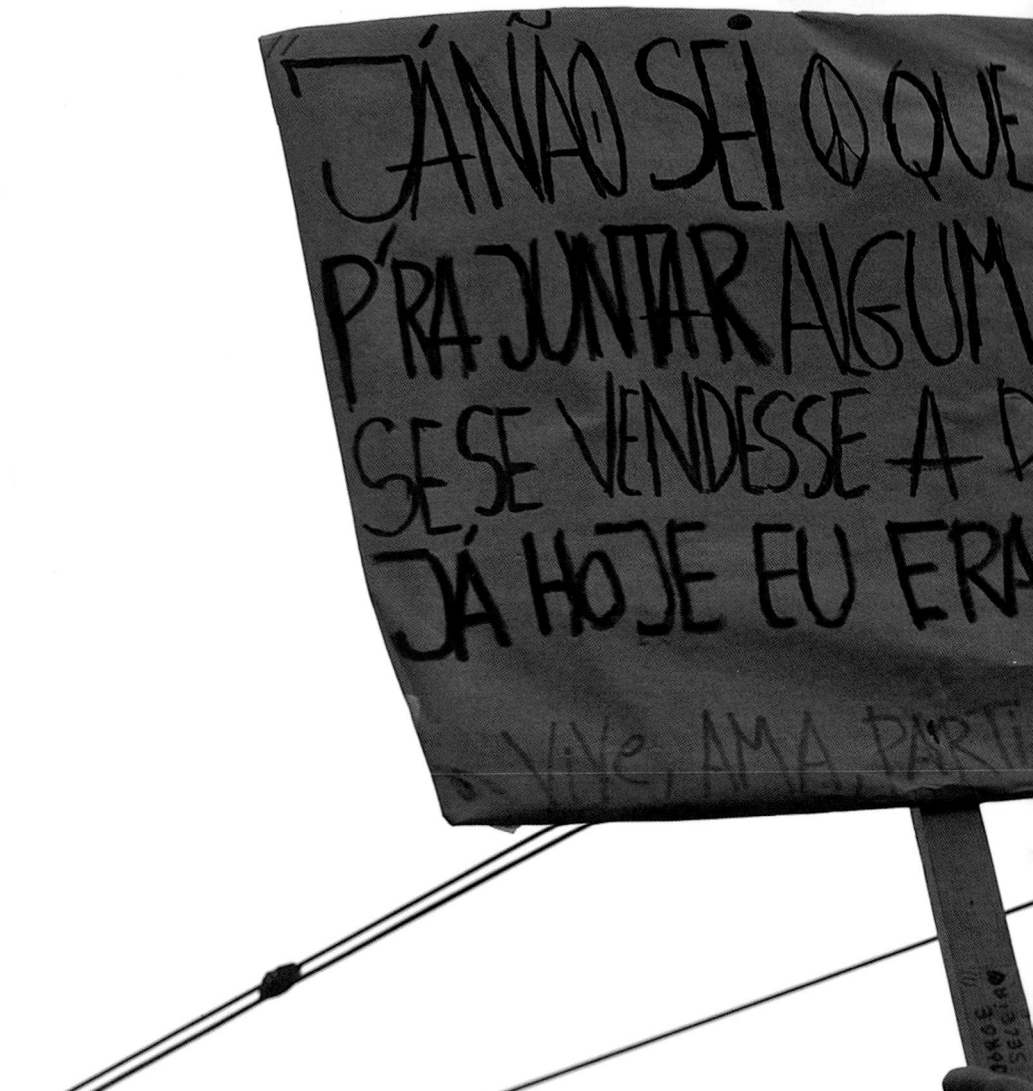

»Ich weiß nicht mehr, was mir noch bleibt,
um etwas Geld beiseit' zu legen,
falls Elend sich verkaufen ließe,
wär ich schon heut' bereits ein Banker«
António Aleixo

Plakat auf der 2. Anti-Troika-Demonstration in Lissabon (Portugal), 2013

Globalisierung und Finanzialisierung.
Die Triebkräfte des IWF

Die Feindschaft, die sich der IWF unter der arbeitenden Bevölkerung und den Armen Südostasiens, Osteuropas und Lateinamerikas zugezogen hatte, veranlasste außer der argentinischen auch einige andere Regierungen, ihm gegenüber immer kritischere Töne anzuschlagen. Hinter dieser Haltung verbarg sich allerdings keine wirkliche Opposition gegen seine Politik, sondern nur der Versuch, sich – vor allem in Zeiten von Wahlkämpfen – einen »progressiven« Anstrich zu geben. Einen tatsächlichen Bruch mit dem IWF riskierte keine einzige Regierung, und das aus gutem Grund: Eine solche Entscheidung hätte das betroffene Land umgehend von allen internationalen Kapitalströmen abgeschnitten und somit auch zum sicheren Ende der jeweiligen Regierung geführt.[28]

Trotzdem nahmen die internationalen Medien und eine Reihe selbsternannter Experten die öffentliche Kritik am IWF begierig auf und sagten seinen »Absturz in die Bedeutungslosigkeit« oder gar sein bevorstehendes Ende voraus. Eine ganze Reihe IWF-kritischer Organisationen schloss sich ihnen ebenfalls an und trug auf diese Weise dazu bei, den IWF vorübergehend aus der Schusslinie zu nehmen und die Proteste gegen ihn – vor allem in den westlichen Industrieländern – abebben zu lassen. Warum sollte man gegen eine Organisation kämpfen, die ohnehin zum Untergang verurteilt war?

---

[28] Auch die Ankündigungen des venezolanischen Präsidenten Hugo Chavez in den Jahren 2007 und 2012 waren nichts als populistische Großsprecherei – Venezuela blieb über Chavez' Tod hinaus Mitglied des IWF und hat seine Schulden durchgehend bedient.

Mit der Realität hatte diese Einschätzung der Lage allerdings nichts zu tun. Sowohl die Banker der Wall Street als auch die Vorstände der multinationalen Konzerne und die Verantwortlichen im US-Finanzministerium konnten sich zur Jahrtausendwende zufrieden die Hände reiben. Trotz der vielen Krisen in den achtziger und neunziger Jahren war es dem IWF gelungen, Märkte, die dem Kapital jahrzehntelang entzogen waren, zurückzuerobern, Investoren auch in Zeiten schwerer Finanzkrisen enorm hohe Gewinne zu bescheren und allen Zweiflern darüber hinaus mit Nachdruck klarzumachen, wer in wirtschaftlichen und finanzpolitischen Fragen rund um den Globus das letzte Wort hatte.

Die Frage, die sich angesichts dieser Bilanz stellte, war im Grunde nicht die nach der vermeintlichen Schwäche des IWF, sondern die nach der Ursache für die ungeheure Machtfülle, die er innerhalb eines halben Jahrhunderts erworben hatte. Wie war es einer Finanzorganisation mit weniger als dreitausend Angestellten, von denen die meisten in Washington an ihren Schreibtischen saßen, möglich gewesen, eine solche in der Geschichte einmalige globale Sonderstellung zu erlangen? Wie hatte sie über alle Ländergrenzen hinweg das Leben eines bedeutenden Teils der Menschheit so nachhaltig beeinflussen können?

Den Schlüssel zur Beantwortung dieser Frage fand man weder in der Struktur des IWF noch in der personellen Zusammensetzung seiner Führungsgremien. Zwar rekrutierte der Fonds einen Großteil seiner Mitglieder aus den Abgangsjahrgängen von Eliteuniversitäten in den USA und in Europa, aber von strategischem Denken oder gar intellektueller oder fachlicher Brillanz konnte bei seinem Personal nicht die Rede sein. Die Prognosen des IWF über die Wirtschaftsentwicklung von Ländern trafen häufig nicht zu, keiner seiner führenden Ökonomen hatte auch nur eine einzige der großen internationalen Krisen korrekt vorausgesagt. Mehr als einmal war seinen Interventionen anzumerken gewesen, dass er eher hektisch auf Entwicklungen reagierte als vorausschauend zu planen und zu agieren. Wenn sein Erfolg aber nicht durch ihn selbst oder die Kompetenz seiner Mitarbeiter begründet war, dann konnte es dafür nur eine Erklärung geben: Er musste an seinem Umfeld oder an den Umständen, unter denen er operiert hatte, gelegen haben.

In der Tat fand sich hier des Rätsels Lösung. Diese Umstände hatten sich nämlich seit der Gründung des IWF nach dem Zweiten Weltkrieg von Grund auf verändert. Dazu hatten vor allem folgende Faktoren beigetragen: Die Auflösung des Bretton-Wood-Systems, die zunehmende Globalisierung und die mit ihr einhergehende Schwächung der internationalen Gewerkschaftsbewegung, die Wiedereinführung des Kapitalismus in der Sowjetunion und ihren Satellitenstaaten und die seit Mitte der siebziger Jahre beständig zunehmende Bedeutung des Finanzsektors.

Die Auflösung des Bretton-Woods-Systems durch die Abkopplung des Dollars vom Gold und die Ersetzung der Dollar-Bindung der übrigen Währungen durch »fließende« Wechselkurse hätten zu Beginn der siebziger Jahre eigentlich zum Ende des IWF führen müssen. Dass aber seine ursprüngliche Bestimmung einfach aufgegeben und er von nun an weltweit als »Kreditgeber letzter Instanz« und unter Ausnutzung dieser Funktion als Wegbereiter neoliberaler Reformen eingesetzt wurde, verhalf ihm – zusammen mit der Weltbank – zu einer international konkurrenzlosen Position.

Die Globalisierung, die zunehmende weltweite Verflechtung von Wirtschafts- und Finanzprozessen, trug dazu bei, diese Sonderstellung zu festigen und auszubauen. Während ab Mitte der siebziger Jahre große Teile industrieller Produktion aus den führenden Industrieländern vor allem nach Asien ausgelagert wurden, flossen die erwirtschafteten Profite zum weitaus größten Teil direkt zurück in die führenden Industrieländer. Bei der Suche nach neuen globalen Anlagemöglichkeiten spielten das Urteil des IWF über die Kreditfähigkeit des jeweiligen Landes und seine Einschätzung von dessen Folgsamkeit bei der Durchsetzung neoliberaler Strukturreformen eine entscheidende Rolle. Für Großinvestoren mauserte sich der IWF gewissenmaßen zum globalen Investitionswegweiser und zum Gradmesser für die Sicherheit ihrer Geldanlagen.

Dazu kam die fürs das internationale Kapital wichtige Festhalten der Gewerkschaftsbewegung an ihrer rein nationalen Orientierung. Während die Konzerne den industriellen Produktionsprozess internationalisierten, unternahmen die Führungen der Gewerkschaften rund um den Globus nichts, um den eigenen Kampf auch über die jeweiligen Landesgrenzen hinaus zu organisieren. Stattdessen hielten sie am Konzept der »Sozialpartnerschaft« im eigenen Land fest, redeten ihren Mitgliedern ein, dass Arbeitnehmer und Arbeitgeber in einem Boot säßen und ein von außen kommender internationaler Konkurrenzkampf sie zwinge, sich in Lohn- und Vergütungsfragen zurückzuhalten. Für die Gewerkschaftsführer lohnte sich das kompromisslerische Verhalten, da sich Wirtschaft und Politik unter anderem durch die Vergabe von Aufsichtsratsposten und Ministerämtern erkenntlich zeigten. Für die Gewerkschaftsbasis hatte es fatale Konsequenzen, da ihr Protest immer öfter ins Leere lief und immer mehr Mitglieder die Organisationen verließen. Dem IWF dagegen spielte diese Entwicklung direkt in die Hände, denn die zunehmende Schwächung der internationalen Arbeiterbewegung ermöglichte ihm, Maßnahmen durchzusetzen, die in den Jahrzehnten zuvor kaum durchzusetzen gewesen wären.

Die Wiedereinführung des Kapitalismus in der Sowjetunion und ihren Satellitenstaaten eröffnete dem internationalen Finanzkapital zwar einen riesigen zusätzlichen Markt, war aber auch mit großen Unwägbarkeiten verbunden. Planwirtschaftliche Strukturen mussten abgeschafft, das Privateigentum an den Produktionsmitteln wieder eingeführt und sein Erhalt auf Dauer garantiert werden. Es gab nur eine Organisation, die die nötigen Druckmittel besaß, um diese Maßnahmen notfalls auch gegen den Willen der Mehrheit der Bevölkerung durchzusetzen, ohne dabei auf militärische Maßnahmen zurückzugreifen – den IWF.

Diese drei Faktoren allein hätten bereits ausgereicht, um dem IWF zu einer unangefochtenen globalen Sonderstellung zu verhelfen. Es kam aber noch einer vierter hinzu, der vor allem für die Rolle des IWF im ersten Jahrzehnt des 21. Jahrhunderts von herausragender Bedeutung werden sollte: die seit Mitte der siebziger Jahre zunehmende »Finanzialisierung« der Weltwirtschaft. Dieser Trend hat zu einem epochalen Strukturwandel des internationalen Kapitalismus geführt, entscheidend zum Boom der neunziger Jahre beigetragen und die Saat für das Platzen der Dotcom-Blase, den Crash des US-Immobilienmarktes, die Finanzkrise von 2007/2008 und die Euro-Krise gelegt. Er prägt das Gesicht der Welt von heute. Seine Geschichte zu verstehen, ist die Voraussetzung, um die Neuausrichtung des IWF auf Europa und seine Rolle im Rahmen der »Troika« zu begreifen. Dazu ein paar Fakten:

Die USA hatten ihren Aufstieg zur Weltmacht bereits vor dem Zweiten Weltkrieg der zunehmenden Bedeutung des Finanzsektors zu verdanken. Wichtigster Motor der Entwicklung waren die Investmentbanken, die mit den Einlagen ihrer Kunden – oft ohne deren Wissen – spekulierten und dabei hohe Risiken eingingen. Der New Yorker Börsencrash von 1929, die anschließende Weltwirtschaftskrise und die Große Depression, die zur Massenverelendung in den USA führte, brachten viele dieser Einleger – großenteils arbeitende Menschen, die ihre Ersparnisse guten Glaubens auf Sparkonten angelegt hatten – um ihr gesamtes Vermögen und schürten ihre Wut auf die Banken. Um den Protest der Bevölkerung und der damals sehr starken Gewerkschaften zu dämpfen, erließ der 1933 zum Präsidenten gewählte Demokrat Franklin D. Roosevelt 1933 den zweiten *Glass-Steagall Act*, der das Trennbanken-System[29] begründete, und führte 1934 die erste Börsenaufsicht der Welt, die SEC (*Securities and Exchange Commission*), ein.

Diese und einige weitere gesetzliche Regelungen, die das Finanzkapital in seiner Bewegungsfreiheit einengten, Kleinanlegern und Sparern aber ein gewisses Maß an Sicherheit garantierten, blieben etwa 30 Jahre lang weitgehend unangetastet. Als sich in den sechziger Jahren das Ende des Nachkriegsbooms abzeichnete, wurden erste Stimmen laut, die eine Lockerung der Vorschriften forderten. In den Siebzigern nahmen diese Stimmen zu, da sich das Wirtschaftswachstum vor allem in den Industrienationen verlangsamte und die Petrodollar-Schwemme nach neuen Investitionsmöglichkeiten verlangte.

Es war Gerald Ford, der ungewählte Nachfolger des aus dem Amt gejagten Richard Nixon, der als erster US-Präsident dem Drängen des Fi-

---

[29]   Getrennt wurden als solide geltende Geschäftsbanken für das klassische Einlagen- und Kreditgeschäft und Investmentbanken, die auch weiterhin spekulieren und hohe Risiken eingehen durften.

nanzsektors nachgab. Er machte den Milliardär und Direktor der *Federal Reserve Bank of New York*, Nelson Rockefeller, zu seinem Vizepräsidenten und engagierte den neoliberalen Wirtschaftsprofessor Alan Greenspan als seinen ökonomischen Berater. Gemeinsam senkten sie nicht nur die Gewinnsteuer für Unternehmen und die Einkommensteuer für Reiche, sondern begannen zusammen mit den Großbanken *Bank of America* und *Merrill Lynch*, die Bestimmungen des Trennbankensystems aufzuweichen.

In den Achtzigern gingen die konservative britische Premierministerin Margaret Thatcher und der republikanische US-Präsident Ronald Reagan noch erheblich weiter. Durch die systematische Liberalisierung der Märkte und die Deregulierung des Bankwesens ermöglichten sie eine immer größere Ausdehnung des Finanzsektors, die auch unter Thatchers Nachfolger Tony Blair und Reagans Nachfolgern, dem Republikaner George Bush (dem Vater von George W. Bush) und dem Demokraten Bill Clinton (der den *Glass-Steagall Act* 1999 offiziell abschaffen und 2000 den Derivate[30]-Markt vollständig deregulieren ließ) fortgesetzt wurde.

Die in den globalen Zentren der Hochfinanz – der Wall Street und der City of London – entstandenen Freiräume wurden umgehend vom internationalen Finanzkapital genutzt. Innerhalb weniger Jahre entwickelte sich ein Schattenbankensystem aus Hedgefonds (Vermögensverwaltungen von Milliardären, die bis dahin nicht gesehene Gewinne einfuhren) und Investmentfirmen, die fast unbegrenzte Risiken eingehen konnten, da sie zwar wie Banken handelten, deren gesetzlich festgelegten Einschränkungen aber nicht unterlagen. Dazu wurden immer neue Finanzprodukte erfunden oder verfeinert. Vor allem der Handel mit reinen Finanzinstrumenten wie den Derivaten explodierte, die mit der Realwirtschaft (der Produktion von Waren) nichts mehr zu tun haben und die Risiken von Transaktionen durch »Hebeleffekte« vervielfachen. Mit Leerverkäufen, die in den dreißiger Jahren in den USA verboten worden waren, konnten Großanleger auch wieder auf fallende Kurse wetten.

---

[30] Derivate sind Termingeschäfte, die ursprünglich der Absicherung gegen Risiken dienten, im Zuge der Finanzialisierung aber zunehmend zur Spekulation eigesetzt werden.

US-Präsident Ronald Reagan und die britische Premierministerin
Margaret Thatcher, 1984

Begleitet von der Revolution in der Informationstechnologie und der Einführung des computergestützten Börsenhandels führte die Explosion des Finanzsystems zu einer Spekulationsorgie, die als »Kasino-Kapitalismus« alle bis dahin bekannten Spielarten des Geldanhäufens in den Schatten stellte. Sie ermöglichte innerhalb kürzester Zeit astronomische Gewinne und führte dazu, dass auch Konzernprofite aus der Realwirtschaft immer stärker von Profiten aus der Finanzwirtschaft verdrängt wurden. Die Umsätze im internationalen Devisenhandel, die 1970 bei 70 Mrd. US-Dollar je Tag lagen, stiegen bis 1989 auf 590 Mrd. US-Dollar und lagen im Jahr 2001 bei rund 1.250 Mrd. US-Dollar pro Tag. Hatten Gewinne aus dem Finanzsektor bei den multinationalen Konzernen mit Sitz in den USA 1980 noch 10 % ausgemacht, lagen sie ein Vierteljahrhundert später bereits bei 40 %.

Neben dieser grundlegenden Veränderung im Charakter des Kapitalismus führte die Zusammenführung von altem und neuem Geld zu einem weiteren Phänomen, das es in der Geschichte des Kapitalismus bisher so nicht gegeben hatte: Die beispiellose Konzentration von Vermögenswerten in den Händen einer winzigen Gruppe von Multimilliardären ließ eine »Finanzaristokratie« von einigen hundert Einzelpersonen und Familien entstehen, die inzwischen auf Grund ihres sagenhaften Reichtums in jeder Hinsicht zur mächtigsten internationalen Kraft geworden ist, da sie nicht nur Handel, Produktion und Finanzwirtschaft, sondern auch alle anderen Bereiche der Gesellschaft rund um den Globus dominiert und kontrolliert. Im Gegensatz zur mittelalterlichen Aristokratie ist die Herrschaft dieser im Bankenjargon als *Ultra High Net Worth Individuals* (UHNWIs) bezeichneten Schicht nicht regional begrenzt, sondern global. Wichtigstes Instrument ihrer Machtausübung sind die »Finanzmärkte«, durch die sie mittels der von ihnen beherrschten Finanzinstitute Aktienmärkte und Rohstoffpreise beeinflussen, Währungen auf- oder abwerten, Regierungen aus dem Amt jagen und ganze Staaten in die Knie zwingen kann.[31]

Das Vermögen dieser Finanzaristokratie mit Schwerpunkt in den USA (dort leben die meisten Multimilliardäre, außerdem verfügen die USA über den größten Finanzmarkt und mit der US-Zentralbank Federal Reserve über die mächtigste Finanzwaffe der Welt) nimmt seit den neunziger Jahren in beispielloser Weise zu. Es hat sich zwischen 2009 und 2012 von 3,1 auf 6,5 Billionen US-Dollar mehr als verdoppelt und entspricht inzwischen etwa dem gesamten Bruttoinlandsprodukt aller Staaten der Welt außer China und den USA.

Die Mitglieder der Finanzelite leben großenteils zurückgezogen und agieren am liebsten unerkannt. Wie Marionettenspieler bestimmen sie als Inhaber von Banken, Hedgefonds, Versicherungen und Großkonzernen aber nicht nur das weltweite wirtschaftliche Geschehen, sondern legen durch den Besitz der globalen Medien auch das Bild fest, das den Menschen von der Welt vermittelt wird (und in dem ihre Rolle natürlich

---

[31] Nur ein Beispiel: 1992 wettete der Milliardär George Soros mit anderen zusammen gegen das britische Pfund, zwang es zu einer 25-prozentigen Abwertung gegenüber dem US-Dollar, brachte das europäische Währungssystem dabei fast zum Einsturz und verdiente an der Aktion mehr als eine Milliarde US-Dollar.

verschleiert wird). Sie finanzieren über Stiftungen Eliteuniversitäten wie Harvard und Stanford, auf denen diejenigen, die ihre Interessen zukünftig vertreten sollen, geschult werden, und unterhalten Think Tanks, in denen ihnen auf den Leib geschneiderte politische Strategien entwickelt werden. Sie sorgen durch die Finanzierung von Wahlkämpfen dafür, welche Politiker ihre Interessen vertreten dürfen, und helfen mit dem Druck der Finanzmärkte nach, ihre Strategien durchzusetzen. Sie ordnen absolut alles wirtschaftliche und gesellschaftliche Geschehen ihrem einen Ziel, der Vermehrung ihres Reichtums, unter. Sie bilden die reichste und wirtschaftlich mächtigste Gruppe von Menschen, die es jemals auf der Erde gegeben hat, und eines der wichtigsten Machtinstrumente, auf die sie sich stützen, ist der IWF.

Die Finanzkrise von 2007/2008.

Die Ruhe vor dem Sturm für den IWF

Die Globalisierung führte dem Arbeitsmarkt vor der Jahrtausendwende allein in Asien mehr als eine Milliarde neue industrielle Arbeitskräfte zu und bescherte den internationalen Konzernen dadurch eine drastische Senkung ihrer Lohnkosten. Die arbeitende Bevölkerung in den Industrieländern wurde allerdings nicht – wie in den fünfziger und sechziger Jahren – durch Lohnerhöhungen und eine Ausweitung der Sozialleistungen an den steigenden Gewinnen der Konzerne beteiligt. Im Gegenteil: Die wegen der Auslagerung von Arbeitsplätzen zunehmende Arbeitslosigkeit in Europa und den USA wurde bei Tarifverhandlungen zusammen mit den in Übersee gezahlten Hungerlöhnen als Druckmittel gegen die arbeitende Bevölkerung eingesetzt. Zu hohe Forderungen würden zu einem weiteren Abbau und einer zusätzlichen Auslagerung von Arbeitsplätzen in Billiglohnländer führen, drohten die Arbeitgeber und sorgten dafür, dass der Lebensstandard der arbeitenden Bevölkerung in Europa und den USA, der zwischen 1980 und 2000 bereits stagniert hatte, ab 2000 zu sinken begann.

Die daraus folgende schwindende Kaufkraft stellte das Finanzkapital allerdings vor ein ernstes Problem, denn der Kapitalismus verlangt nicht nur unablässiges Wachstum, sondern auch den ständigen Absatz der produzierten Waren. Wie aber sollen Menschen, die immer weniger Geld zur Verfügung haben, immer mehr kaufen? Die Lösung, die der Kapitalismus für dieses Problem vorhält, heißt: Kredit. Die Banken stellen den Menschen zusätzliches Geld zur Verfügung, das sie erst später – dann aber zuzüglich Zinsen – zurückzahlen müssen, überbrücken so eine »Finanzierungslücke« und verdienen dabei sogar noch mehr Geld. Doch ein

Kredit verlangt nach Sicherheit. Wo aber soll diese herkommen, wenn die Menschen immer weniger verdienen?

140   Die Zauberformel der globalisierten Weltwirtschaft zur Jahrtausendwende lautete: US-Häusermarkt. Der größte und gewinnträchtigste Immobilienmarkt der Welt befand sich in einem seit Jahren andauernden Aufwärtstrend, dessen Ende nicht abzusehen schien. Besicherte eine Bank einen Kredit mit der Hypothek (dem Pfandrecht) auf ein Haus, ging sie bei steigenden Hauspreisen im Grunde kein Risiko ein: Sollte der Kreditnehmer zahlungsunfähig werden, konnte die Bank ihn per Zwangsvollstreckung vor die Tür setzen und sich sein Haus, dessen Wert inzwischen gestiegen war, wieder zurückholen.

Diese Regelung erwies sich als so lukrativ, dass die Banken sie sogar auf Kunden ausweiteten, die sie zuvor abgelehnt hatten: Wer schon einmal eine Zwangsenteignung hinter sich gebracht hatte, in der Vergangenheit insolvent geworden oder mit Kreditraten in Verzug geraten war, fiel zwar in das »Subprime«-Segment (den Bereich »nicht kreditwürdiger« Kunden), erhielt aber fortan trotzdem einen Kredit. Auf diese Weise wurde eine wahre Lawine an Hauskäufen losgetreten, bei der die Subprime-Käufer auf Grund des Konkurrenzkampfes unter den Anbietern am Ende so gut wie keine Sicherheiten mehr bieten mussten. Da abzusehen war, dass dieses Kredit-Kartenhaus irgendwann einstürzen würde, schoben die Banken das Risiko ganz einfach von einem Geldhaus zum nächsten weiter, indem sie ihre Kreditforderungen bündelten und sie auf den internationalen Finanzmärkten in Form von Wertpapieren (»Kreditverbriefungen«) verkauften.

Das war aber noch lange nicht das Ende der Geschäftemacherei: Auch aus dem Risiko ließ sich noch Geld machen. Man musste es nur durch die 1994 von der Wall-Street-Bankerin Blythe Masters erfundenen Kreditausfallversicherungen[32] (Englisch: *Credit Default Swaps* = *CDS*) ab-

---

[32]   Mit Kreditausfallversicherungen können sich Finanzinstitute nicht nur gegen das Risiko, einen vergebenen Kredit nicht zurückzuerhalten, finanziell absichern, sondern auch Risiken aus ihren Bilanzen auslagern.

decken und so ganz legal weiterreichen. Und selbst das ließ sich noch übertreffen: Wer zusätzlich auf das Karussell aufspringen wollte, ohne selbst über Kreditverbriefungen zu verfügen, konnte sich auch einfach nur Kreditausfallversicherungen besorgen und so auf vollkommen legale Weise Wetten auf Geschäfte abschließen, an denen er selbst gar nicht beteiligt war.

Banken und Finanzhäuser in aller Welt stiegen in ganz großem Stil in das Geschäft ein. Der entstehende Profitrausch führte dazu, dass der Umfang weltweit abgeschlossener Kreditausfallversicherungen immer neue Rekorde brach,[33] bis 2006 der US-Häusermarkt seinen Höhepunkt überschritt und die Preise bei gleichzeitigem Anstieg der Zinsen zu fallen begannen. Der Abwärtssog verwandelte sich schnell in einen reißenden Strom und löste eine nie dagewesene weltweite Kettenreaktion aus. Die Zahlungsunfähigkeit vieler US-Hausbesitzer führte dazu, dass die verbrieften Kredite rasant an Wert verloren, sich in *toxische* (giftige = wertlose) Papiere verwandelten und riesige Löcher in die Bilanzen der Großbanken in aller Welt rissen. Kreditausfallversicherungen wurden in nie erwartetem Umfang fällig und erzeugten eine Krise, die häufig mit der Weltwirtschaftskrise in den dreißiger Jahren verglichen wurde.

Doch so groß auch einzelne Parallelen zwischen beiden Krisen sein mochten, entscheidend waren vor allem ihre Unterschiede. Die Krise in den dreißiger Jahren hatte nicht nur zu riesigen wirtschaftlichen und finanziellen Verlusten, sondern auch zu schweren Zerwürfnissen zwischen den Nationalstaaten geführt, die schließlich im Zweiten Weltkrieg endeten. Grund war, dass das Finanzkapital damals noch wesentlich breiter gestreut und erheblich stärker an nationalstaatliche Strukturen gebunden war als ein Dreivierteljahrhundert später. Die Regierungen der Staaten vertraten zwar auch in den dreißiger Jahren schon die Interessen der Besitzer von Banken, Finanzhäusern und großen Konzernen, verfügten aber wegen der internationalen Zersplitterung des Finanzkapitals über viel

---

[33] Im Dezember 2007 umfasste der Derivatehandel nach einem Bericht der *Bank für Internationalen Zahlungsausgleich* weltweit etwa 680 Billionen US-Dollar.

größere Handlungsspielräume als heute und strebten vor allem nationale Lösungen für ihre Probleme an. Diese sahen schlussendlich so aus, dass sie auf kriegerische Weise (und um den Preis von siebzig Millionen Toten) versuchten, den Einflussbereich des eigenen Landes zu vergrößern und dem eigenen Finanzkapital so neue Anlage- und Absatzmöglichkeiten zu verschaffen.

Die 2007 einsetzende Finanzkrise entfaltete sich unter vollkommen anderen Vorzeichen. Globalisierung und Finanzialisierung hatten im davorliegenden Vierteljahrhundert bewirkt, dass die internationale Verschmelzung des Finanzkapitals zu einer beispiellosen Geld- und Machtkonzentration in den Händen der Finanzaristokratie geführt hatte. Als die Krise innerhalb kurzer Zeit von ihrem Zentrum in den USA auf eine große Anzahl von anderen Ländern übersprang und nach und nach klar wurde, welch gigantische Summen verloren zu gehen drohten, traf die Gemeinschaft der Multimilliardäre eine klare Entscheidung. Sie blies zu einem Feldzug, der sich nicht gegen einzelne Länder, sondern gegen die arbeitende Bevölkerung, die Rentner und die Kleinanleger in aller Welt richtete. Sie alle sollten zur Ader gelassen werden und für die Verluste aufkommen, die der Finanzaristokratie drohten. Geführt werden sollte dieser Feldzug nicht mit Waffen, sondern durch ein bisher in der Geschichte der Menschheit einmaliges Manöver – die größte Vermögensumverteilung aller Zeiten.

Strategisch vorbereitet wurde der Plan durch eine in aller Schnelle organisierte Kampagne mit dem Schwerpunktthema »too big to fail«. Mittels der von der Finanzaristokratie finanzierten Medien wurde der Öffentlichkeit in den USA und Europa auf jede erdenkliche Weise eingebläut, es gebe »systemrelevante« Banken und Finanzhäuser, die um jeden Preis gerettet werden müssten, weil sonst mit dem Zusammenbruch des gesamten Systems der Untergang der Zivilisation oder zumindest Verhältnisse wie in der Großen Depression in den dreißiger Jahren in den USA drohten. Ganz falsch war diese Argumentation nicht, denn wie der Crash des Bankhauses *Lehman Brothers* zeigen sollte, konnte der Zusammenbruch einer einzigen Bank auf Grund ihrer weltweiten Verflechtungen tatsächlich das ganze Gefüge ins Wanken bringen. Was in der Kampagne aber systematisch verschleiert wurde, war die Herkunft des Geldes, mit dem die »too-big-to-fail«-Institute gerettet sollten. Das sollte nämlich nicht etwa von denen kommen, die ihre Kassen in den Jahren zuvor durch hemmungslose Spekulation bis zum Bersten gefüllt hatten und die auf Bargeldreserven in Billionenhöhe saßen. Vielmehr sollten dafür die Regierungen einspringen, und zwar – mit dem Geld der Steuerzahler. Anders ausgedrückt: Die steinreichen Besitzer von Banken und Finanzinstituten, die sich beim Anhäufen von noch mehr Geld verzockt hatten, sollten – über den Umweg des Staates – mit dem hart verdienten Geld der arbeitenden Bevölkerung entschädigt werden.

Die Reaktion auf die Kampagne zeigte, wie allumfassend die Macht der Finanzaristokratie bereits geworden war, denn es gab so gut wie keinen nennenswerten Widerstand – weder seitens der Parlamente noch durch politische Parteien oder Gewerkschaften. Es war, als ob alle Welt stillschweigend der Argumentation des »too big to fail« folgte. Als die ersten großen Summen aus Steuergeldern eingesetzt wurden, um den Besitzstand der Finanzaristokratie zu sichern, widersetzte sich – niemand![34]

Hunderte Milliarden Dollar wechselten die Besitzer, in den USA wurden Marktgiganten wie die Immobilien-Finanzierer *Freddie Mac* und *Fannie May* und der Versicherungskonzern *AIG* vom Staat übernommen und ihre Eigentümer so vor gewaltigen Verlusten gerettet. In der Schweiz erhielt die Großbank *UBS*, die allein im zweiten Quartal 2007 einen Gewinn von 5,6 Mrd. Franken verbucht hatte, über Nacht eine staatliche Spritze in Höhe von fast 60 Mrd. Franken, ohne dass das Parlament gefragt wurde und ohne dass die Parteien oder die Gewerkschaften auf die Straße gingen – in einem Land, das sich seiner direkten Demokratie durch Volksabstimmungen rühmt!

Während auch Großbritannien, Deutschland, Frankreich, Belgien, Luxemburg, die Niederlande und zahlreiche andere Länder riesige Summen in die Rettung einzelner Finanzinstitute steckten, hielt sich die Finanz-

---

[34] Die Protestbewegung Occupy Wall Street formierte sich erst im Oktober 2011.

144

aristokratie sogar noch in anderer Hinsicht schadlos. Vor allem über die amerikanischen Großbanken nutzte sie das Marktchaos und kaufte reihenweise in Schieflage geratene Sparkassen, kleinere Banken und Unternehmen zu Spottpreisen auf. Dass die Bank Lehman Brothers, obwohl »too big to fail«, in die Insolvenz getrieben wurde, dürfte vor allem damit zu tun gehabt haben, dass Finanzminister Paulson ein ehemaliger *Goldman-Sachs*-Banker war und sein Ex-Arbeitgeber einer der großen Profiteure der Krise. Der allergrößte Profiteur allerdings war die Finanzaristokratie, die nicht nur keine Verluste machte, sondern sich während der Krise immens bereicherte und den Grundstock für eine fast exponentielle Vermehrung ihres Reichtums nach der Krise legte.

Die Strategie der Regierungen, Banken und Finanzinstitute, die nach dem Lehman-Crash mit in den Abgrund gerissen zu werden drohten, mit Steuergeldern zu retten, ging sowohl in der Schweiz als auch in den großen EU-Ländern vor allem deshalb auf, weil die Staaten über genügend Geld verfügten, um die entstandenen Löcher zu stopfen. Was aber, wenn der Fall eintrat, dass ein solches Loch größer war als der Staatshaushalt? Was würde passieren, wenn ein überforderter Staat bankrottging? Würde es dann tatsächlich zur befürchteten Kettenreaktion kommen und das Weltfinanzsystem in sich zusammenbrechen?

Was zunächst wie das Gedankenspiel chronischer Pessimisten wirkte, sollte sich bereits drei Wochen nach dem Fall des Bankhauses *Lehman Brothers* als überaus realistische Bedrohung am Horizont des Weltfinanzsystems abzeichnen. Mitten im Nordatlantik befand sich nämlich ein winziges und bis dahin wirtschaftlich völlig unbedeutendes Land, dem infolge des Lehman-Crashs über Nacht genau dieses Schicksal drohte und zu dessen Rettung der dramatische Einsatz einer internationalen Finanzfeuerwehr nötig wurde – unter der Führung des IWF.

Islands Bankencrash von 2008.
Der IWF nimmt Europa ins Visier

Wegen seiner isolierten Lage und seiner geringen Bevölkerungszahl von nur etwa 300.000 Einwohnern zählte Island bis zum Beginn dieses Jahrhunderts zu den am wenigsten beachteten Ländern Europas. Das änderte sich schlagartig, als der Zusammenbruch des isländischen Bankensystems die internationale Öffentlichkeit im Herbst 2008 aufschreckte und das Eingreifen des IWF die ganze Welt anschließend miterleben ließ, wie sich das Leben in einem der reichsten Länder der Erde[35] von Grund auf veränderte.

Die Ereignisse auf der Insel im Nordmeer waren der Höhepunkt einer Entwicklung, die ein Vierteljahrhundert zuvor eingesetzt hatte. Damals war den herrschenden Familien Islands immer klarer geworden, welche Möglichkeiten ihnen im Zuge der Globalisierung und der Finanzialisierung entgingen. Um trotz ihrer Abkapselung vom Rest der Welt auch am Goldrausch des globalen Kasinokapitalismus teilzunehmen, drängten sie ihre Regierungen ab Ende der achtziger Jahre, Islands Wirtschaft den internationalen Finanzmärkten zu öffnen. Beim 1991 zum Ministerpräsidenten gewählten David Oddsson stießen sie schließlich auf offene Ohren.

Oddsson, der Ronald Reagan und Margaret Thatcher zu seinen Vorbildern zählte, verwirklichte ein neoliberales Reformprogramm ganz nach dem Geschmack des IWF. Er privatisierte staatliche Unternehmen, er-

---

[35] Das isländische Durchschnittseinkommen betrug im Jahre 2007 70.000 US-Dollar, 1,6-Mal so viel wie in den USA.

höhte die Steuern auf kleine und mittlere Einkommen, senkte dafür die Unternehmenssteuern um mehr als die Hälfte und deregulierte den Handel und das Finanzwesen. Die Wirtschaft erlebte daraufhin einen kräftigen Aufschwung, der einige Mitglieder der isländischen Finanzelite wie Bjorgolfur Gudmundsson, den späteren Besitzer des britischen Fußballklubs *West Ham United*, zu Milliardären machte.

In den Jahren 2002 und 2003 privatisierte die Regierung die drei größten Banken des Landes. Entgegen allen öffentlichen Beteuerungen, den Besitz zu streuen, ging ein 48,5-prozentiger Anteil an der größten Bank an die Kapitalanlagegesellschaft dreier der Regierung nahestehender Milliardäre, die einen großen Teil ihrer Vermögen bei der Wiedereinführung des Kapitalismus in Russland gemacht hatten. Die neuen Eigentümer revanchierten sich, indem sie mehrere Führungspositionen der Bank an Mitglieder der regierenden Koalitionsparteien vergaben.

Der Vorsitzende des Privatisierungsausschusses einer der Banken verließ das Gremium unter Protest. Dass seine öffentlich geäußerten Vorwürfe der Begünstigung und der Korruption keinerlei rechtliche Konsequenzen nach sich zogen, war ein deutlicher Beweis dafür, wie sehr der neoliberale Privatisierungsprozess das Kräfteverhältnis zwischen dem isländischen Staat und den vermögenden Familienclans bereits zugunsten der Letzteren verändert hatte.

Mit der uneingeschränkten Rückendeckung durch die Regierung schlugen die neuen Eigentümer der Banken umgehend einen aggressiven Expansionskurs ein, der Islands Finanzwesen förmlich explodieren ließ. Die von den Banken durch abgesprochene wechselseitige Käufe manipulierten Aktienkurse an der Börse in Reykjavik stiegen von 2003 bis 2007 um weltweit einmalige 42,7 % pro Jahr, während Haus- und Wohnungspreise sich innerhalb von sechs Jahren mehr als verdoppelten. Bis Ende 2003 wuchs der Schuldenberg des Landes auf das Doppelte des Bruttoinlandsproduktes an, bis 2007 auf das Siebenfache. Im Juni 2008 betrug die Verschuldung fast das Zehnfache – etwas mehr als 50 Mrd. Euro oder 160.000 Euro pro Kopf der Bevölkerung.

Bereits 2006 kamen einigen europäischen Finanzinstituten Zweifel an der Rückzahlungsfähigkeit der isländischen Banken, da die Blasenbildung am isländischen Aktien- und Immobilienmarkt nicht mehr zu übersehen war und die Höhe der Verschuldung die Eingreifmöglichkeiten der isländischen Zentralbank bei weitem übertraf.[36] Die zögerliche Vergabe weiterer Kredite aus Europa veranlasste die isländischen Banken aber nicht etwa, ihren Kurs zu überdenken. Im Gegenteil: Sie schalteten die Regierung und die Handelskammer ein, die mit Unterstützung gekaufter Gutachten die »Gesundheit« des Systems bekräftigten, und verstärkten ihre Anstrengungen bei der Suche nach weniger kritischen ausländischen Geldgebern. Auf dem amerikanischen Anleihenmarkt und bei privaten und öffentlichen Anlegern vor allem in Deutschland, England und den Niederlanden wurden sie fündig. Mit neu gegründeten Onlinebanken wie der zu zweifelhaftem Ruhm gelangten *Icesave*-Bank boten sie bis zu 6 % Zinsen auf Tagesgeld und sammelten von hunderttausenden Sparern über 6,5 Mrd. Euro ein – mehr als die Hälfte des isländischen Bruttoinlandsproduktes.

147

Das aufgetriebene Geld wurde umgehend an isländische Unternehmer verliehen, die es wahllos in heimische Konzerne, den internationalen Modehandel, britische Fußballteams, dänische Gratiszeitungen sowie amerikanische und skandinavische Supermärkte investierten. Da das rasante inländische Wachstum die Inflation anheizte, steuerte die isländische Zentralbank dagegen und erhöhte ihren Zinssatz. Das wiederum lockte ausländische Investoren an, die sich mittels Währungsspekulation bereicherten, während sich immer mehr isländische Haushalte wegen der günstigeren Konditionen in Fremdwährungen wie dem Schweizer Franken oder dem japanischen Yen verschuldeten.

Spätestens ab dem Frühjahr 2008 war die drohende Gefahr eines Kollapses vor allem wegen der kritischen Entwicklung in den USA und ihrer negativen Auswirkungen auf den Rest der Welt nicht mehr zu übersehen.

---

[36] Das Verhältnis von kurzfristiger Auslandsverschuldung zu den Devisenreserven der Zentralbank, dessen kritische Grenze allgemein mit 1:1 angegeben wird, betrug in Island 2006 bereits 8:1.

Wie die asiatische Finanzkrise zehn Jahre zuvor gezeigt hatte, waren Spekulanten, die auf schnelle Gewinne setzten, leicht zu verschrecken und neigten dazu, ihr »hot money« im Krisenfall abrupt abzuziehen. Doch für eine Umkehr war es zu spät. Ohne den ständigen Zufluss ausländischen Geldes war der bereits stark gefallene Kurs der isländischen Krone nicht mehr zu halten. Eine weitere Abwertung aber musste auf jeden Fall verhindert werden, weil das Wirtschaftswachstum durch höhere Importpreise gedrosselt und die Zahlungsfähigkeit der isländischen Banken wegen der Verschuldung vieler Bürger in ausländischen Währungen gefährdet worden wäre. Die Lage war verfahren, Islands Banken hatten das Land unter kräftiger Mitwirkung der Regierung in eine ausweglose Situation manövriert.

Während die überwiegende Mehrheit der Isländer mehr oder weniger ahnungslos ihrer Arbeit nachging und weder Medien noch Politik sie vor dem heranrollenden Finanz-Tsunami warnten, sah es an der Wall Street und in der City of London, den Zentren der internationalen Finanzelite, anders aus. Top-Banker, Finanzmakler und Hedgefonds-Manager wussten genau, was die Stunde geschlagen hatte, und begannen, sich für den kommenden Zusammenbruch in Stellung zu bringen. Die Krisen der vergangenen Jahre in Asien und in Südamerika hatten sie gelehrt, dass es kaum eine günstigere Gelegenheit für das Einfahren riesiger Gewinne gab als einen nationalen Finanzcrash.

Kühl kalkulierend begannen sie, erste Wetten auf den Zusammenbruch von Islands Banken abzuschließen und die Wirtschaft des Landes unter die Lupe zu nehmen, um im entscheidenden Moment zugreifen zu können und in Not geratene Institutionen, unter Preis angebotene Immobilien, Wertpapiere auf Ramschniveau oder auch vom Staat zum Verkauf freigegebene Rohstoffvorkommen zu Krisenkonditionen an sich zu reißen. Sicherheit bei der Planung gab ihnen dabei die Gewissheit, dass wie in der Vergangenheit ein verlässlicher Partner bereitstand, der die Rahmenbedingungen für ihren Beutezug schaffen würde – der IWF.

In der Tat ließ der Zusammenbruch nicht lange auf sich warten. Der Bankrott der viertgrößten amerikanischen Investmentbank *Lehman*

Brothers brachte die internationalen Zahlungsströme im September 2008 zum Erliegen und wirkte sich umgehend auf Island aus. Als eine der drei großen isländischen Banken nicht mehr an frisches Geld herankam, eilte ihr Ex-Premier David Oddsson, der inzwischen nach fast vierzehn Jahren als Regierungschef in die Chefetage der isländischen Zentralbank gewechselt war, Ende September zu Hilfe. Die Übernahme von 75 % der Bankaktien in Staatsbesitz bewirkte allerdings das Gegenteil dessen, was Oddsson beabsichtigt hatte: Sie untergrub das ohnehin angeschlagene Vertrauen in das isländische Finanzsystem und löste einen Bankenrun aus. Innerhalb weniger Tage brach das komplette isländische Bankensystem in sich zusammen, die Aktienkurse stürzten ab, der Kurs der Krone verlor mehr als 25 %. Um einen Staatsbankrott abzuwenden, verabschiedete die Regierung in einer hastig einberufenen Sondersitzung ein Notstandsgesetz, übernahm auf Weisung des IWF die Kontrolle über die drei größten Banken und verwehrte ausländischen Kunden umgehend den Zugang zu ihren Konten.

Die britische Regierung reagierte noch am selben Tag. Unter wütenden Hasstiraden auf die isländische Regierung und unter Berufung auf ihre »Anti-Terror-Gesetze« (der britische Premier Gordon Brown sah das britische Bankensystem durch den »feindlichen Akt« der Kontensperrung akut bedroht) ließ sie sämtliche Guthaben isländischer Onlinebanken einfrieren, zahlte die heimischen Einleger aus Angst vor einem Bankenrun im eigenen Land aber in voller Höhe aus und verlangte das Geld inklusive Zinsen unter Androhung rechtlicher Schritte ultimativ von Island zurück. Die isländische Regierung aber musste aus einem einfachen Grund passen: Sie und ihre Zentralbank hatten das Geld nicht. Hilfesuchend wandte sich Island an den IWF.

Für dessen Funktionäre, die das Geschehen seit 2006 mit kritischem Blick verfolgten,[37] stellte Island in mehrfacher Hinsicht einen Sonderfall dar: Es war das erste Mal seit dreißig Jahren, dass eine europäische Regie-

149

---

[37] Der IWF hatte in einem Bericht vom 13. Juli 2006 bereits festgestellt, dass das Wachstumstempo des isländischen Finanzsystems es »angreifbar mache« und »seine Gesundheit untergrabe«.

rung vom IWF einen Kredit verlangte, es war – proportional zum Bruttoinlandsprodukt – die höchste Staatsverschuldung, mit der es der IWF je
zu tun gehabt hatte, und es handelte sich um den ersten internationalen
Einsatz nach dem Ausbruch der Subprime-Hypothekenkrise in den USA,
deren Folgen das gesamte globale Finanzsystem akut bedrohten. Das
hieß: Die isländische Bankenkrise musste unbedingt eingegrenzt und so
schnell und so effektiv wie möglich gelöst werden. In anderen Worten:
Ein knallhartes Programm war erforderlich, dessen Durchsetzung wegen
des zu erwartenden Widerstands der Bevölkerung mit Sicherheit nicht
einfach sein würde.

Liest man heute im Abstand von einigen Jahren rückblickende Berichte
und Einschätzungen der isländischen Krise, so bekommt man häufig den
Eindruck, das Land habe sich damals der Macht des globalen Finanzkapitals widersetzt und ihr erfolgreich getrotzt. In zahlreichen Artikeln
wird behauptet, Island habe seine Banken entgegen dem Rat des IWF
nicht gerettet, sondern bankrottgehen lassen und die Schuldigen für die
Misere zur Rechenschaft gezogen.

Mit der Wahrheit hat diese Sicht der Dinge nicht viel zu tun, aber sie hat
ihren Grund: Island stand damals im Zentrum des Interesses der Welt-
öffentlichkeit und es zeigte sich schon bald, dass die Bevölkerung nicht
bereit war, eine plötzliche und dramatische Verschlechterung der eigenen
Lage kampflos hinzunehmen. Bilder von Demonstrationen wütender
Bürger, die als Opfer der Gier profitsüchtiger Banker gegen die eigene
Regierung aufbegehrten, gingen um die Welt und schufen eine für das
Finanzkapital überaus kritische Stimmung, die wegen des globalen Cha-
rakters der Finanzkrise schnell auf andere Länder überzuspringen drohte.
Um diese Gefahr zu bannen und dem Protest in Island die Spitze zu
nehmen, griffen der IWF und die isländische Regierung zu einem Mittel,
das sich bereits in Südamerika bewährt hatte: Sie täuschten der Öffentlichkeit einen Konflikt vor, den es in Wirklichkeit gar nicht gab.

Während die Regierung den IWF öffentlich verdammte und ihre Mitglieder den Eindruck vermittelten, man wehre sich nach Kräften gegen
seine Einmischung von außen, zog man im Hintergrund gemeinsam die

Fäden und handelte strikt nach dem vom IWF vorgegebenen Plan. Ließ man sich nicht durch die ideologischen Manöver der Beteiligten blenden, sondern schaute ausschließlich auf die Fakten, so stellte man fest: Die isländische Regierung hatte die Banken nur so weit fallen lassen, wie es auf Grund der Größe ihrer Verluste absolut unumgänglich war. Ansonsten hatte sie alles in ihrer Macht Stehende getan, um deren Gläubiger zu entschädigen.

Selbst als sich der isländische Präsident auf Grund von Volksprotesten und zur Abwendung eines Aufstands weigerte, ein Gesetz zur Entschädigung ausländischer Anleger zu unterschreiben, stellte sich die Regierung nicht hinter ihn.[38] Auch die angebliche Abrechnung mit den Schuldigen an der Krise entpuppte sich bei genauerem Hinsehen als falsch: Der vor Gericht gestellte Premierminister Geir Haarde wurde freigesprochen, nur einige wenige untergeordnete Verantwortliche aus der zweiten oder dritten Reihe wurden zu äußerst milden Haftstrafen verurteilt. Wer keine Bewährung erhielt, wurde später vorzeitig entlassen. Keiner der Beschuldigten musste die zum Teil erheblichen Geldsummen, die er während des Booms an sich gerissen hatte, zurückzahlen.

Wie sehr das Märchen vom »eigenen Weg Islands aus der Krise« von der Wirklichkeit entfernt ist, zeigt sich, wenn man die Entwicklung nach dem Crash betrachtet. Bereits wenige Tage später sagte der IWF der Regierung einen Stand-by-Kredit in Höhe von 2,1 Mrd. Dollar zu. Bei einer Laufzeit von zwei Jahren sollte er unter dem Vorbehalt regelmäßiger Zwischenprüfungen in neun Tranchen ausgezahlt werden. Schon die Freigabe der ersten Tranche wurde davon abhängig gemacht, dass Islands Regierung alle Auslandsschulden anerkannte und ihre Rückzahlung bindend zusagte. Die Freigabe aller weiteren Tranchen wurde an die Bedingung gekoppelt, dass die Regierung alles unternahm, um ausländische Investoren anzulocken, und alles unterließ, was diese abschrecken konnte. Dazu zählten unter anderem zu harte Umweltauflagen und eine

---

[38] Die isländische Regierung hatte sich mit einer Regelung einverstanden erklärt, nach der die Schulden bei einer Laufzeit von 35 Jahren zu einem Zinssatz von 3 % abgezahlt werden sollten.

zu hohe Besteuerung. Eine zehnprozentige Kürzung der Haushalte aller Ministerien bedeutete die Streichung von öffentlichen Geldern für Krankenhäuser, Schulen und Kindergärten und markierte einen ersten kräftigen Einschnitt in eines der bis dahin besten Sozialsysteme Europas.

Seine ganze Härte ließ der IWF gegenüber der Zentralbank aufblitzen, als diese die Zinsen am 15. Oktober 2008 eigenmächtig von 15,5 % auf 12 % senkte, um die Wirtschaft des Landes wieder anzukurbeln. Verärgert zwang der IWF sie nicht nur, die Herabsetzung rückgängig zu machen, sondern ließ sie den Zinssatz zwei Wochen später um 2,5 Prozentpunkte auf 18 % heraufsetzen – eine Maßnahme, die die einheimischen Unternehmen gegenüber ausländischen Hedgefonds und Großbanken noch stärker benachteiligte. Die drei großen isländischen Banken, die der Staat während der Krise übernommen hatte, wurden ebenso wie die Sparkassen wieder privatisiert.

Während die Verluste, die dabei gemacht wurden, ebenso wie die drei Mrd. Euro, die der isländische Pensionsfonds durch Fehlspekulationen verloren hatte, ausschließlich zu Lasten der isländischen Steuerzahler gingen, rieben sich die Manager der Hedgefonds die Hände. Sie hatten die Anleihen vieler Anleger, die beim Zusammenbruch der Banken den Verlust ihrer gesamten Einlagen fürchteten, gleich zu Beginn der Krise zu Spottpreisen aufgekauft. Jetzt sicherten sie sich mit diesen Anleihen erhebliche Anteile an den neuen Banken und brachten das isländische Bankensystem so weitgehend unter ihre Kontrolle.

Zu welchen Konditionen Staatsunternehmen verkauft wurden, zeigt der Fall *HS Orka*. Der auf die Nutzung von Erdwärme spezialisierte Energiekonzern wurde zu 98,5 % an die kanadische Firma *Magma Energy* (seit ihrer Fusion mit *Plutonic Power Corporation* 2011 als *Alterra* bekannt) verkauft. Die Empörung der Bevölkerung und auch der weltweit publizierte Feldzug der Sängerin Björk gegen den Deal hinderten Regierung und IWF nicht, der Firma über 65 Jahre laufende Nutzungsrechte mit einer Option auf weitere 65 Jahre, also bis in das Jahr 2140, zuzugestehen.

Während Hedgefonds, Großbanken und multinationale Konzerne alles, was nur irgendwie profitträchtig aussah, ins Visier nahmen, musste die arbeitende Bevölkerung einen Tiefschlag nach dem anderen hinnehmen. Zunächst verlor sie einen riesigen Berg an Ersparnissen. Als Mitglied des *Europäischen Wirtschaftsraumes* (EWR) galten für das Einlagensicherungssystem bei den Banken die Vorschriften der EU, die eine maximale Erstattung pro Spareinlage von 20.887 Euro vorsahen. Vielen Familien wurden die Früchte jahrelanger Arbeit genommen, alte Menschen wurden um ihre Altersvorsorge gebracht. Doch das war nicht alles: Da die meisten Kredite inflationsgebunden oder in Auslandswährungen aufgenommen worden waren, erhöhten sich die zurückzuzahlenden Summen beträchtlich.

153

Der Zusammenbruch des Aktien- und des Anleihenmarktes, in den viele ihre Ersparnisse gesteckt hatten, machte diese Rücklagen ebenfalls zunichte. Viele Hausbesitzer gerieten so stark in Bedrängnis, dass sich die Regierung gezwungen sah, ihre Schulden zu begrenzen. Die Festsetzung des Höchstwertes für Hypotheken auf 110 % des Hauswertes war allerdings keine humanitäre Maßnahme, sondern nur der kühl kalkulierte Versuch der Regierung, die Wut der Bevölkerung im Zaum zu halten und die Anzahl von Privatinsolvenzen in einem für die Gläubiger verkraftbaren Rahmen zu halten.

In einer Zeit, in der die Arbeitslosigkeit von 1 % auf 9 % hochschnellte und zusammen mit einer scharfen Rezession erheblichen Druck auf das allgemeine Lohnniveau ausübte, wuchsen die Schulden der privaten Haushalte auf etwa 11.000 € pro Kopf. Bereits in den ersten Monaten nach dem Zusammenbruch sahen etwa 8.000 arbeitsfähige und meist gut ausgebildete Isländer keine Zukunft mehr für sich und verließen ebenso wie viele Gastarbeiter das Land. Ein Prozent der Einwohner war nicht mehr in der Lage, sich selbst zu versorgen und musste in von der Heilsarmee betriebenen Großküchen verpflegt werden. Die Einschränkungen im Bildungs- und Gesundheitswesen, bei dem das Prinzip der Zuzahlung eingeführt wurde, minderten die Lebensqualität ebenso wie die persönlichen Einschränkungen durch die Aufrechterhaltung von Kapitalverkehrskontrollen, die Isländern den Tausch von Kronen in ausländische Währungen auf Jahre hinaus nur in Ausnahmefällen gestatten.

154   Insgesamt haben die Maßnahmen des IWF dazu geführt, dass Island, dessen Lebensstandard zu den höchsten der Welt zählte, sich in ein Niedriglohnland verwandelt hat, dessen Bürger bis weit in die nächste Generation Schulden abtragen müssen, an deren Entstehung sie großenteils nicht beteiligt waren. Sie haben auch bewirkt, dass eine weitgehend heimische und in sich geschlossene Wirtschaft heute von Hedgefonds beherrscht wird, die das Land längst wieder in das Spekulationskarussell des internationalen Finanzkapitals hineingezogen und zum Spielball von Mächten gemacht haben, die es, selbst wenn es wollte, nicht kontrollieren könnte.

Dass es schon bald nach dem Crash relativ still um Island wurde, liegt hauptsächlich daran, dass sich zur gleichen Zeit in mehreren Ländern Europas eine Krise zusammenbraute, deren Ursache ebenfalls in der von neoliberaler Politik begleiteten Bereicherungsorgie der Vermögenden lag und deren Folgen für die arbeitende Bevölkerung alles, was der Kontinent seit dem Zweiten Weltkrieg gesehen hatte, in den Schatten stellen sollte.

Irland.
Der IWF leitet eine Armutsexplosion in Europa ein

Irlands Wirtschaft erlebte zwischen 1995 und 2007 einen beispiellosen Aufschwung. Der »keltische Tiger«, wie der Boom in Anlehnung an die asiatischen »Tigerstaaten« der achtziger und neunziger Jahre genannt wurde, bescherte dem Land zwölf Jahre lang durchschnittliche Wachstumsraten von 7,4 %. Er senkte die Arbeitslosigkeit, verbesserte die Infrastruktur, verwandelte eines der niedrigsten Pro-Kopf-Einkommen Europas in das zweithöchste und machte aus einem klassischen Auswanderungsland ein Einwanderungsland.

Die Verfechter des Neoliberalismus feierten Irlands Erfolg als endgültigen Beweis für die Wirksamkeit ihrer Konzepte von Liberalisierung, Deregulierung und Privatisierung. Zwar nahm der Unterschied zwischen Arm und Reich während des gesamten Booms stetig zu,[39] doch das Durchschnittseinkommen einfacher Arbeiter verdoppelte sich innerhalb von knapp eineinhalb Jahrzehnten und wurde von der neoliberalen Gemeinde als Bestätigung für ihr »Trickle-down«-Prinzip gewertet. Es besagt, dass bei boomender Wirtschaft ein Teil der Gewinne der Reichen auch zu den Armen »durchsickert«.

Möglich wurde Irlands rasante Entwicklung durch eine Kombination aus mehreren Faktoren. Der Beitritt zur Europäischen Gemeinschaft im Jahr 1973 verschaffte dem Land Zugang zum europäischen Markt und öffnete es für ausländische Investoren. In den achtziger und neunziger Jahren

---

[39] Den Vereinten Nationen zufolge war die soziale Ungleichheit in Irland 2004 nach den USA die zweithöchste unter den westlichen Nationen.

schlossen Arbeitgeber, Staat und Gewerkschaften im Namen der »Tarifpartnerschaft« insgesamt vier über jeweils drei Jahre laufende Abkommen,
die die Löhne eindämmten, Sozialleistungen einschränkten, Streiks er-
schwerten und die Arbeitsbedingungen »flexibilisierten«. Außerdem wurden Lohnerhöhungen weitgehend durch Steuervergünstigungen ersetzt.

Die neuen Regelungen lockten vor allem US-amerikanische IT-Unter-
nehmen wie *Dell, Intel, Apple, Google* und *Microsoft* ins Land. Die stufenweise Senkung der Unternehmenssteuer von 40 % im Jahr 1995 auf
12,5 % im Jahr 2003, die Einführung eines ermäßigten Tarifs von 10 %
für im Land gelegene Produktionsstätten und Zuschüsse aus dem Etat
der EU verschafften den Konzernen gewaltige internationale Wettbewerbsvorteile und führten zu einer wahren Einwanderungsflut ausländischer Betriebe. Die Möglichkeit, die ohnehin extrem niedrigen Abgaben
zusätzlich durch die steuerschonende Verbuchung von Auslandsgewin-
nen (»Double Irish with a Dutch Sandwich«[40]) zu drücken, veranlasste
darüber hinaus zahlreiche standortgebundene amerikanische und europäische Unternehmen, sich zumindest steuerlich in Irland zu registrieren.

Ein weiterer entscheidender Faktor für Irlands Höhenflug war das Fehlen
einer wirksamen Bankenaufsicht. Obwohl dieser Zustand der EU (und
auch ihrer Vorgängerorganisation EG) bekannt war, nahm sie ihn nicht
etwa zum Anlass, um dagegen zu protestieren oder gar die Einführung einer Aufsichtsbehörde zu fordern. Im Gegenteil: Gleich nach ihrer Gründung im Jahr 1993 tat die EU alles, um den Aufbau einer Finanzoase in
Irland zu begünstigen. Viele europäische Konzerne ergriffen die Gelegenheit beim Schopf und wickelten ihre steuerbegünstigten Transaktionen von da an hauptsächlich von Dublin aus ab. Großbanken gründeten
reihenweise »Zweckgesellschaften«, mit denen sie hochriskante Spekulationsgeschäfte aus ihren Häusern nach Irland auslagerten – eine Entwicklung, die die *New York Times* veranlasste, Irland als »Wildwest der
europäischen Finanz« zu bezeichnen.

---

[40] Steuertrick, mit dem globale Unternehmen ihre Besteuerung durch die Ausnutzung der Gesetzgebung in Irland und den Niederlanden legal um 80 %
bis 90 % senken können.

Um die Spekulationsgewinne gleich wieder profitabel einzusetzen, wandte sich das Bankenkapital ab Mitte der neunziger Jahre verstärkt dem irischen Immobilienmarkt zu. Mit Unterstützung der Politik, die das Vorhaben steuerlich begünstigte, wurden massenweise Kredite vergeben – an die gewerbliche Wirtschaft und an private Haushalte. Die Folge: Zwischen 1995 und 2006 verdreifachten sich die jährlichen Fertigstellungen von Wohnungen und Häusern. Allein im Jahr 2004 wurden 80.000 neue Wohnungen und Häuser gebaut – pro Bewohner Irlands 7,5-Mal so viel wie in Großbritannien. Da sich die Immobilienpreise drastisch erhöhten (sie stiegen zwischen 1996 und 2006 um das Vierfache) meldeten sich immer mehr Interessenten bei den Banken und baten um Kredit.[41]

157

Die Entwicklung barg erhebliche Gefahren. Einerseits wurde der irische Staat immer abhängiger vom Bausektor, da dessen Anteil an den Steuereinkünften stetig stieg, andererseits mussten die irischen Banken, um ständig neue Kredite vergeben zu können, bei ihren Schuldnern immer niedrigere Kriterien anlegen. Ähnlich wie in den USA erhöhte sich so mit jedem Vertragsabschluss für beide Seiten das Risiko. Als die Weltfinanzkrise 2007/2008 auf Irland übersprang, traf sie auf ein Minenfeld.

Innerhalb eines Jahres zerplatzten sowohl die Spekulationsblase am Finanzmarkt als auch die Immobilienblase und lösten zusammen eine Kettenreaktion aus: Unternehmen wurden reihenweise geschlossen oder verließen das Land, die Arbeitslosigkeit schnellte in die Höhe, mittelständische Unternehmen und private Haushalte konnten ihre Kredite nicht bedienen, am Immobilienmarkt brachen die Preise ein. Da sich die irischen Banken wegen der weltweiten Krise nicht mehr am Kapitalmarkt refinanzieren konnten, geriet das irische Bankensystem in höchste Bedrängnis.

Die Regierung in Dublin reagierte, indem sie am 30. September 2008 eine Generalgarantie für Einlagen bei den sechs großen irischen Finanzinstituten abgab. Es war ein absurdes Versprechen, da die Summe von

---

[41]   Immobilienbezogene Kredite machten zwischen 2002 und 2008 knapp 80 % des Wachstums der Kreditvergabe in Irland aus.

485 Mrd. Euro dem 2,7-Fachen des irischen Bruttoinlandsproduktes entsprach und die finanziellen Möglichkeiten der Regierung um ein Vielfaches überstieg, aber es war ein wichtiges Signal für das internationale Finanzkapital: Großbanken und Hedgefonds konnten von nun an davon ausgehen, dass der Staat und damit die steuerzahlende arbeitende Bevölkerung für ihre Verluste aufkommen würde.

Es dauerte nicht lange, bis die irische Regierung ihren Worten Taten folgen ließ. Am 21. Januar 2009 verstaatlichte das Kabinett in Dublin die *Anglo Irish Bank*, griff deren Investoren mit einer Finanzspritze von 48,5 Mrd. Euro aus Steuermitteln unter die Arme und leitete damit Gelder, die die arbeitende Bevölkerung erwirtschaftet hatte, direkt in die Taschen privater Kapitaleigner um.

Damit aber nicht genug. Um die Staatsfinanzen zu sanieren, wurden vom Parlament bis 2010 vier Sparhaushalte verabschiedet, die alle nur ein Ziel verfolgten: Die Gesamtlast der Bankenrettung durch die langfristige Senkung des Lebensstandards in vollem Umfang auf die arbeitende Bevölkerung abzuwälzen. Im öffentlichen Dienst wurden Infrastrukturprojekte gestoppt, Gehälter gekürzt, Stellen gestrichen, im Bildungs- und Gesundheitswesen wurde rücksichtslos eingespart. Die Maßnahmen der Regierung trafen unter anderem viele Hausbesitzer, die ihre Hypothekenkredite nicht mehr bedienen konnten und wenig später erleben mussten, wie die mit ihren Steuergeldern geretteten Banken sie im Gegenzug mit der Zwangsenteignung bedrohten!

Gleichzeitig wurde versucht, die in Schieflage geratenen Finanzinstitute durch die Gründung einer staatlichen »Bad Bank« zu retten. Die überstürzt eingefädelte Rettungsaktion, die die irischen Steuerzahler durch die Übernahme wertloser Papiere weitere 30 Mrd. Euro kostete, scheiterte daran, dass die finanziellen Risiken unüberschaubar waren, führte aber dazu, dass die Staatsverschuldung von 43,9 % am Jahresende 2008 auf 64,0 % am Jahresende 2009 hochschnellte und die Situation weiter verschärfte.

Im Juni 2010 erreichte der staatliche Schuldenberg insgesamt 530 Mrd. Euro, 369 Mrd. Euro davon bei europäischen Gläubigern. Im November waren auch die letzten der in den vergangenen zehn Jahren angesparten Haushaltsüberschüsse verbraucht und die verstaatlichte *Anglo Irish Bank* steuerte mit einem Jahresminus von 17,7 Mrd. Euro auf den höchsten Jahresverlust eines Unternehmens in der Geschichte Irlands zu. Als sich die Gerüchte verdichteten, dass Irland auf einen Staatsbankrott zutreibe, wandte sich der irische Ministerpräsident Cowen am 21. November 2010 an die EU und den IWF und bat um Hilfe.

Dominique Strauss-Kahn, 2007

Für beide Organisationen wie auch für die sofort mit hinzugezogene EZB stand sofort fest, dass ein Staatsbankrott mit allen Mitteln verhindert werden musste, da sonst Banken in Deutschland, Frankreich und den USA bedroht gewesen wären (allein deutsche Banken hielten in Irland Forderungen von über 110 Mrd. Euro). Der damalige IWF-Chef Dominique Strauss-Kahn gab die strategische Richtung der gemeinsamen »Hilfsaktion« vor, als er sagte, dass es für die arbeitende Bevölkerung Irlands schwierig werden würde, weil es »hart für Menschen ist, wenn sie zugunsten der Haushaltssparpolitik Opfer bringen müssen«.

Wie hart die Opfer waren, die der IWF der irischen Bevölkerung zusammen mit der EU und der EZB zumutete, zeigte sich, als die Bedingungen für einen 85 Mrd. Euro umfassenden »Bailout«-Kredit bekannt wurden, zu dem der IWF 22,5 Mrd. Euro beisteuerte und von dem 17,5 Mrd. Euro zum großen Teil aus dem irischen Rentenreservefonds genommen wurden. Das auf drei Jahre angelegte Programm umfasste im sozialen Bereich unter anderem

- die Streichung von 24.750 Stellen (8 % aller Stellen) im öffentlichen Dienst,

- die Kürzung der Einstiegslöhne im Staatsdienst um 10 %,

- die Kürzung von Sozialleistungen für kinderreiche Familien und Arbeitslose, darunter die Senkung des Kindergeldes um zehn Euro pro Kind und pro Monat,

- die Erhöhung der Lohnsteuer, die das Einkommen eines durchschnittlichen Industriearbeiters um etwa 1400 Euro pro Jahr senkte,

- eine Verringerung des Gesundheitsetats,

- das Einfrieren der Renten im öffentlichen Dienst und ihre progressive Senkung um durchschnittlich 4 %,

- die stufenweise Heraufsetzung des Rentenalters von 65 Jahren auf 68 Jahre in den Jahren 2014, 2021 und 2028,

- die Streichung von Steuererleichterungen bei der privaten Rentenvorsorge,

- eine Erhöhung von Kfz-, Alkohol- und Tabaksteuer,

- eine Erhöhung der Mehrwertsteuer von 21 % auf 23 % im Jahr 2014,

- die Einführung einer Immobiliensteuer, die die Hälfte der vorher steuerbefreiten Haushalte betraf,

- die Lockerung der Bestimmungen, die es Unternehmen erlaubten, Löhne bei finanziellen Engpässen nicht oder nur teilweise auszuzahlen,

- die Senkung des Mindestlohnes um 11 % von 8,65 Euro auf 7,65 Euro.

Während der Lebensstandard der arbeitenden irischen Bevölkerung durch die Maßnahmen auf Jahre hinaus drastisch gesenkt wurde, blieb die extrem niedrige Unternehmenssteuer von 12,5 % unangetastet. Banken und Konzerne, die in den vorangegangenen Jahren riesige Gewinne gemacht hatten, wurden nicht zur Kasse gebeten, im Gegenteil: Um sich mit den Rettungsgeldern besicherte Staatsanleihen zu besorgen, konnten sie sich zu einem Zinssatz von 1 % bei der EZB Geld besorgen und sich so eine neue Profitquelle erschließen. Auch die Herabstufung der irischen Kreditwürdigkeit durch die amerikanische Ratingagentur *Moody's* bescherte vor allem amerikanischen Großbanken die Möglichkeit, höhere Sätze für ihre Kreditausfallversicherungen zu fordern. Die Zinsen für die IWF- und EU-Kredite dagegen wurden einzig und allein dem irischen Steuerzahler aufgebürdet – zu einem Satz von 5,7 % für den IWF-Kredit und 6,05 % für den EU-Kredit.

Der Druck, den IWF, EZB und EU zusätzlich zum Rettungspaket auf die Regierung in Dublin ausübte, um die Staatsfinanzen zu »sanieren«, schuf darüber hinaus Bedingungen, die eine wirtschaftliche Erholung des Landes auf Jahre hinaus unmöglich machen.

So wurde die Regierung in den Folgejahren gezwungen, Vermögenswerte zu Spottpreisen an internationale Investoren abzugeben. Das *Burlington Hotel* in Dublin zum Beispiel, das 2007 von einem irischen Bauträger für 288 Mio. Euro erworben worden war, wurde 2012 mit einem Verlust von 77 % für 67 Mio. Euro an die US-amerikanische Investmentgesellschaft *Blackstone* verkauft. Die Versicherung *Quinn Insurance* wurde an den US-Marktgiganten *Liberty Mutual Insurance* verkauft – nicht nur mit hohen Abschlägen, sondern auch mit der Folge, dass die in Irland erwirtschafteten Gewinne, die zuvor in Irland reinvestiert wurden, ab sofort in die USA flossen. Um weitere Löcher im Haushalt zu stopfen, hat die Regierung in Absprache mit dem IWF und der EU 2013 Immobilien-Investment-Trusts geschaffen, die ausländischen Investoren Anreize geben sollen, sich stärker auf dem irischen Immobilienmarkt zu engagieren – eine weitere Maßnahme, die Irlands Wirtschaft nicht stärkt, sondern noch abhängiger vom internationalen Finanzkapital macht und darüber hinaus die Grundlage für die nächste Krise legt.

Viele Iren erlebten in den letzten Jahren einen sozialen Absturz, den man sich noch zur Jahrtausendwende auf europäischem Boden nicht hätte vorstellen können. Dass es dennoch nicht zu einer Revolte der Bevölkerung kam, verdankte die irische Regierung vor allem den Führern der Gewerkschaften. Nachdem sie den Aufschwung mit ihren vier Sozialpartnerschaftsverträgen erst möglich gemacht hatten, waren viele von ihnen während des Booms von den Unternehmen für ihre große Kompromissbereitschaft durch bevorzugte Behandlung belohnt worden. Ihre deshalb noch weiter abnehmende Kampfbereitschaft hatte dazu geführt, dass die Kluft zwischen Führung und Basis ständig zugenommen und sich irische Arbeiter scharenweise demoralisiert von ihren Gewerkschaften abgewendet hatten. Waren Anfang der achtziger Jahre noch 62 % der irischen Arbeiter gewerkschaftlich organisiert gewesen, hatte sich die Zahl bis 2007 auf 31 % halbiert.

Nachdem die Gewerkschaftsspitze sich im Juni 2010 auch noch auf das *Croke-Park-Abkommen* einließ, das die Arbeiter trotz aller Sparmaßnahmen zu einem vierjährigen Streikverzicht verpflichtete, war dem Widerstand endgültig der Boden unter den Füßen entzogen. Die wenigen Proteste gegen den Sozialabbau zersplitterten und verliefen schließlich im Sande.

Für die irische Regierung bedeutete die Unterstützung durch die Gewerkschaftsführung eine erhebliche Entlastung, denn sie konnte ihren Sparkurs nun weitgehend unbehelligt und in enger Abstimmung mit IWF, EU und EZB durchsetzen. Obwohl die Laufzeit des »Rettungspaketes« offiziell nur drei Jahre betrug, werden die Maßnahmen für die arbeitende Bevölkerung auf Jahrzehnte hinaus Folgen haben. Wie weit die vom Steuerzahler zu tragende Last in die Zukunft reicht, zeigen unter anderem die »Zahlungserleichterungen«, die Irland in der Zwischenzeit wegen seiner angespannten Lage gewährt wurden.

So wurde der für die EU-Hilfen zu zahlende Zinssatz von anfangs 5,83 % pro Jahr auf ca. 3,5 % gesenkt, die Laufzeit dafür aber auf 15 Jahre erhöht. Noch extremer verhält es sich mit der Ausgabe langlaufender Staatsanleihen, mit denen die unter IWF-Aufsicht stehende irische Zentralbank im Februar 2013 die Schulden der für insolvent erklärten verstaatlichten *Anglo Irish Bank* mit einer Notverfügung übernahm. Sie verhelfen der irischen Regierung zu einem Zahlungsaufschub von 25 Jahren. Die erste Tilgung wird demnach 2038 fällig und damit viele irische Arbeitnehmer belasten, die zum Zeitpunkt der Spekulationsgeschäfte der Bank noch nicht einmal geboren waren.

163

Unter der Aufsicht des IWF, der sein Büro auch nach der offiziellen Beendigung seines Rettungseinsatzes nicht geschlossen hat und weiter erheblichen Einfluss auf alle Entscheidungen nimmt, wird die irische Regierung ihren Sparkurs noch auf Jahre hinaus weiter verfolgen und die soziale Spaltung in einem Land vorantreiben, in dem die Bankenchefs im Jahr 2012 ein durchschnittliches Jahresgehalt von 1,4 Mio. Euro einstrichen, die 17 bestbezahlten von ihnen Boni in Höhe von 235 % ihres Gehaltes erhielten und sich die Zahl der Milliardäre zwischen 2008 und 2013 verdoppelt hat.

Die Euro-Krise.
IWF, EU und EZB stellen Europa unter Zwangsverwaltung

Während des IWF-Einsatzes in Irland verdichteten sich in weiteren Ländern der Euro-Zone, insbesondere in Südeuropa, die Alarmzeichen. Die Bankenrettung nach der US-Hypothekenkrise hatte mehrere hundert Milliarden Euro verschlungen und riesige Löcher in die staatlichen Haushaltskassen gerissen. Einige wirtschaftlich schwächere Länder wie Griechenland und Portugal meldeten erste Zahlungsausfälle, bei anderen zeichneten sich immer ernstere Probleme ab. Schon bald wurde klar, dass einzelne Brandherde sich verbinden und einen europaweiten Flächenbrand auslösen konnten.

Das Tempo, in dem sich die Situation verschärfte, stellte die Verantwortlichen des IWF vor eine grundsätzliche Frage: Sollten sie betroffenen Ländern – vor allem kleineren Staaten wie Portugal oder Griechenland – im Notfall den Ausstieg aus dem Euro und damit die – mit einer drastischen Abwertung verbundene – Rückkehr zur alten Währung erlauben? In Irland hatte der IWF eine solche Maßnahme wegen des Ausmaßes der irischen Verschuldung und wegen der enormen Folgewirkungen einer Währungsumstellung nicht ernsthaft in Erwägung gezogen. Da aber jetzt die gesamte europäische Währungszone gefährdet war, musste eine grundsätzliche und für zukünftige Interventionen richtungsweisende Entscheidung getroffen werden.

Diverse Krisenszenarien wurden durchgespielt und förderten ein alarmierendes Ergebnis zutage: Selbst kleine Länder wie Griechenland und Portugal waren in zweistelliger Milliardenhöhe bei westeuropäischen Banken verschuldet. Da sich diese über Kreditausfallversicherungen bei

166

US-Großbanken rückversichert hatten, konnte der Austritt der betroffenen Länder eine Kettenreaktion auslösen, die nicht nur die Existenz der europäischen Währungsunion, sondern die des gesamten globalen Finanzgefüges gefährdete. Um dieser Gefahr entgegenzutreten, fällten die Verantwortlichen beim IWF eine Grundsatzentscheidung: Kein einziges EU-Land durfte die Währungsgemeinschaft verlassen, die Beibehaltung des Euro wurde ab sofort zur obersten Priorität erklärt.[42]

Der Öffentlichkeit wurde diese Strategie mit Hilfe der Medien in blumigen Worten als Maßnahme zur Erhaltung des europäischen Gedankens, zur Friedenssicherung und zur Verhinderung des Zerfalls eines zumindest durch seine Währung vereinten Europas präsentiert. In Wahrheit war sie nichts anderes als der Versuch, die Auswirkungen der Euro-Krise mit allen zur Verfügung stehenden Mitteln einzudämmen und einen globalen Crash zu verhindern.

Für den IWF bedeutete die Entscheidung, dass ihm das Mittel der Währungsabwertung innerhalb der Euro-Zone nun nicht mehr zur Verfügung stand. Da gleichzeitig bekannt wurde, dass die Verschuldung der Euro-Staaten sich im dreistelligen Milliardenbereich bewegte, mussten die Strategen des Fonds umgehend handeln. Sie entschieden sich einhellig für drastische Maßnahmen und verordneten Südeuropa unter dem Schlagwort »strikter Austerität« einen Sparkurs, der auf den in Irland gemachten Erfahrungen aufbaute, in seiner Härte und Kompromisslosigkeit aber eher an die »Schocktherapie« erinnerte, die der IWF in der ehemaligen Sowjetunion und im Ostblock durchgesetzt hatte. Er sah unter anderem folgende Maßnahmen vor:

- Um die Privatisierung auch ohne Währungsabwertung voranzutreiben, sollten die betroffenen Regierungen staatliches Vermögen und staatliche Unternehmen von nun an auf Auktionen meistbietend versteigern. Dass dabei nur Niedrigstpreise erzielt werden konnten,

---

[42] Deutschland verlangte zu Beginn der Diskussion eine Insolvenzordnung für gefährdete Staaten, ließ seine Forderung aber auf Druck der USA und der übrigen Euro-Zonen-Länder fallen.

die Wirtschaften langfristig noch stärker von ausländischem Kapital abhängig und damit noch krisenanfälliger gemacht wurden, interessierte nicht. Wichtig war nur, die jeweiligen Länder so schnell wie möglich in die Lage zu versetzen, ihre Schulden bei internationalen Gläubigern zu begleichen.

167

- Um die Wettbewerbsfähigkeit der betroffenen Wirtschaften zu erhöhen, sollten die Lohnstückkosten durch erheblich schärfere Eingriffe in den Arbeitsmarkt als bisher gesenkt werden. Für diejenigen Beschäftigten, die ihren Arbeitsplatz nicht verloren, bedeutete das nicht nur die Erhöhung des Arbeitstempos, weniger Pausen und weniger Urlaub, sondern auch die Streichung von Urlaubs- und Weihnachtsgeld, eine Verringerung der Sicherheitsstandards am Arbeitsplatz, keine Zuzahlung bei Überstunden, Abschaffung aller Sonderleistungen wie Kinderbetreuung oder andere betriebliche Vergünstigungen sowie Aussetzung der Lohnfortzahlung im Krankheitsfall.

- Um die Staatsquote – d. h. den Anteil der staatlichen und staatlich bedingten wirtschaftlichen Aktivitäten an der wirtschaftlichen Gesamtleistung der Volkswirtschaft – zu senken, sollten neben Massenentlassungen im öffentlichen Dienst weniger Neueinstellungen vorgenommen, die Verbeamtung abgeschafft, Einstiegsgehälter gesenkt und die Löhne derer, die ihren Job behalten durften, drastisch gekürzt werden.

Die sozial folgenreichste Maßnahme im Rahmen der Senkung der Staatsquote war die Begrenzung der Sozialausgaben. Da Rentner, Arbeitslose, Kranke, Kinder und sozial Schwache sich am schlechtesten wehren können und von ihnen daher am wenigsten Widerstand zu erwarten ist, wurden diese Gruppen als erste ins Visier genommen. Darüber hinaus sollten öffentliche Bildungseinrichtungen wie Bibliotheken geschlossen, Schulen und Universitäten zusammengelegt und ihr Personal auf ein Minimum reduziert werden. Öffentliche Sport- und Kultureinrichtungen sollten privatisiert und in den Fällen, in denen sich kein Käufer fand, stillgelegt werden. Krankenhäuser sollten ebenfalls in private Hände verkauft oder dort, wo das nicht möglich war, vollständig durchrationalisiert und nicht mehr auf der Grundlage des medizinischen Bedarfs, sondern ausschließlich nach den Kriterien der Wirtschaftlichkeit geführt werden.

168   Kurzum: Der Lebensstandard der arbeitenden Bevölkerung sollte in einem Umfang gesenkt werden wie es der europäische Kontinent seit dem Zweiten Weltkrieg nicht erlebt hatte. Den Urhebern der Strategie war klar, dass die Maßnahmen in ihrer Gesamtheit neben den negativen Auswirkungen auf die Bevölkerung zu einer erheblichen Verschlechterung der Wirtschaftslage der jeweiligen Länder führen, sie in eine jahrelange Abwärtsspirale treiben und möglicherweise noch weitere, schwerere Einschränkungen nach sich ziehen würden. Aus diesem Grund wussten sie, dass bei ihrer Durchsetzung mit erheblichen Problemen zu rechnen war.

Die größte Sorge bereitete den Verantwortlichen die Möglichkeit sozialer Unruhen. Bei der EU handelte es sich immerhin um eine hoch industrialisierte Wirtschaftszone, deren arbeitende Bevölkerung sich seit dem Zweiten Weltkrieg einen der höchsten Lebensstandards der Welt erkämpft hatte. Auch wenn er seit Längerem stagnierte und teilweise sogar gesunken war, herrschte auch unter den ärmeren Schichten in den weniger wohlhabenden Staaten Mittel- und Südeuropas kein Hunger, die Obdachlosigkeit existierte nur als Randerscheinung, Seuchen waren weitgehend ausgerottet und eine medizinische Grundversorgung war zumindest in Notfällen gewährleistet.

Das beabsichtigte Austeritätsprogramm würde viele dieser Errungenschaften infrage stellen und deshalb mit Sicherheit auf erbitterten Widerstand treffen. Es war mit Protestaktionen erheblichen Ausmaßes zu rechnen, auf die Polizei und Militär mit Gewalt und einer Einschränkung demokratischer Rechte reagieren würden, was im Gegenzug möglicherweise zu Volksaufständen und zur Bedrohung der bestehenden Ordnung führen konnte.

Als zweiter Risikofaktor galten dem IWF die Regierungen der von den Austeritätsprogrammen betroffenen Staaten. Zwar hatten auch sozialdemokratische und dem Namen nach sozialistische Regierungen in der Finanzkrise von 2007/2008 bewiesen, dass sie nicht zögern würden, durch

Spekulation entstandene Bankschulden auch unter Umgehung von Parlamenten und Gesetzen in unbegrenztem Ausmaß auf die steuerzahlende Bevölkerung abzuwälzen, doch die entscheidende Frage lautete: Wie lange würde das Volk ihnen folgen? Angesichts des Ausmaßes der Sparmaßnahmen war damit zu rechnen, dass sich große Teile der Bevölkerung von diesen Parteien abwenden würden. Da deren führende Politiker aber um jeden Preis an der Macht bleiben oder wiedergewählt werden wollten, musste damit gerechnet werden, dass sie die Sparprogramme nur halbherzig ausführen, bei ihrer Durchsetzung auf Zeit spielen und so den Erfolg der Austeritätspolitik gefährden würden.

Das dritte Problem betraf die Höhe der benötigten Summen. Nach verschiedenen Schätzungen bewegten sie sich zwischen 200 und 600 Mrd. Euro. Damit überstiegen sie die finanziellen Möglichkeiten des IWF bei weitem. Auch wenn er in der Vergangenheit häufig als Kreditvermittler aufgetreten war, waren derartige Beträge angesichts der erheblichen Risiken innerhalb der Euro-Zone nicht am internationalen Kapitalmarkt aufzutreiben. Was also tun?

Der IWF besann sich erneut auf die in Irland gemachten Erfahrungen. Dort hatte er mit der EU und der EZB zwei wertvolle Verbündete gefunden, die sich rückhaltlos hinter seine Forderungen gestellt und ihnen innerhalb relativ kurzer Zeit zur Durchsetzung verholfen hatten. Beide verfügten zusammen über gewaltige finanzielle Mittel und konnten einzelne EU-Mitglieder durch ihre schiere Größe und Machtfülle nicht nur unter Druck setzen, sondern ihnen fast jede geforderte Maßnahme aufzwingen.

Unter dem Namen *Troika* gingen die drei Organisationen ein geschichtsträchtiges Bündnis ein und machten sich umgehend an die Arbeit, um eine Aufgabe zu bewältigen, zu der es in der europäischen Geschichte keine Parallele gab: Die arbeitende Bevölkerung in mehr als einem Dutzend Ländern, die durch dieselbe Währung miteinander verbunden waren, zur Kasse zu bitten und sie für die Schäden aufkommen zu lassen, die eine winzige Minderheit von Finanzspekulanten in einer beispiellosen Bereicherungsorgie angerichtet hatte.

Um die historische Rolle der Troika zu verstehen, ist es notwendig, einen kurzen Blick auf die Geschichte sowohl der EU als auch der EZB zu werfen. Begonnen hatte sie in den fünfziger Jahren, als Deutschland, Frankreich, Italien und die Benelux-Länder (Belgien, Luxemburg und die Niederlande) sich 1951 zur *Europäischen Gemeinschaft für Kohle und Stahl* (EGKS, auch als *Montanunion* bekannt) und 1957 auf der Grundlage der Römischen Verträge zur EWG (*Europäische Wirtschaftsgemeinschaft*) und zur EURATOM (*Europäische Atomgemeinschaft*) zusammenschlossen. Die Stärkung der europäischen Wirtschaft durch eine Zollunion und den freien Verkehr von Kapital und Arbeitskräften wurde in ihrer Anfangszeit aktiv von den USA unterstützt, weil sie im Kalten Krieg ein Bollwerk gegen die Sowjetunion und die Wirtschaften des Ostblocks schuf. Dem nach der Niederlage im Zweiten Weltkrieg wiedererstarkenden Deutschland verhalf sie vor allem wegen des Zustroms billiger Arbeitskräfte aus Südeuropa (»Gastarbeiter«) zu einem Boom beim Ausbau der heimischen Industrie und verbesserte deren Wettbewerbssituation in den siebziger und achtziger Jahren gegenüber den aufstrebenden Wirtschaften Südostasiens.

Von 1973 bis 1986 traten mit Großbritannien, Irland, Dänemark, Griechenland, Spanien und Portugal sechs weitere Länder der Gemeinschaft bei, die seit 1967 das W aus ihrem Namen gestrichen hatte und als EG (*Europäische Gemeinschaft*) weitergeführt wurde. Mit den Schengener Abkommen wurde die Öffnung der Grenzen der teilnehmenden Staaten untereinander geregelt, während die Außengrenzen stärker abgeschottet und der Austausch mit Ländern, die nicht der EG angehörten, erschwert und zum Teil unterbunden wurde.

Im Zuge der Globalisierung und der zunehmenden Finanzialisierung der internationalen Wirtschaft gründeten führende Vertreter der europäischen Großindustrie in den achtziger Jahren den *European Round Table of Industrialists* (ERT), der als mächtigste Lobbygruppe erheblichen Einfluss auf die weitere Politik der EG nahm. Er beteiligte sich maßgeblich an der europaweiten Deregulierung der Finanzmärkte, der Erstellung des Maastricht-Vertrags, der Wirtschafts- und Währungsunion und der Lissabon-Agenda und setzte seine ökonomische Macht wiederholt ein, um den Widerstand einzelner Regierungen gegen die von ihm geforderten strategischen Entscheidungen durchzusetzen.

Wichtigste politische Meilensteine der weiteren Entwicklung waren zu Beginn der neunziger Jahre die Wiedervereinigung von BRD und DDR, die Deutschland zur wirtschaftlich stärksten und damit politisch bestimmenden Macht in der EU machte, und das Ende der Sowjetunion, das mit der Wiedereinführung des Kapitalismus im Ostblock gewaltige neue Möglichkeiten für das internationale Kapital schuf.   171

Die umgehend eingeleitete »Osterweiterung« (die Integration ehemaliger Ostblockstaaten in die EU) sicherte dem westlichen Finanzkapital neue Anlagemöglichkeiten und verhalf multinationalen Konzernen zu neuen Absatzmärkten. Der produzierenden Industrie verschaffte sie Zugang zu billigen, hochqualifizierten Arbeitskräften. Dass diesen ab 1993 unter dem Schlagwort der »Personenfreizügigkeit« erlaubt wurde, sich auch in den Kernländern der EU niederzulassen, hatte nicht etwa humanitäre Gründe. Im Gegenteil: Der staatlich unterstützte Zustrom billiger Arbeitskräfte wurde gezielt eingesetzt, um Konkurrenzdruck auf die Arbeitnehmer innerhalb der EU auszuüben, und führte dazu, dass die Reallöhne innerhalb der EU zwischen 2000 und 2009 um 4,5 % sanken. Außerdem trug er maßgeblich dazu bei, dass ein Niedriglohnsektor entstand, der sich anschließend von Jahr zu Jahr weiter ausdehnte und im wirtschaftlich stärksten EU-Mitgliedsland Deutschland heute mehr als ein Viertel des Arbeitsmarktes ausmacht.

Für die hinzugekommenen Länder des Ostens bedeutete die Integration in die EU nicht nur einen höheren Kapitalabfluss in den Westen, die Abwanderung qualifizierter Fachkräfte und die Aushöhlung der Sozialsysteme, sondern vor allem eine dauerhaft festgeschriebene Benachteiligung gegenüber dem Westen. Dass dieses Ungleichgewicht ganz gezielt herbeigeführt wurde, zeigte sich unter anderem in der Agrarpolitik: In genau diesem Bereich, in dem die osteuropäischen Länder den Mitgliedern der EU hätten Konkurrenz machen können, wurden ihnen im Jahr 2000 die Mittel gekürzt.

Die 2002 erfolgte Einführung des Euro als Bargeld wurde der arbeitenden Bevölkerung Europas in aufwändigen Werbekampagnen als eine
Maßnahme zur Verbesserung der Lebensverhältnisse und zur weiteren
Friedenssicherung in Europa angepriesen. In Wahrheit verschaffte sie vor
allem den wirtschaftlich stärkeren Ländern Vorteile. So konnte Deutschland auf diese Weise zukünftigen Aufwertungen der D-Mark entgehen
und weiter auf steigende Exporte setzen. Den wirtschaftlich schwächeren
EU-Ländern brachte die gemeinsame Währung in erster Linie eine größere Abhängigkeit von den führenden Nationen. Da sie in vielen Bereichen
weniger konkurrenzfähig waren, übte der Euro erheblichen Druck auf
Preise und Löhne aus. Gleichzeitig mussten die arbeitenden Menschen
in Südeuropa im Bereich der Konsumgüter, insbesondere der Nahrungsmittel, erhebliche Teuerungsraten hinnehmen und sich auf Dauer mit
der Angleichung des Preisniveaus an die wirtschaftlich stärkeren Länder
im Norden abfinden.

Die 2006 beschlossene *Lissabon-Strategie* orientierte sich in großen Zü-
gen an der in Deutschland von SPD und Grünen umgesetzten *Agenda
2010*, die die Einführung von *Hartz IV* und die Zersetzung des kosten-
freien Gesundheitswesens zur Folge hatte. Unter dem Vorwand, die EU
bis zum Jahr 2010 zum »wettbewerbsfähigsten und dynamischsten wis-
sensbasierten Wirtschaftsraum der Welt zu machen«, wurden auf Grund
des Vertrags von Lissabon Unternehmenssteuern gesenkt, der Kündigungsschutz aufgeweicht, Arbeitsmarktgesetze »flexibilisiert« und die
Ausweitung des Niedriglohnsektors vorangetrieben.

Die Geschichte der EU zeigt: Der friedenserhaltende Wohlstandsmotor,
als der sie seit Jahrzehnten in den Medien dargestellt wird, ist reine Fikti-
on. Die EU ist eine von den Wirtschaftsinteressen des Finanzkapitals und
der Großkonzerne beherrschte Organisation, die in den vergangenen
Jahrzehnten für eine nie dagewesene Vermögenskonzentration am oberen
Ende aller europäischen Gesellschaften, am unteren Ende dagegen für
eine kontinuierliche Senkung des Lebensstandards gesorgt hat. Das Ergebnis eines halben Jahrhunderts europäischer Vereinigung ist eine rasant
zunehmende soziale Ungleichheit, sowohl innerhalb der einzelnen Länder als auch zwischen den Ländern des Nordens und des Südens. Statt

die Grundlagen für einen dauerhaften Frieden zu schaffen, hat die Politik der EU genau das Gegenteil bewirkt: Mit der Förderung der sozialen Ungleichheit hat sie den Boden für immer schärfere gesellschaftliche Konflikte gelegt und in letzter Instanz auch die Voraussetzungen für künftige Auseinandersetzungen zwischen den einzelnen Staaten geschaffen.

Durch die Schaffung der Troika verbündete sich der IWF also mit einer Organisation, die weitgehend dieselben Interessen vertrat, für die er selber einstand, und die nicht nur die Gelder für die benötigten Kredite zur Verfügung stellen, sondern auf Grund ihrer Größe und ihrer Machtbefugnis auch massiven Druck auf einzelne Regierungen ausüben und sie im Notfall sogar zu Fall bringen konnte. Dass sie sich dabei auf die 1998 gegründete EZB stützen, mit ihrer Hilfe die Geldpolitik der einzelnen Zentralbanken festlegen und im Bedarfsfall durch den nicht legitimierten, aber dennoch praktizierten Aufkauf von Staatsanleihen kriselnder Staaten direkt in die Finanzmärkte eingreifen konnte, verlieh dem Dreierbündnis eine Machtfülle, wie es sie in Europa zu Friedenszeiten nie zuvor gegeben hatte.

Da weder die Mitglieder des wichtigsten Exekutivorgans der EU, der EU-Kommission, noch das Direktorium der EZB oder die Funktionäre des IWF vom Volk gewählt, sondern von verschiedenen – der Öffentlichkeit personell kaum bekannten – Gremien ernannt werden, handelt es sich bei der Troika nicht nur um die mächtigste, sondern auch um eine vom europäischen Volk nicht legitimierte Organisation, die sich jeglicher demokratischer Kontrolle entzieht. Mit ihrer Einsetzung wurde die parlamentarische Demokratie in Europa zwar nicht abgeschafft, aber de facto ausgeschaltet und der Kontinent der direkten und unverhüllten Diktatur durch die wichtigsten internationalen Organe des Finanzkapitals unterstellt.

Griechenland.
Die Troika bringt den Hunger zurück nach Europa

Ende Oktober 2009 erklärte der neu gewählte griechische Ministerpräsident Papandreou, das Haushaltsdefizit seines Landes werde mehr als doppelt so hoch ausfallen wie von der Vorgängerregierung angegeben. Griechenland werde die von der EU geforderte Begrenzung des Staatsdefizits auf 3,7 % des Bruttoinlandsproduktes auf keinen Fall einlösen können.

Daraufhin übernahm die Troika aus IWF, EU und EZB die Kontrolle über den griechischen Haushalt und verordnete dem Land das härteste Sparprogramm seit dem Ende der Militärdiktatur 1974. Es umfasste unter anderem eine Kürzung der Staatsausgaben um zehn Prozent, eine Heraufsetzung des Rentenalters um zwei Jahre, Einsparungen im Gesundheitswesen, die Erhöhung verschiedener Steuern sowie einen Stellenabbau und Lohnkürzungen im öffentlichen Dienst.

Noch bevor die Maßnahmen ihre Wirkung entfalten konnten, wandte sich die Athener Regierung im April 2010 mit einem Hilferuf nach Brüssel. Die Finanzsituation des Landes sei wesentlich schlechter als bisher angenommen, man sei nicht in der Lage, fällige Kredite zurückzuzahlen, und benötige Finanzhilfen, um einen Staatsbankrott abzuwenden.

Da nach Irland auch Spanien, Italien und Portugal in immer kürzeren Abständen immer kritischere Wirtschafts- und Finanzdaten meldeten, wurde den Verantwortlichen der Troika klar: Hier bahnte sich eine Krise von immensem Ausmaß an, bei deren Bekämpfung die bisherigen Maßnahmen nicht ausreichen würden und bei deren Lösung man, da die

Währungsunion erst seit 2001 bestand, auf keinerlei Erfahrungswerte zurückgreifen konnte. Was also tun?

176   IWF, EU und EZB berieten sich eingehend und fassten den weitreichenden Entschluss, Griechenland zu ihrem Testlabor zu machen. In einer Art Sozialexperiment sollten in dem relativ kleinen und überschaubaren Land die Antworten auf folgende Fragen gefunden werden: Wie weit konnte man innerhalb der Euro-Währungszone bei der Durchsetzung von Austeritätsprogrammen gehen? An welchem Punkt würde sich die Bevölkerung gegen Ausgabenkürzungen, Lohnsenkungen und die Streichung von Sozialleistungen auflehnen und gewaltsam zur Wehr setzen? Mit welchen Mitteln konnte ziviler Widerstand am effektivsten unterlaufen, auf welche Weise ein Bürgerkrieg verhindert werden?

Um der Ablehnung dieses Testprogramms durch die arbeitende Bevölkerung in den übrigen Euro-Zonenländern entgegenzuwirken, wurde eine Medienoffensive gestartet, die nur ein einziges Ziel verfolgte: Die griechische Bevölkerung in den Augen ihrer Nachbarn zu diskreditieren. Das Land habe jahrelang »über seine Verhältnisse« gelebt, hieß es, und müsse deshalb einem eisernen Sparprogramm unterzogen werden. Zudem müsse eine Schattenwirtschaft trockengelegt werden, in der Steuerhinterziehung und die Zahlung von Schmiergeldern an der Tagesordnung seien. Außerdem wurde dem griechischen Volk vorgeworfen, es habe sich die Mitgliedschaft in der Euro-Zone durch Zahlenfälschung und das Vorlegen falscher Bilanzen erschlichen.

Der erste Vorwurf war vollkommen aus der Luft gegriffen. Die durchschnittlichen griechischen Einkommen lagen im Jahr 2009 am unteren Ende der Euro-Zone, nur in Portugal wurde weniger verdient. Der griechische Mindestlohn betrug 4,05 Euro pro Stunde. 20 % der Bevölkerung bezogen ein Einkommen unterhalb der Armutsgrenze, 60 % der Rentner mussten mit weniger als 600 Euro im Monat auskommen. Die Durchschnittsgehälter im öffentlichen Dienst lagen bei 1.200 Euro.

Der Vorwurf der Steuerhinterziehung betraf höchstens Teile der oberen Mittelschicht oder der Ultrareichen, die ihre Gelder allerdings in den meisten Fällen mit Hilfe internationaler Großbanken in Offshore-Paradiesen versteckten und so auf völlig legale Weise an den Steuerbehörden vorbeischleusten. Nennenswerte Schmiergelder waren hauptsächlich von ausländischen Konzernen gezahlt worden und nicht etwa in die Portemonnaies griechischer Lohnabhängiger, sondern direkt in die Taschen oder auf die Auslandskonten korrupter Beamter, Politiker oder Manager geflossen.[43]

Die Erschleichung der Euro-Zonen-Mitgliedschaft entsprach zwar den Tatsachen, war aber nicht der arbeitenden Bevölkerung anzulasten. Es war die politische Führung des Landes, die sich Jahre zuvor an die Investmentbank *Goldman Sachs* gewandt hatte, weil das Land die Aufnahmekriterien für die Mitgliedschaft in der Währungsgemeinschaft nicht erfüllte. *Goldman Sachs* hatte sich damals bereit erklärt, Griechenland einen Kredit in Höhe von 2,8 Mrd. Euro zu gewähren, allerdings nicht zu marktüblichen Zinsen, sondern in Form eines hochspekulativen Derivate-Swaps (ein Wettgeschäft auf steigende Zinsen). Durch den Einsatz einer fiktiven Summe von 15 Mrd. Euro (die das Honorar für Goldman Sachs um ein Vielfaches erhöhte), war es der US-Bank und der Athener Regierung in einer gemeinsamen Aktion gelungen, die Staatsschulden Griechenlands offiziell um 2 % zu senken.

Die Wette auf steigende Zinsen ging allerdings nicht auf und eine hektisch abgeschlossene zweite Wette wurde ebenfalls verloren. Am Ende durfte Griechenland auf Grund seiner frisierten Zahlen zwar der Euro-Zone beitreten, musste dafür aber einen Verlust von 5,1 Mrd. Euro in seinen Bilanzen verbuchen. Während die beteiligten Politiker ihre Hände in Unschuld wuschen und sich als Opfer von Geschäften, »von denen sie nichts verstanden«, darstellten, zogen sich die Banker von Goldman Sachs mit einem Honorar von 800 Mio. US-Dollar in die City von London zurück (ihr damaliger Chef für europäisches Risiko-Management, Mario Draghi, bestreitet bis heute, von dem Deal mit Griechenland ge-

---

[43] Im Europawahlkampf 1999 hat z. B. der deutsche Siemens-Konzern eine Million D-Mark an die Partei PASOK bezahlt, um deren Industriepolitik und die damit verbundenen Privatisierungen zu unterstützen.

wusst zu haben). Verlierer waren ausschließlich die griechischen Steuerzahler, die seitdem auf einem zusätzlichen Schuldenberg von 5,1 Mrd. Euro sitzen und diesen noch bis Ende 2020 abtragen müssen.

Der Vorwurf, die griechische Bevölkerung habe in den Jahren vor dem Ausbruch der Krise »über ihre Verhältnisse« gelebt, war nicht nur absurd, er stellte die Wahrheit auf den Kopf: Neben der höheren Schuldenlast durch die Zusammenarbeit von Politikern und Goldman-Sachs-Bankern hatte auch die Einführung des Euro zu einer erheblichen Verschlechterung der wirtschaftlichen Lage einfacher Bürger beigetragen. Da das Durchschnittseinkommen im Land vergleichsweise niedrig war, die Preise für Konsumartikel sich nach der Euro-Einführung aber bald auf dem Niveau der reicheren Länder einpendelten, waren die Lebenshaltungskosten gestiegen und hatten dazu geführt, dass viele arbeitende Griechen den Gürtel enger schnallen mussten als zu Zeiten der Drachme.

Obwohl IWF und Troika durch ihre Experten über diese Fakten informiert waren, zwangen sie dem Land als Gegenleistung für erste »Hilfskredite« zwei Sparpakete auf, die vor allem die Bezieher mittlerer und geringer Einkommen trafen. Das erste vom April 2010 sah die Kürzung der Beamtengehälter, die Streichung ihres 13. und 14. Monatsgehaltes, die Reduzierung von Verwaltungsausgaben und die Erhöhung der Mehrwertsteuer auf 21 % vor. Das zweite Sparpaket vom Mai 2010 ging erheblich weiter und enthielt unter anderem ein Einfrieren der Beamtengehälter über 2.000 Euro, die Schließung von mehr als 600 Stadtverwaltungen, einen 80-prozentigen Einstellungsstopp im öffentlichen Dienst, eine Anhebung des Rentenalters von 61,3 auf 63,4 Jahre, eine erneute Anhebung der Mehrwertsteuer von 21 % auf 23 % sowie eine Erhöhung der Steuern auf Tabak, Spirituosen und Kraftstoff.

Anfang 2011 wurde immer deutlicher, dass Griechenlands Finanzbedarf noch höher war als bis dahin angenommen. Im Februar einigten sich die EU-Finanzminister auf ein zweites »Hilfspaket« mit Kreditzusagen über 130 Mrd. Euro, zu denen der IWF im März 28 Mrd. Euro beisteuerte. Als Gegenleistung für die Freigabe der Gelder musste die arbeitende Bevölkerung im Juni 2011 ein drittes Sparpaket hinnehmen. Außer der

Privatisierung von Staatseigentum im Wert von 50 Mrd. Euro sah es eine erneute Anhebung der Mehrwertsteuer um zwei Prozent, die Einführung einer »Solidaritätssteuer«, die Abschaffung von Steuerbefreiungen und die Entlassung von 150.000 Beschäftigten im öffentlichen Dienst bis zum Jahr 2015 vor. Neben der Kürzung einer Reihe von Sozialleistungen beinhaltete es zum ersten Mal erhebliche Einschnitte in das Gesundheitswesen. Bis 2015 sollten die Ausgaben in diesem Bereich um 1,43 Mrd. Euro gesenkt werden.

179

Um Kürzungen, Einsparungen und Reformen zu überwachen und ihre Durchsetzung sicherzustellen, setzte die EU ab September 2011 die »Task-Force Griechenland« ein. Dabei handelte es sich um ein dreißigköpfiges Expertenteam unter der Leitung des deutschen Wirtschaftswissenschaftlers und SPD-Mitglieds Horst Reichenbach, das ohne jede demokratische Legitimation mit weitgehenden Vollmachten ausgestattet wurde und dessen Mitglieder im Stile römischer Statthalter ebenso wie die Vertreter der Troika Steuerimmunität[44] genossen.

Im November 2011 zeigte sich, wie weit die parlamentarische Demokratie in Griechenland bereits ausgehöhlt war. Als Ministerpräsident Papandreou, dessen sozialdemokratische Partei PASOK wegen ihrer Zustimmung zu allen Sparpaketen an akutem Mitgliederschwund litt, eine Volksabstimmung über weitere Sparauflagen ankündigte, schritt die Troika sofort ein, verhinderte die Abstimmung und sorgte dafür, dass Papandreou umgehend ersetzt wurde – durch den ehemaligen Vizepräsidenten der EZB, Loukas Papadimos, der während der Einführung des Euros Gouverneur der griechischen Zentralbank gewesen und dessen Rolle bei der Verschleierung der öffentlichen Haushaltsbilanzen mit Hilfe der Investmentbank Goldman Sachs nie geklärt worden war.

---

[44] Weder die Repräsentanten der Troika noch die der Task-Force unterliegen – wie der durchschnittliche griechische Steuerzahler – dem Vermögensnachweis für in Griechenland getätigte Käufe von Immobilien, Privatfahrzeugen, Yachten, Aktien, Anleihen und anderen Vermögenswerten.

Mit dem vierten Sparpaket im Februar 2012 setzte in Griechenland ein Sozialabbau ein wie ihn kein europäisches Land je in Friedenszeiten erlebt hatte. 15.000 Angestellte des öffentlichen Dienstes wurden mit sofortiger Wirkung entlassen, der Mehrheit der verbleibenden Angestellten wurden die Gehälter rückwirkend zum Jahresbeginn um 20 % gekürzt. Der Mindestlohn für Erwachsene wurde auf 586 Euro, der für Jugendliche auf 525 Euro gesenkt. Das Arbeitslosengeld wurde auf 322 Euro herabgesetzt, Altersrenten wurden um 10 % bis 15 % gekürzt, die Selbstbeteiligung an Medikamenten erhöht, die medizinischen Leistungen der Kliniken eingeschränkt, Überstunden von Ärzten gestrichen.

Da dieser Frontalangriff auf den Lebensstandard der einfachen Bevölkerung mit ständig neuen Nachrichten über ausufernde Banker-Boni, eine gewaltige Kapitalflucht ins Ausland und riesige Vermögenszuwächse der Superreichen zusammenfiel, schwoll die Wut unter den arbeitenden Menschen an. In Athen, Saloniki und anderen Städten kam es zu Protesten zehntausender Arbeitsloser, Rentner und Jugendlicher. Die Politik reagierte mit extrem harten Polizeieinsätzen. Die Medien eilten der Staatsmacht zu Hilfe und verleumdeten die zu Recht empörten Opfer der Sparpolitik als Randalierer und Terroristen. Um die Proteste auch im Ausland in Misskredit zu bringen und jegliche aufkeimende Solidarität im Keim zu ersticken, verschärften die Medien im übrigen Europa ebenfalls ihren Ton.

Angeführt von der deutschen Boulevardpresse wurden griechische Arbeitnehmer als südländische Arbeitsverweigerer dargestellt, die kaum Steuern zahlten und sich gern vorzeitig in den Ruhestand versetzen ließen, um anschließend unverhältnismäßig hohe Renten zu kassieren. IWF-Chefin Lagarde leistete ihren eigenen Beitrag zu der Kampagne, indem sie den Griechen empfahl, »ihre Steuern zu bezahlen«, und ihnen so pauschal Steuerhinterziehung unterstellte. (Dass sie selbst als Angehörige einer der UN unterstellten Organisation bei einem Einkommen von ca. 50.000 US-Dollar im Monat – ohne Spesen und Aufwandsentschädigung – von allen Steuerzahlungen befreit ist, erwähnte sie nicht.)

Politiker aller Schattierungen trugen bereitwillig zu der Verleumdungskampagne bei. Wer deutsche Hilfe in Anspruch nehme, müsse sich im Gegenzug »anstrengen«, sagte die deutsche Bundeskanzlerin Angela Merkel und unterstellte den Griechen Schnorrermentalität und mangelnden Fleiß. Abgerundet wurden die Anschuldigungen durch die Behauptung, europäische Steuerzahler leisteten der geringen Arbeitsbereitschaft griechischer Arbeitnehmer durch ihre »Rettungspakete« auch noch Vorschub.

181

Schon ein flüchtiger Blick auf die Kredittranche des *Europäischen Stabilitätsmechanismus* (ESM) vom Juni 2012 belegt die Absurdität dieser Aussage: Von den 18 Mrd. Euro, die aus dem Euro-Rettungsschirm nach Griechenland gingen, flossen 6,9 Mrd. Euro an die *National Bank*, 5 Mrd. Euro an die *Piraeus Bank*, 4,2 Mrd. Euro an die *EFG Eurobank Ergasias* und 1,9 Mrd. Euro an die *Alpha Bank*. Nicht ein einziger Cent dieser »Hilfszahlung« kam der arbeitenden Bevölkerung in Griechenland zugute.

Trotz der sich ständig verschlechternden Wirtschaftslage rückte die Troika auch im vierten Jahr der Rezession von keiner ihrer Forderungen ab. Während tausende Kleinbetriebe geschlossen werden mussten, fast jeder zweite Jugendliche in die Dauerarbeitslosigkeit entlassen wurde und Obdachlosigkeit und Drogenkonsum um sich griffen, setzten IWF, EU und EZB ihre Politik mit unverminderter Härte und der vollen Unterstützung der Medien fort.

Im März 2012 wurde der Öffentlichkeit ein vermeintlicher »Schuldenschnitt« von Politik und Medien als Zeichen der Opferbereitschaft von Investoren und quasi humanitärer Akt der Finanzmärkte gegenüber einem am Boden liegenden Land angepriesen. In Wirklichkeit stiegen die bei privaten Gläubigern um 107 Mrd. Euro reduzierten Schulden Griechenlands bei öffentlichen Gläubigern um genau die 130 Mrd. Euro, die im zweiten »Rettungspaket« der Troika zugesagt worden waren und die in den kommenden Jahren vom griechischen Steuerzahler samt Zins und Zinseszins zurückzuzahlen sind. Hinter dem vermeintlichen Schuldenschnitt verbarg sich also keine Abnahme der Schuldenlast, sondern ihre Zunahme.

Eine wichtige Lehre, die IWF und Troika für weitere Interventionen im Rahmen der Euro-Krise aus dem Experiment in Griechenland ziehen konnten, betraf die Einstellung der arbeitenden Bevölkerung. Trotz immer härterer Einsparungen ließ ihr Widerstand nach zunächst heftigen Protesten immer weiter nach und wich in vielen Fällen einer Mischung aus Resignation und Hoffnungslosigkeit. Ursache dieser Entwicklung war vor allem die Abkehr vieler Griechen von den etablierten Parteien, von denen sie sich die Wahrnehmung ihrer Interessen erhofft hatten, und ihre Enttäuschung über die Fruchtlosigkeit gewerkschaftlicher Proteste.

Im Oktober 2009 hatte die sozialdemokratische PASOK die Parlamentswahlen noch mit absoluter Mehrheit für sich entscheiden können. Dass sie danach alle Wahlversprechen brach, weil sie sie nicht finanzieren konnte, war von vielen Anhängern noch zähneknirschend hingenommen worden. Dass sie sich dann aber mit der Troika verbündete und schließlich die Durchsetzung sämtlicher Sparpakete unterstützte, führte dazu, dass große Teile der arbeitenden Bevölkerung sich von ihr abwandten. Das Gleiche galt – wenn auch in geringerem Umfang – für die Gewerkschaftsverbände GSEE und ADEDY. Zwar hatten sie im Verlauf der Krise zu mehr als einem Dutzend Generalstreiks aufgerufen, die Aktionen aber immer zeitlich begrenzt und ihnen damit jegliche bleibende Wirkung genommen.

Der Gewerkschaftsbasis war nicht entgangen, dass ihre Führung die Austeritätspolitik der Troika bei aller radikal-verbalen Kritik an einzelnen Aspekten im Grundsatz akzeptierte und dass ihre Kampfbereitschaft im Zuge der Verschärfung der Krise nicht etwa zunahm, sondern nachließ. Ihr war auch nicht entgangen, dass die Spitzenfunktionäre der Gewerkschaften in kritischen Situationen häufiger mit der politischen Führung des Landes als mit den eigenen Mitgliedern zusammenkamen und Streiks oft erst dann ausriefen, wenn der Druck der Basis überhand zu nehmen drohte.

Dass selbst die Verhängung des Kriegsrechts gegen LKW-Fahrer, Busfahrer, Fähren- und U-Bahn-Personal keinerlei entschlossene Kampfansage der Gewerkschaften an die Regierung nach sich zog, ließ immer mehr arbeitende Menschen zu demselben Schluss kommen: Taktik und Strategie ihrer Führung zielten im Grunde darauf ab, die Wut der Basis durch gelegentliches Dampfablassen zu entschärfen und ihren Protest auf diese Weise ins Leere laufen zu lassen.

Wie zuvor in Irland zeigte sich auch in Griechenland eine Entwicklung, die in den vergangenen Jahrzehnten weltweit zu beobachten gewesen war: Durch den kontinuierlich steigenden Druck, den die Finanzmärkte bei Tarifverhandlungen, Streiks und Massenentlassungen auf die Gewerkschaften ausübten, war deren Handlungsspielraum immer weiter eingeschränkt worden. Ihre Führungen hatten sich folglich immer häufiger gegen die Forderungen ihrer Basis gestellt, dafür aber enger mit Wirtschaft und Politik zusammengearbeitet und sich politisch nach rechts bewegt.

Gestärkt durch die Gewissheit, von der Gewerkschaftsführung auch weiterhin keinen ernstzunehmenden Widerstand gegen ihre Austeritätspolitik erwarten zu müssen, setzte die Troika im November 2012 und im März 2013 zwei weitere Sparpakete durch, die einer Kriegserklärung an den Sozialstaat gleichkamen. Über die bisherigen Maßnahmen hinaus wurde das Rentenalter pauschal auf 67 Jahre angehoben, die Renten über 1.000 Euro wurden um 5 % bis 15 % gesenkt, Löhne und Gehälter im öffentlichen Dienst sogar um 6 % bis 20 %. Das Weihnachtsgeld für Rentner sowie das Weihnachts- und das Urlaubsgeld für Beschäftigte im öffentlichen Dienst wurden abgeschafft. Abfindungen im Entlassungsfall wurden gesenkt, das Kindergeld für Familien mit einem Einkommen von über 18.000 Euro pro Jahr wurde ersatzlos gestrichen.

Die bereits durchgesetzten Reformen im Gesundheitssystem wurden unter anderem durch höhere Zuzahlungen bei Medikamenten und eine »Einweisungsgebühr«[45] bei Krankenhausaufenthalten ergänzt. Am schlimmsten betroffen waren die 30 % der griechischen Bevölkerung, die auf Grund ihrer andauernden Arbeitslosigkeit keinen Versicherungs-

---

[45]   Die »Einweisungsgebühr« wurde im Januar 2014 eingeführt, wegen heftiger Proteste aber noch im selben Monat wieder abgeschafft.

schutz mehr genossen und ihre medizinische Versorgung aus der eigenen Tasche bezahlen mussten. Während sich griechische Milliardäre in den Luxuskliniken dieser Welt behandeln lassen konnten, wurden nicht versicherte Frauen gezwungen, für die Geburt ihres Kindes im Krankenhaus mehr als drei durchschnittliche Monatslöhne auf den Tisch legen – oder das Kind zu Hause zur Welt bringen. Bis heute können Eltern ihre Kinder nur noch gegen Barzahlung impfen lassen. Rentner, Arbeitslose und Obdachlose müssen zu Tausenden aus Geldnot auf lebensnotwendige Medikamente verzichten und wegen mangelhafter medizinischer Versorgung unnötiges Siechtum und schlimmstenfalls einen früheren Tod in Kauf nehmen.

Vor allem Deutschland spielte bei diesen Reformen eine entscheidende Rolle. Im Verlauf der Krise hatte die Troika die Task-Force Griechenland und das deutsche Bundesministerium für Gesundheit (BMG) damit beauftragt, den griechischen Gesundheitsetat auf einen Wert von 6 % des Bruttoinlandsproduktes und damit fast die Hälfte der 11,3 % zu senken, die Deutschland selbst für den Bereich ausgibt.[46] Durch die Einschaltung von Firmen wie der *KSB Klinikberatung,* der *B & K Informatik und Consulting* und der deutschen Entwicklungshilfeagentur *GIZ* durch das BMG und die komplette Unterordnung des griechischen Gesundheitssystems unter das Prinzip der Wirtschaftlichkeit wurde der griechische Gesundheitsetat, der 2009 noch bei 14 Mrd. Euro gelegen hatte, bis 2012 um 4,5 Mrd. Euro und damit um fast ein Drittel auf 9,5 Mrd. Euro reduziert.

Das Ergebnis dieser Politik war die Schließung von 46 der insgesamt 130 Hospitäler, eine Kürzung des Budgets der übrigen Krankenhäuser um 40 %, die Entlassung von 26.000 Bediensteten im Gesundheitswesen, unter ihnen 9.100 Ärzte. Die Folge: Ein Anstieg der Suizidrate um 40 %, eine Erhöhung der Zahl HIV-infizierter Drogenabhängiger um mehr als das Zwanzigfache von 2008 bis 2013, die Ausbreitung von Malaria, Tu-

---

[46]   Eine Senkung der Kosten für das Gesundheitssystem in Deutschland auf 6 % des Bruttoinlandsproduktes würde Kürzungen im Umfang von ca. 160 Mrd. Euro bedeuten.

berkulose, dem West-Nil- und dem Dengue-Fieber. Die erschütternd-
sten Zahlen dürften die 19-prozentige Zunahme von untergewichtigen
Neugeborenen zwischen 2008 und 2010, der 21-prozentige Anstieg von
Totgeburten zwischen 2008 und 2011 und die Zunahme der Kinder-
sterblichkeit um 43 % zwischen 2008 und 2010 sein.

Trotz dieser verheerenden Auswirkungen ihrer Politik kamen weder das
Bundesgesundheitsministerium in Berlin noch die Troika auf die Idee,
die eigene Strategie infrage zu stellen. Statt sich mit dem Schicksal un-
terernährter oder sterbender Kinder zu beschäftigen, zogen es die Funktionäre vor, sich der Entwicklung der griechischen Staatsverschuldung
im Verhältnis zum Bruttoinlandsprodukt zu widmen. Diese nahm ungeachtet aller Sparmaßnahmen nämlich stetig zu. Im Jahr 2012 war sie
auf 157 % des Bruttoinlandsproduktes geklettert, für 2013 wurde sie mit
176 %[47], für 2014 sogar mit 192 % vorausgesagt.

Damit drohte die Austeritätspolitik ihr wichtigstes Ziel zu verfehlen: Die
nachhaltige Senkung der Staatsverschuldung, die Griechenland in die
Lage versetzen sollte, seine Schulden beim IWF, bei westlichen Staaten,
Banken und Finanzeinrichtungen dauerhaft zu begleichen. Für die Troika hieß das: Die bisherigen Maßnahmen reichen nicht aus, es mussten
umgehend neue, noch weitergehende und noch härtere Methoden der
Geldbeschaffung entwickelt werden.

Wie aber sollte das in einem Land geschehen, dessen arbeitender Bevölkerung man den Reallohn bereits um mehr als 40 % gesenkt, dessen Ju-
gend man zu zwei Dritteln in die Arbeitslosigkeit getrieben und dessen
Wirtschaftskraft und Konsumfähigkeit man auf Jahre hinaus zerstört hatte? Die Experten diskutierten zahlreiche Optionen und spielten diverse
Szenarien durch, bis sich in ihren Köpfen nach und nach eine Idee fest-
setzte, die man schon einmal während der Asienkrise in den Neunzigern
diskutiert hatte. Sie eröffnete eine völlig neue Geldquelle, ging aber auch
weit über alle bisherigen Maßnahmen hinaus und brachte zudem ein er-
hebliches Problem mit sich: Ihre Durchsetzung in einem Land mit mehr

---

[47] Griechenlands tatsächliche Staatsverschuldung für 2013 betrug 175,1 %.

als elf Millionen Einwohnern würde möglicherweise zu finanziellen und sozialen Erschütterungen führen, die auf ganz Europa überspringen und den Kontinent in Brand stecken konnten.

Noch während die Spitzen der Troika die Risiken eines solchen gewagten Schachzuges diskutierten, kam ihnen das Schicksal in Form der dritt-größten Insel im Mittelmeer zu Hilfe: Zypern, das nach Irland, Griechen-land, Spanien und Portugal im Juni 2012 als fünftes Land der Euro-Zone Hilfe beantragt hatte, geriet im März 2013 in immer größere Schwierig-keiten, die nach einer schnellen Lösung verlangten.

Für die Strategen von IWF, EU und EZB kam der Hilferuf Zyperns wie ein Geschenk des Himmels. Mit weniger als einer Million Einwohner, einer Wirtschaftskraft von gerade einmal 0,2 % der Euro-Zone und sei-nem überschaubaren Bankensektor, in dem auch noch 32 Mrd. Euro an Einlagen von Nicht-EU-Bürgern stammten, war das Land wie ge-schaffen, um Griechenland vorübergehend als ihr Labor zu ersetzen und so als Ausgangspunkt für einen Test zu dienen, bei dem der Begriff der »Schocktherapie« eine völlig neue Dimension gewinnen sollte.

Zypern und der IWF.
Auf die Plünderung folgt die Enteignung

Auf Grund seiner Lage im östlichen Mittelmeer war Zypern als Schnitt-stelle zwischen Europa, Afrika und dem Nahen Osten schon immer von besonderer geostrategischer Bedeutung. Wirtschaftlich dagegen spielte das Land auf internationaler Ebene nie eine große Rolle. Mitte der sieb-ziger Jahre beschloss die Regierung in Nikosia, das zu ändern.

Sie setzte die Unternehmenssteuer auf 10 % herab, gab Steuern auf Schenkungen und Börsengewinne frei und versuchte so, ausländische In-vestoren ins Land zu locken. Tatsächlich registrierten einige Reeder ihre Flotten unter zyprischer Flagge und etliche wohlhabende Libanesen er-öffneten zwischen 1975 und 1990 wegen des libanesischen Bürgerkriegs Konten bei zyprischen Banken. Insgesamt aber war der Erfolg der Maß-nahmen eher bescheiden.

Erst mit dem Zusammenbruch der UdSSR 1991 kam der große Um-schwung. Die durch die Plünderung des sowjetischen Volkseigentums entstandene Schicht russischer Oligarchen suchte schon bald nach einem Ort, an dem sie die erbeuteten Milliarden sicher anlegen konnte. Wegen der niedrigen Steuern, der Verschwiegenheit der Behörden, des angeneh-men Klimas und der bereits dort lebenden 50.000 Russen entschieden sich viele von ihnen für Zypern.

Die zyprische Regierung unternahm in der Folgezeit alles, was in ihrer Macht stand, um ihre wohlhabende Klientel zu hofieren und die weitere Entwicklung des Landes als Finanzplatz zu fördern. Sie erleichterte aus-ländischen Investoren den Erwerb von Grundbesitz, erteilte großzügig

188

Aufenthaltserlaubnisse und ermöglichte vermögenden Interessenten auch die Einbürgerung. 1996 ließ sie in Nikosia die Wertpapierbörse gründen, ab 1997 durften Ausländer 100 % einer zyprischen Gesellschaft besitzen.

Die Folge war eine Kapitalflut, die den Finanzsektor des Landes geradezu explodieren ließ. Die Zahl der Holding-Gesellschaften[48], die 1995 noch unter 1.000 gelegen hatte, stieg bis zum Jahr 2000 auf 40.000 an. Gleichzeitig wurden die eigene Industrieproduktion und die Agrarwirtschaft so stark vernachlässigt, dass sie international den Anschluss verloren und das Land dadurch in eine noch stärkere Abhängigkeit von ausländischen Investoren brachten.

Die EU verfolgte die Entwicklung Zyperns argwöhnisch, denn schließlich entging den Banken der Euro-Zone hier ein profitables Geschäft. Um nicht länger nur zuzuschauen, änderte die EU zu Beginn des neuen Jahrtausends ihre Strategie und bot der politischen Führung Zyperns die Mitgliedschaft und den Beitritt zur Währungsunion an, ohne weiterhin auf der Einigung der seit 1974 getrennten Landesteile[49] zu bestehen. Die Regierung in Nikosia akzeptierte und Zypern wurde 2004 ohne den von der Türkei besetzten Norden EU-Mitglied. 2008 führte das Land den Euro ein.

Als Griechenland 2009 in den Strudel der Euro-Krise geriet, dauerte es nicht lange, bis sich die Probleme auch auf Zypern auswirkten. Die Rezession beim größten Handelspartner, in den über 20 % der Exporte flossen, ließ das Bruttoinlandsprodukt Zyperns 2009 um 1,9 % einbrechen. Die Athen aufdiktierte Sparpolitik der Troika verschärfte den wirtschaftlichen Abwärtstrend und trieb die Arbeitslosigkeit und die Verschuldung

---

[48] Holdings sind Beteiligungsgesellschaften, die nicht selbst produzieren, sondern als Dachgesellschaften die Finanzierung, Planung und Entwicklung aller zugehörigen Unternehmungen beherrschen.

[49] 1974 putschten Teile des Militärs, um Zypern mit Griechenland zu vereinigen. Daraufhin besetzte die türkische Armee den Nordteil der Insel. 1983 wurde die *Türkische Republik Nordzypern* proklamiert, bis heute sind zehntausende türkische Soldaten im Nordteil Zyperns stationiert.

von Privathaushalten und Kleinbetrieben nicht nur in Griechenland, sondern auch in Zypern in die Höhe. Schlimmer noch wirkte sich die enge Verflechtung der Banken aus. Die großen zyprischen Banken, deren Bilanzvolumen mittlerweile das Vierfache des Bruttoinlandsproduktes ausmachte, hatten rund 40 % ihrer Kredite in Griechenland vergeben und mussten eine Welle zunehmender Kreditausfälle verbuchen.

Um den eigenen Kunden trotzdem weiterhin großzügige Guthabenzinsen zahlen zu können, kauften die zyprischen Banken 2010 und 2011 im großen Stil griechische Staatsanleihen auf – zu einem erheblichen Teil von der *Deutschen Bank*. Für eine Weile schien das die Probleme einzugrenzen, denn Griechenland zahlte wegen der Herabstufung seiner Kreditwürdigkeit durch die Ratingagenturen außergewöhnlich hohe Zinsen. Wie sich zeigen sollte, profitierte langfristig aber ausschließlich die Deutsche Bank von dem Deal.

Im Juni 2011 kam es auf einem Marinestützpunkt im Süden Zyperns zu einer verheerenden Explosion, bei der das wichtigste Kraftwerk der Insel zerstört wurde. Die Reparaturkosten rissen ein zusätzliches Loch von fast 1 Mrd. Euro in den Staatshaushalt. Zusammen mit der EU erarbeitete die Regierung ein Sparprogramm in Höhe von 750 Mio. Euro. Die Löhne im öffentlichen Dienst sollten für zwei Jahre eingefroren, die Sozialleistungen für Angestellte gekürzt, die Kapitalertragsteuer ebenso wie der Steuersatz für Jahreseinkommen über 60.000 Euro erhöht und die Mehrwertsteuer von 15 % auf 17 % angehoben werden. Die Ankündigung der Maßnahmen traf bei der Bevölkerung auf so großen Widerstand, dass die Anhebung der Mehrwertsteuer zunächst ausgesetzt wurde.

Im Oktober 2011 erfolgte der nächste Paukenschlag. Griechenland einigte sich mit der Troika auf einen Schuldenschnitt in Höhe von 53,5 %. Während sich die Verantwortlichen bei der *Deutschen Bank* in Frankfurt die Hände rieben, weil sie ihre griechischen Staatsanleihen rechtzeitig abgestoßen hatten, bedeutete die Regelung allein für die beiden größten zyprischen Banken Verluste in Höhe von 4,2 Mrd. Euro. Da die Proteste im Lande zunahmen und die Zusammenarbeit von Politikern und Troika immer stärker ins Fadenkreuz der Kritik geriet, versuchte die politische

Führung des Landes, sich durch kritische Äußerungen von der Troika zu distanzieren und einzelne mit ihr abgesprochene Maßnahmen zu boykottieren.

Das wiederum weckte das Interesse der politischen Führung in Moskau, für die es zu diesem Zeitpunkt zwei gute Gründe gab, ihre Beziehungen zur zyprischen Regierung zu verbessern. Zum einen war die Zukunft des einzigen russischen Marinestützpunktes im Mittelmeer im syrischen Tartus wegen der angespannten Lage in Syrien gefährdet und die Führung in Moskau an den Häfen Limassol oder Larnaka auf Zypern als Ersatz dafür interessiert. Zum anderen waren kurz zuvor im östlichen Mittelmeer reiche Erdgasvorkommen entdeckt worden, die die Aufmerksamkeit der russischen Energieunternehmen auf sich gezogen hatten. Um sich alle Optionen offenzuhalten, nutzte Moskau die Gunst der Stunde und gewährte der Regierung in Nikosia im Dezember 2011 einen bilateralen Kredit in Höhe von 2,5 Mrd. Euro zum Vorzugszinssatz von 4,5 %.

Gegenüber der Troika war die Abmachung Zyperns mit Russland nichts weniger als eine Provokation. Trotzdem reagierten sowohl der IWF als auch die EU und die EZB mit großer Gelassenheit, und das nicht ohne Grund: Alle drei wussten, dass Russlands finanzielle Möglichkeiten auf Dauer nicht ausreichen würden, um ein Land zu retten, dessen gefährdeter Finanzsektor mittlerweile mit einer Bilanzsumme von über 150 Mrd. Euro zu Buche schlug. Außerdem war man sich in den Führungsetagen von IWF, EU und EZB sicher, über genügend Instrumente zu verfügen, um die widerspenstige Führung des kleinsten Euro-Zonen-Landes im Bedarfsfall in die Knie zu zwingen.

Wie recht die Troika mit dieser Einschätzung hatte, sollte sich schon bald zeigen. Während sich Zyperns Finanzlage weiter verschlechterte, hob die EU die Eigenkapitalrichtlinien für zyprische Banken auf 9 % an und löste damit allein bei der *Cyprus Popular Bank* einen Finanzbedarf in Höhe von 1,8 Mrd. Euro aus, der bis Mitte 2012 gedeckt werden musste. Als die zyprische Regierung sich wegen eines weiteren Kredits erneut an Moskau wandte, schaltete sich die EZB, die das zyprische Bankensystem seit April 2012 im Rahmen der *Emergency Liquidity Assistance* (ELA) mit mehreren Milliarden Euro gestützt hatte, ein und verkündete, dass zyprische Staatsanleihen aufgrund der Abwertung durch die Ratingagentur Fitch im Euro-System nicht mehr als Sicherheit akzeptiert würden – eine Maßnahme, die sie nicht einmal im Fall Griechenlands ergriffen hatte. 191

Damit war Zypern von den internationalen Kapitalmärkten abgeschnitten und der Widerstand der Regierung in Nikosia gebrochen. Der Führung des Landes blieb nichts anderes übrig, als die Troika um Hilfe zu bitten und damit den Weg in den wirtschaftlichen und sozialen Niedergang des Landes freizumachen. Die internationalen Medien erweckten wieder einen völlig anderen Eindruck: Obwohl die Troika selbst dafür gesorgt hatte, dass Zypern unter den Rettungsschirm schlüpfen musste, hieß es, sie habe »helfend eingegriffen« und verhandle nun mit der Regierung, um Zypern finanziell wieder auf die Beine zu bringen.

Beim anschließenden Kassensturz zeigte sich, dass Zyperns Finanzlage erheblich bedrohlicher war als angenommen. Die Bilanzsumme des Bankensektors betrug mittlerweile fast das Achtfache des Bruttoinlandsproduktes, die Bruttostaatsverschuldung lag bei 87 %. Außerdem standen mindestens 22 Mrd. Euro an Privat- und Unternehmenskrediten in Griechenland in den Büchern zyprischer Banken. Selbst bei vorsichtigen Schätzungen lag der vorläufige Finanzierungsbedarf bei über 15 Mrd. Euro.

Die Zahlen machten allen Beteiligten klar, dass die bisherigen Rettungsprogramme an ihre Grenzen stießen. Steuererhöhungen, Lohnsenkungen, Kürzungen und Entlassungen im öffentlichen Dienst reichten in einem Land mit weniger als einer Million Einwohner nicht mehr aus, um den Finanzierungsbedarf zu decken. Außerdem war Zypern nach Irland, Portugal, Griechenland und Spanien bereits das fünfte von 17 Euro-Ländern, das sich nicht mehr aus eigener Kraft aus dem Sumpf der Verschuldung befreien konnte. Die bis dahin angefallene Gesamtsumme von 1,6 Billionen Euro Rettungskosten übertraf alles, was man sich zu Beginn der Krise vorgestellt hatte. Mit dem ESM (*Europäischer Stabilitätsmechanismus*), der Mitte 2012 seine Arbeit aufnahm und die EFSF (*Europäische Finanzstabilisierungsfazilität*) ab Mitte 2013 ablösen sollte, hatte die EU bereits die größte Bank der Welt mit einem Stammkapital von 700 Mrd. Euro gegründet. Dass allein Griechenland und Spanien es bei der Staatsverschuldung mittlerweile zusammen auf 1,4 Billionen Euro und damit das Doppelte des ESM-Stammkapitals brachten, zeigte, welche Dimension das Gefälle zwischen dem Finanzbedarf und den zu seiner Deckung bereitgestellten Mitteln bereits angenommen hatte.

Im Grunde stand die Finanzwelt an der Schwelle zur dritten Stufe der weltweiten Krise, die durch den Zusammenbruch des Subprime-Hypothekenmarktes in den USA ausgelöst worden war. Auf Stufe 1 hatte man den drohenden Zusammenbruch »systemrelevanter Finanzinstitutionen« durch den Einsatz von Steuergeldern verhindert. Auf Stufe 2 hatte man versucht, die dadurch entstandenen Löcher in den Staatshaushalten zu stopfen, indem man der arbeitenden Bevölkerung Austeritätsprogramme auferlegte. Auf Stufe 3 musste man sich nun eingestehen, dass Austeritätsprogramme allein nicht mehr ausreichten, um die nötigen Summen aufzubringen. Zur Stabilisierung des globalen Finanzsystems musste also eine neue Geldquelle aufgetan werden.

Wie diese Quelle aussehen könnte, wurde bereits seit einiger Zeit in internationalen Finanzkreisen diskutiert. Die *Bank für Internationalen Zahlungsausgleich* hatte 2010 ein Weißbuch veröffentlicht, in dem »für den Fall zukünftiger Bankkrisen« erstmals ein Modell zur Diskussion gestellt wurde, für das man auch gleich einen neuen Namen erfunden hatte: Bail-In. Im Gegensatz zum Bail-Out – der Rettung zahlungsunfähiger Banken mit Steuergeldern – handelt es sich beim Bail-In um die Beteiligung von Anteilseignern und Gläubigern einer Bank an deren Verlusten. Anders ausgedrückt: In Not geratene Banken sollten nicht mehr über den Umweg des Staates, sondern durch den direkten Zugriff auf das Vermögen von Kleinaktionären und Sparern gerettet werden.

Die Idee der BIZ war umgehend vom *Financial Stability Board* (FSB) aufgegriffen worden, das seit 2009 im Auftrage der G20 das globale Finanzsystem überwacht und zu dessen Mitgliedern auch der IWF zählt. Unter seinem ersten Chef Mario Draghi, damals auch Gouverneur der italienischen Zentralbank, veröffentlichte das FSB im Juli 2011 ein Konsultationspapier zum Thema Bail-In mit dem Titel »Effektive Auflösung systemrelevanter Finanzinstitutionen«, in dem bereits sehr detaillierte Vorschläge zur Durchführung eines Bail-In enthalten waren. Unter anderem wurde vorgeschlagen, »neue Firmenanteile in einem beschleunigten Verfahren ohne Zustimmung der Aktionäre auszugeben« und »das Vorkaufsrecht von Anteilseignern an der aufzulösenden Firma außer Kraft zu setzen«.

Die Schweiz, die in der Frage der Bankenregulierung europaweit aus Vorreiterin gilt, reagierte umgehend. Am 1. September 2011 gab die Schweizer Finanzmarktaufsicht *Finma* die »revidierten Sanierungsbestimmungen« des Schweizer Bankengesetzes bekannt, in denen die »Umwandlung von Einlagen in neues Aktienkapital … zur Aufrechterhaltung systemkritischer Funktionen im Krisenfall« geregelt wird. Hier wurden neue rechtliche Grundlagen dafür gelegt, marode Banken nicht mehr durch den Staat, sondern durch die Heranziehung des Vermögens von Kleinaktionären und Sparern zu retten.

Auch der IWF nahm sich des Themas an und veröffentlichte am 24. April 2012 ein Diskussionspapier mit dem Titel »Vom Bail-Out zum Bail-In«. Unter dem heuchlerischen Vorwand, »Steuerzahler vor der Belastung durch Bankenverluste« schützen zu wollen, entwarfen Spezialisten seiner Rechtsabteilung und seiner Geld- und Kapitalmarktabteilung einen weitgehend ausgefeilten Plan zur massenhaften Enteignung von Einlegern, Kleinaktionären und Inhabern von Schuldverschreibungen.

Auffällig war die schonungslose Klarheit, mit der das Papier die Situation der globalen Finanzwirtschaft einschätzte. Während die IWF-Führung bei allen offiziellen Gelegenheiten ihren Teil dazu beitrug, das Märchen von der »wirtschaftlichen Erholung« zu verbreiten, hieß es dort unumwunden: »Die potentiellen Risiken, die die systemrelevanten Finanzinstitutionen für die Finanzstabilität darstellen, haben zugenommen« und »der europäische und der US-amerikanische Finanzsektor sind stärker konzentriert als je zuvor, was das Too-big-to-fail-Problem erschwert«. Außerdem wurde eingeräumt, dass »das Schattenbankensystem, das bei der Entstehung und Verbreitung von Systemrisiken eine entscheidende Rolle gespielt hat, weiterhin unterreguliert ist«.

194   Im weiteren Verlauf wurde nicht nur in konkreten Schritten beschrieben, wie Bail-Ins durchzuführen sind, sondern auch empfohlen, wie in den Augen des IWF mit der Justiz umzugehen war: »Es gibt zwingende Argumente für eine Verfahrensweise, die die Rolle der Gerichte verringert. Angesichts der Notwendigkeit, schnell zu handeln und Restrukturierungsentscheidungen in die Hand von Verantwortlichen mit der notwendigen technischen Expertise zu legen, erschiene es angemessener, diese Entscheidungen von den Bankenaufsichtsbehörden vornehmen zu lassen.«

Genau dieses Papier sollte als Leitfaden für die Strategie der Troika gegenüber Zypern dienen. Bis Anfang 2013 wurde ein Maßnahmenkatalog ausgearbeitet, der Folgendes vorsah: Die Regierung in Nikosia sollte einen Kredit in Höhe von 10 Mrd. Euro erhalten. Neun Milliarden kamen vom ESM, eine Milliarde steuerte der IWF bei, der Zinssatz betrug 2,5 %, die Tilgung war für die Jahre 2023 bis 2035 vorgesehen. Im Gegenzug dafür sollte die zyprische Regierung die zweitgrößte Bank des Landes abwickeln, ihre bei der EZB anhängigen Schulden auf die größte Bank übertragen und sich zu einem drastischen Sparprogramm und einer finanziellen Eigenleistung in Form eines Bail-In in Höhe von 5,8 Mrd. Euro verpflichten.

Das Sparprogramm mit einem Volumen von 351 Mio. Euro umfasste eine Kürzung der Löhne im öffentlichen Dienst um 6,5 % bis 12,5 %, eine Rentenkürzung um 3 %, die Einführung neuer Immobiliensteuern über 70 Mio. Euro, die Erhöhung der Unternehmenssteuer von 10 % auf 12,5 %, die Erhöhung von Steuern auf Tabak, Alkohol und Kraftstoff, die Erhöhung der Mehrwertsteuer im laufenden Jahr von 17 % auf 18 % und im kommenden Jahr auf 19 %, die Anhebung der Besteuerung von Zinserträgen von 15 % auf 30 % sowie die Privatisierung von Staatsbetrieben. Der Bail-In-Plan sah vor, Sparer mit Bankeinlagen bis zu 100.000 Euro mit einer einmaligen Zwangsabgabe von 6,75 %, Investoren mit Einlagen über 100.000 Euro mit einer Zwangsabgabe von 9,9 % zu belegen. Begleitet werden sollte die Umsetzung der Maßnahmen durch einen »Bank Holiday«, d. h. die vorübergehende Schließung der Banken.

Das Programm war nicht nur innerhalb der EU, sondern weltweit der bis
dahin schärfste in einem Schlag ausgeführte Angriff auf die arbeitende
Bevölkerung eines Landes. Kein Wunder also, dass die Regierung in Nikosia ihre Zustimmung immer wieder unter verschiedenen Vorwänden
hinauszögerte.

Um westlichen Banken Gelegenheit zu geben, ihre fest angelegten Gelder
abzuziehen, ließ die Troika die Regierung bis zum März 2013 gewähren. Dann zeigte sie einmal mehr, wer nun auf Zypern das Sagen hatte. Mit der Drohung, die Notfall-Geldhilfe für die *Cyprus Popular Bank*
einzustellen und damit den Weg für einen ungeordneten Staatsbankrott
freizumachen, wurden der politischen Führung des Landes die Daumenschrauben angelegt.

Wenige Tage später gab die Regierung in Nikosia der Öffentlichkeit das
Sparprogramm bekannt und sorgte gleichzeitig zusammen mit der EZB
dafür, dass keine größeren elektronischen Transaktionen mehr getätigt
und nur noch Beträge bis zu 400 Euro am Bankautomaten abgehoben
werden konnten. Die Folge war ein Aufschrei, wie ihn das Land seit Jahrzehnten nicht erlebt hatte. Ab dem 15. März gingen Tausende auf die
Straße, belagerten öffentliche Gebäude und protestierten so heftig, dass
die Regierung sich aus Sicherheitsgründen gezwungen sah, die für den
17. März geplante Parlamentsdebatte zu verschieben.

Am 18. März schwoll der Protest dermaßen an, dass die Regierung einen
Beschwichtigungsversuch unternahm und versprach, Kleinanleger mit
Konten unter 20.000 Euro von der Regelung auszunehmen. In der Nacht
auf den 19. März kam das Parlament schließlich zusammen und stimmte
über das Rettungspaket ab. Das Ergebnis war ein Schlag ins Gesicht der
Troika: Nicht ein einziger Abgeordneter stimmte dafür, 36 stimmten dagegen, 19 enthielten sich der Stimme.

Die Funktionäre von IWF, EU und EZB schäumten vor Wut und begannen, öffentlich einen Rauswurf Zyperns aus der Euro-Zone zu diskutieren. Aus Angst vor einem Run auf die Banken ordnete die zyprische Regierung an, den Bank Holiday bis zum Ende der Woche auszudehnen und die Höhe der Auszahlungen an Bankautomaten auf 100 Euro zu begrenzen. Dann unternahm sie einen letzten Versuch, ein Bail-In zu umgehen, und brachte einen Rettungsfonds ins Gespräch, der mit Goldreserven, Kapital der Kirche und Geldern aus der Pensionskasse gefüllt werden und berechtigt sein sollte, Staatsanleihen auszugeben. Die Troika reagierte mit der Ankündigung, die Notfallkreditlinie für Zyperns Banken ab Montag, den 25. März, zu kappen, falls sich die zyprische Regierung ihren Forderungen weiterhin widersetzte.

Am Freitag, den 22. März, schaltete sich die deutsche Bundeskanzlerin Angela Merkel ein und warnte Zypern in scharfem Ton, die Geduld der Euro-Staaten nicht noch länger zu strapazieren. Mit Erfolg, denn noch am selben Abend stimmte das zyprische Parlament großen Teilen des Rettungsplans zu. Zwei Tage später reiste der zyprische Präsident zu einer Sondersitzung der Euro-Finanzminister nach Brüssel. In der Nacht auf Montag, den 25. März – noch vor der Öffnung der europäischen Börsen – wurde offiziell eine Einigung erzielt. Sie entsprach weitgehend den Forderungen der Troika, nur die Bedingungen des Bail-In wurden noch nicht festgeschrieben. Dafür wurde angekündigt, dass Einlagen in der *Bank of Cyprus* unter 100.000 Euro verschont, Einlagen über 100.000 Euro dagegen eingefroren und später mit ca. 40 % an den Kosten der Rettung beteiligt würden.

Um die europäische Öffentlichkeit auf die Seite der Troika zu ziehen und die wahre Bedeutung des Bail-In zu verschleiern, wurde umgehend eine Medienkampagne gestartet, in der Zypern als Hort russischer Schwarzgelder und der Bail-In für Einlagen über 100.000 Euro als moralisch gerechtfertigte Besteuerung ultrareicher Oligarchen präsentiert wurde. Wie wenig diese Darstellung mit der Wirklichkeit zu tun hatte, konnten zyprische Bürger bereits am 28. März feststellen, als die Banken der Insel, von der britischen Sicherheitsfirma *G4S* bewacht, nach zwölf Tagen wieder öffneten. Die Kapitalverkehrskontrollen erlaubten ihnen ab sofort nur noch, 300 Euro pro Tag von ihren Konten abzuheben und bis zu 2.000 Euro pro Monat außer Landes zu überweisen. Schecks waren ab sofort verboten.

Für russische Oligarchen hingegen bestanden derartige Hindernisse nicht. Sie hatten, wie die Öffentlichkeit erst später erfahren sollte, während des gesamten Bank Holidays die Möglichkeit, über die Londoner Filialen der beiden zyprischen Großbanken Geld ins Ausland zu transferieren – ohne Limits für die Überweisungen. Da die *Bank of Cyprus* mit 80 % an der russischen *Uniastrum-Bank* beteiligt war, waren auch hier Transfers ohne jegliche Begrenzung möglich. Dass die russische Regierung der EU nach der endgültigen Verabschiedung des Rettungsplanes volle Kooperation bei der Restrukturierung der Banken in Zypern zusagte, deutet darauf hin, dass Brüssel und Moskau sich hinter den Kulissen abgesprochen hatten. Dass die EZB Lettland öffentlich warnte, der Beitritt des Landes zum Euro sei gefährdet, wenn es den russischen Geldern Unterschlupf gewähren sollte, darf als gezielte Ablenkung von den Geldströmen nach London und Moskau gewertet werden.

Die russischen Oligarchen waren im Übrigen nicht die Einzigen, die ihre Vermögen rechtzeitig in Sicherheit bringen konnten. Wohlhabende Briten nutzten ebenfalls die Transfermöglichkeit nach London, während griechische Reeder ihre Vermögen bereits in den Monaten zuvor auf Konten der norwegischen Großbank *DNB* deponiert hatten. Wie der Notenbank-Gouverneur später zugab, hatten »besser informierte« Anleger (womit er vor allem deutsche und französische Großbanken meinte) bereits im Jahr 2012 mehr als 10 Milliarden Euro von der Insel geschafft.

Eindeutige Verlierer des endgültigen Bail-In, das Ende April verkündet wurde und in dem aus den zunächst angekündigten 40 % am Ende bis zu 80 % Verlust wurden, waren mehr als 60.000 Anleger, die ihre Ersparnisse in Anleihen der beiden großen Banken investiert hatten und die fast alles verloren. Unter ihnen waren viele kleine und mittelständische Unternehmer, die nun nicht mehr an Geld kamen, das sie dringend zur Aufrechterhaltung ihrer Betriebe brauchten. Am schlimmsten betroffen aber waren die zyprischen Arbeitnehmer, deren Lebensstandard durch das gesamte Rettungspaket drastisch gesenkt wurde und die sich auf Jahrzehnte einrichten mussten, in denen sie die Last höherer Schulden, geringerer Einkommen und eines weitgehend aufgelösten Sozialsystems zu tragen haben.

Hauptgewinner der Zypernkrise waren zweifellos die europäischen Großbanken. Vor allem deutsche und französische Institute hatten sich jahrelang bei der EZB Gelder zu Niedrigtarifen leihen und diese in Zypern zu Zinssätzen zwischen 2,8 % und 4,9 % anlegen können. Nach Einsetzen der Krise hatte sich die Troika von 2012 bis 2013 auf die Hinhaltetaktik der zyprischen Regierung eingelassen und den Banken so genug Zeit verschafft, den Großteil ihrer Gelder samt Gewinnen vor dem Bail-In in Sicherheit zu bringen. Die Austrocknung des zyprischen Bankwesens veranlasste viele Unternehmen, ihre Bankgeschäfte in größere westeuropäische Länder zu verlagern. Außerdem wurden Milliardenbeträge vor allem russischer Investoren auf westliche Banken transferiert, mit denen diese ihren durch die Krise erhöhten Bedarf an Bareinlagen decken konnten. Für die großen Finanzplätze New York, London und Zürich bedeutete die Zerschlagung des zyprischen Finanzsektors zudem den Wegfall eines Konkurrenten und damit eine Stärkung ihrer globalen Machtposition.

Auch westliche Konzerne zählten zu den Gewinnern. Zum einen konnten sie in Finanznot geratene mittelständische Betriebe zu Schleuderpreisen aufkaufen und die bis Anfang 2014 auf 15 % angestiegene Arbeitslosigkeit nutzen, um Löhne und Produktionskosten zu drücken und die Unternehmen »international wettbewerbsfähig« zu machen. Zum anderen bot (und bietet) sich ihnen als weitere Investitionsmöglichkeit das Privatisierungsprogramm an, das die Regierung verpflichtet, durch den Verkauf staatlichen Eigentums wie der Elektrizitätsgesellschaft *AHK*, der zyprischen *Telekom* und der beiden wichtigsten Häfen des Landes in Limassol und Larnaka bis 2018 1,4 Mrd. Euro zur Schuldendeckung einzunehmen.

Auch die Öl- und Erdgasvorkommen in der Ägäis sind inzwischen in das Fadenkreuz westlicher Konzerne gerückt. Bis Anfang 2014 reichten 15 Großunternehmen aus 14 Ländern, darunter die USA, Frankreich,

Italien, Australien, Russland, Südkorea und Malaysia, offizielle Gesuche für Erschließungsrechte ein. Deren Vergabe an ausländische Multis im Rahmen der Privatisierung wird dafür sorgen, dass langfristig kaum ein Cent der 600 Mrd. Euro, auf die die Ressourcen im Mittelmeer geschätzt werden, in die leeren Kassen der verarmten arbeitenden Bevölkerung Zyperns fließt, der Löwenanteil des Gewinns aber in die Taschen steinreicher internationaler Investorengruppen wandert.

Die Euro-Krise nach Zypern.
Der IWF verlangt die Institutionalisierung des Raubes

Die Wirkungsweise eines Bail-In ist im Grunde so einfach wie perfide: Eine Investorengruppe verdient mit einer Bank so lange viel Geld, bis diese durch Spekulationsgeschäfte ihres Managements in Zahlungsschwierigkeiten gerät. Um das zur Sanierung der Bank benötigte Kapital aufzubringen, werden nun nicht etwa die Investoren aufgefordert, ihre jahrelang angehäuften Gewinne anzutasten. Auch die Manager, die die Fehlspekulation zu verantworten haben, werden nicht herangezogen, um sich an den Verlusten zu beteiligen. Stattdessen werden Einleger, Sparer und Kleinaktionäre, die mit der Geschäftspolitik der Bank nicht das Geringste zu tun haben, gezwungen, einen Teil ihrer Guthaben herauszugeben und anschließend tatenlos zuzusehen, wie ihr bis dahin sicher geglaubtes Geld an die Investoren weitergereicht wird. Nicht nur, dass der Staat sich auf diese Weise als Dieb betätigt. Er leitet das erarbeitete Vermögen berufstätiger Menschen auch noch in die Hände genau derer weiter, die die Probleme durch das Eingehen zu hoher Risiken verursacht haben, und sorgt so dafür, dass sich das Spekulationskarussell auch nach der Bankenpleite weiterdrehen kann.

Mit welcher Unnachsichtigkeit der IWF diese Politik verfolgt, zeigte er in Zypern. Er trat zu keinem Zeitpunkt dafür ein, Anleger unter 100.000 Euro vom Bail-In auszunehmen, sondern forderte mit der Troika zusammen sogar ihre 6,75-prozentige Beteiligung an der Maßnahme. Dass es nicht dazu kam, lag ausschließlich daran, dass die Troika vor den wütenden Protesten großer Teile der Bevölkerung zurückschrak und deshalb aus rein taktischen Gründen nicht auf ihrer Forderung beharrte.

Die internationale Finanzindustrie war trotzdem mit der zyprischen Lösung zufrieden. Gleich nach dem Vollzug des Bail-In verkündete das IIF (*Institute of International Finance*), die weltweit mächtigste Lobbyorganisation der Finanzindustrie, »der Zypern-Ansatz… könnte sehr wohl zu einem Modell für den Umgang mit Zusammenbrüchen anderswo in Europa werden« und »Investoren wären gut beraten, wenn sie den Ausgang der Ereignisse in Zypern… als ein Abbild zukünftiger Stressbewältigung sähen«.

Sowohl die USA als auch Kanada, Großbritannien, Australien und Neuseeland beeilten sich, dem Schweizer Beispiel zu folgen, und trafen umgehend Vorkehrungen, das Bail-In-Prinzip in ihr Rechtssystem aufzunehmen. In einem gemeinsamen Papier mit dem Titel »Die Rettung global tätiger systemrelevanter Finanzinstitute« schlugen die Bank von England und der US-amerikanische Einlagen-Sicherungsfonds *FDIC* darüber hinaus vor, einen Teil der zwangsenteigneten Summen in Bankanleihen umzuwandeln, die Einleger also in begrenztem Umfang zu Aktionären zu machen. Was vordergründig wie ein Entgegenkommen aussah, war in Wirklichkeit nichts anderes als ein geschickter Schachzug, um den Einlegern die nach angelsächsischem Recht bestehende Möglichkeit eines juristischen Einspruchs zu nehmen.

Für die EU leitete der zyprische Bail-In eine neue Etappe bei der Bewältigung der Euro-Krise ein. Da abzusehen war, dass die Mittel des ESM auf Dauer nicht ausreichen würden, um ständig neue Banken vor dem Zusammenbruch zu retten, machten sich die zuständigen Gremien in Brüssel umgehend ans Werk, um das Bail-In-Prinzip so schnell wie möglich juristisch in den EU-Richtlinien zu verankern.

Meldungen hierüber sorgten im Frühsommer 2013 für Unruhe an den Finanzmärkten. Zahlreiche Banken fürchteten, Kleinanleger könnten ihre Konten noch vor dem Inkrafttreten einer gesetzlichen Regelung räumen und so möglicherweise einen Banken-Run auslösen. Daraufhin trat Jeroen Dijsselbloem, der Präsident der Euro-Gruppe (das EU-Gremium, das die Steuer- und Wirtschaftspolitik der Euro-Zonen-Länder koordiniert) an die Öffentlichkeit, dementierte die Pläne und bezeichnete Zypern als »einen Sonderfall mit außergewöhnlichen Bedingungen«. Seine Aussagen hinderten die Juristen der EU nicht, die Vorbereitungen für eine gesetzliche Regelung hinter dem Rücken der Öffentlichkeit ungebremst weiter voranzutreiben.

Am 1. August 2013 war es so weit. Die EU verabschiedete eine ohne Beratung oder Abstimmung des EU-Parlaments, dafür aber unter Mitarbeit von Bankenvertretern der *Internationalen Swaps- und Derivate-Vereinigung* (ISDA) zustande gekommene Richtlinie, in der es heißt: »Banken mit einer ausgewiesenen Kapitallücke müssen dafür sorgen, dass Anteilseigner wie auch Inhaber nachrangiger Schuldtitel einen angemessenen Beitrag zur Deckung des Kapitalbedarfs leisten, bevor sie staatliche Rekapitalisierungen oder Maßnahmen zum Schutz ihrer wertgeminderten Vermögenswerte in Anspruch nehmen können.«[50]

Die EU hatte ganze Arbeit geleistet. Keine sechs Monate nach dem Bail-In in Zypern war die Beteiligung von Anlegern nun europaweit juristisch festgeschrieben. Es schien, als sei damit eines der Hauptprobleme der europäischen Finanzwirtschaft gelöst, denn immerhin hielten die Banken in den 17 Euro-Zonen-Ländern insgesamt 860 Mrd. Euro an ungesicherten Einlagen, die nun für Bail-Ins herangezogen werden konnten. Doch schon wenige Tage nach der Verabschiedung der Richtlinie zogen zwischen Brüssel und Frankfurt dunkle Wolken auf. Kurze Zeit später brach ein seit einiger Zeit schwelender Streit zwischen EZB und EU offen aus.

Den Anlass für die Auseinandersetzungen lieferte die EBA (*Europäische Bankenaufsichtsbehörde*), die für 2014 einen Stress-Test für europäische Banken plante. Es war nicht auszuschließen, dass einige Banken ihn nicht bestehen und ihr Eigenkapital deshalb würden aufstocken müssen. Da gemäß der Richtlinie vom 1. August hierfür nun zunächst die Sparer und Gläubiger der Banken herangezogen werden mussten, fürchtete die EZB,

---

[50] Unter »nachrangigen« Gläubigern sind vor allem Kleinanleger und Kleinaktionäre zu verstehen, »vorrangige« Gläubiger sind offizielle Institutionen wie Banken, Behörden oder Finanzorganisationen, die vom Bail-In verschont bleiben.

dass Anleger bei der ersten Anwendung der neuen Regelung in Panik geraten und den Euro-Raum in Massen verlassen könnten.

204   Für die EU dagegen bedeutete die Bail-In-Regelung in erster Linie eine Entlastung des ESM. Insbesondere Deutschland, das als stärkste Wirtschaft der Euro-Zone mit den höchsten Bürgschaften am ESM beteiligt war, pochte darauf, dass im Falle der Erhöhung des Eigenkapitals einer Bank zunächst Gläubiger und Anleger und erst dann der ESM und damit auch der deutsche Staat belastet wurden.

Im Grunde spiegelten die Meinungsverschiedenheiten zwischen EU und EZB das Dilemma wider, in dem sich die europäische Finanzwirtschaft im Herbst 2013 befand: Die Bilanzsumme des Bankensektors war mit 66 Billionen Euro inzwischen viermal so groß wie die Wirtschaftsleitung des Kontinents. Um das System im Fall eines Crashs zu retten, wurden Summen benötigt, die weit jenseits von allem lagen, was Staaten oder Bankeinleger aufbringen konnten. Beide Maßnahmen – sowohl Bail-Out als auch Bail-In – waren auf lange Sicht nichts anderes als Flickwerk und höchstens dazu geeignet, das System vorübergehend zu stabilisieren. Das große Problem bestand darin, dass außer beiden Möglichkeiten keine weitere Option zur Lösung des Problems auf dem Tisch lag – so lange jedenfalls, bis der IWF am 9. Oktober 2013 mit einem Paukenschlag aufwartete.

In einem einhundertseitigen Bericht im Rahmen ihrer seit 2009 erscheinenden Publikation *Fiscal Monitor* mit dem Titel »Taxing Times« (»Zeit für Steuern«) unterzog die Steuerabteilung des IWF die globale Steuerpolitik einer akribischen Analyse. Begleitet von Dutzenden von Statistiken gab das Papier einen Überblick über die Entwicklung des internationalen Steueraufkommens seit der Krise von 2007 und wartete mit ernüchternden Wirtschaftsdaten auf. So war die Verschuldung der Euro-Staaten auf 8,6 Billionen Euro gestiegen, die öffentliche Schuldenquote 2014 näherte sich im Durchschnitt aller Länder dem historischen Höchststand von 110 % des Bruttoinlandsprodukts. Europa stand kurz davor, seinen Schuldenstand von 2007, also vor der Finanzkrise, um mehr als ein Drittel zu übertreffen.

In der Mitte des Papiers, auf Seite 49, fand sich ein Absatz von gerade einmal 15 Zeilen, in dem es unter der Überschrift »Eine einmalige Vermögensabgabe?« hieß: »Die deutliche Verschlechterung der öffentlichen Finanzen in vielen Ländern hat das Interesse an einer ,Vermögensabgabe' – einer einmaligen Steuer auf Privatvermögen – als außerordentliche Maßnahme zur Wiederherstellung der Schuldentragfähigkeit erneut aufleben lassen. Der Anreiz besteht darin, dass eine solche Steuer, wenn sie erhoben wird, bevor ihr ausgewichen werden kann, und der Glaube vorherrscht, dass sie niemals wiederholt werden wird, keine Verhaltensverzerrung bewirkt (und von einigen als fair angesehen wird).«

Filterte man aus den überaus schwammigen Formulierungen die Essenz des Textes heraus, so wurde hier eine Zwangsabgabe auf private Vermögen beschrieben, die folgende Eigenschaften besitzt: Erstens können die Betroffenen ihr nicht entgehen, zweitens glauben sie, dass sie nur ein einziges Mal eingetrieben wird, und drittens versuchen sie nach ihrer Durchsetzung nicht, ihre Vermögen abzuziehen oder anders als vorher (z. B. im Ausland) anzulegen. Im weiteren Verlauf des Papiers wurden prominente Vertreter einer solchen Idee aus der Wirtschaftsgeschichte angeführt und ihre Erfolgsaussichten als »stark« beschrieben.

Nach dem Hinweis, dass die Maßnahme gegen die Risiken der Alternativen – staatlicher Schuldenschnitt oder Inflation – abgewogen werden müsse, wurde dann der »überraschend große Erfahrungsschatz« erwähnt, auf den man zurückgreifen könne. Im letzten Absatz hieß es sehr konkret: »Um die Schuldenquote auf das Niveau vom Jahresende 2007 zu senken, bedürfte es (für eine Auswahl von 15 Euro-Zonen-Ländern) eines Steuersatzes von etwa 10 % auf alle Haushalte, die über Kapitalvermögen verfügen.«

Der Text schlug weltweit wie eine Bombe ein und veranlasste den IWF innerhalb weniger Tage, sich öffentlich davon zu distanzieren. Es handle sich um »ein rein theoretisches Gedankenspiel«, erklärte eine Sprecherin und verwies darauf, dass im zweiten Absatz sogar Kritik an der Zwangsabgabe geübt werde. Ein kurzer Blick auf den zweiten Absatz genügte jedoch, um sich davon zu überzeugen, dass das nicht der Wahrheit entsprach. In dem Papier wurde nur festgestellt, dass die Abgabe in der Vergangenheit vor allem deswegen versagt habe, weil »eine Verzögerung bei ihrer Einführung Raum für ausgiebige (Steuer-)Vermeidung und Kapitalflucht gelassen habe. In anderen Worten: Es wurde nicht kritisiert, sondern auf Schwachpunkte bei der bisherigen Durchführung hingewiesen.

Dass es sich bei »Taxing Times« keinesfalls um reine Gedankenspielerei handelte, bewies auch die Passage, in der »der überraschend große Erfahrungsschatz«, auf den man zurückgreifen könne, historisch konkretisiert wurde. Die Autoren erinnerten daran, dass »derartige Abgaben in großem Stil in Europa nach dem Ersten Weltkrieg und in Deutschland und Japan nach dem Zweiten Weltkrieg angewandt wurden«, und machten damit mehr als deutlich, dass man sich hier nicht im Reich der Phantasie, sondern auf dem Boden der Realpolitik bewegte.

Der IWF-Vorschlag für eine Zwangsabgabe war also alles andere als ein zufällig aufgestiegener Luftballon. Ebenso wie beim Bail-In-Vorschlag vom April 2012 handelte es sich um eine sorgfältig geplante Aktion, mit der die öffentliche Diskussion in die vom IWF gewollte Richtung gelenkt werden sollte. Dass es empörte Reaktionen geben würde, war von den Verantwortlichen einkalkuliert worden und diente dazu, Dampf abzulassen und die Öffentlichkeit schon einmal mit der Idee einer Zwangsabgabe vertraut zu machen.

In dem Papier wurde übrigens in einer winzigen Fußnote auf ein Papier des *Deutschen Instituts für Wirtschaftsforschung* (DIW) von 2012 verwiesen, in dem der Ökonom Stefan Bach nachgewiesen hatte, dass eine einmalige Zwangsabgabe in Höhe von 10 % in Deutschland rund 230 Mrd. Euro einbringen könnte. Allerdings gab es zwischen dem (später zurückgenommenen) DIW-Vorschlag und dem des IWF einen entscheidenden Unterschied: Bach hatte in seinem Papier Vermögen von unter 250.000 Euro ausgenommen und sich nur auf die wohlhabendsten 8 % der Bevölkerung bezogen. Im Text des IWF war davon kein Wort zu lesen.

Bemerkenswert war auch das in »Taxing Times« angeführte Ziel der Maßnahme, das darin bestand, die »Schuldenstände auf Vor-Krisen-Niveau zu senken«. Hier wurde nicht einmal mehr der Anschein erweckt, irgendein Problem – etwa die Krise im Gesundheits- und im Bildungswesen oder die Jugendarbeitslosigkeit – lösen zu wollen. Bei der vorgeschlagenen Einführung der Zwangsabgabe ging es nur noch darum, die Zeit zurückzudrehen und einen sechs Jahre zurückliegenden Zustand wieder herzustellen.

Da seit dem Crash von 2007 weltweit keine einzige wirklich durchgreifende Maßnahme getroffen worden war, um die Macht der Banken zu begrenzen oder das internationale Casino des Kapitalismus in seine Schranken zu weisen, war die Wirkungsweise der vom IWF beschriebenen Zwangsabgabe nicht schwer vorauszusagen: Sie würde dem Staat erlauben, einfachen Leuten einen Teil ihres Vermögens – ihre Sparbücher, kleine Aktiendepots, Rücklagen für die Ausbildung von Kindern, Vorsorgen für das Alter – zu entziehen und es denen zur Verfügung zu stellen, die es auf Grund nicht vorhandener gesetzlicher Beschränkungen erneut in den Spekulationskreislauf einspeisen würden, um sich auch in Zukunft ungeachtet aller sozialen Folgen hemmungslos daran zu bereichern.

Schuldenberge, soziale Ungleichheit, Revolution.
Das Ende des IWF?

Den internationalen Medien zufolge befindet sich die Welt spätestens seit 2011 in einer Phase der wirtschaftlichen und finanziellen Erholung vom Crash von 2007. Journalisten in aller Welt scheuen keine Mühe, ständig neue Signale für einen Aufwärtstrend aufzuspüren und sie der Öffentlichkeit als Beweis für die »Nachhaltigkeit« der Erholung zu präsentieren.

Gleichzeitig gibt es eine Flut von Meldungen, denen zufolge das internationale Finanzsystem am Abgrund steht und sein Zusammenbruch nur noch eine Frage von Tagen oder Wochen ist. Auf dem internationalen Buchmarkt hat sich eine wahre »Crash«-Industrie entwickelt, in der schreibende Untergangspropheten mit ihren mehr oder weniger apokalyptischen Voraussagen ein Millionenpublikum bedienen.

Dass beide Varianten nebeneinander bestehen können, liegt an der Einzigartigkeit der gegenwärtigen Situation. Sie ist das Ergebnis einer Entwicklung, die es so noch nicht gegeben hat und die daher in keine vorhandene Schublade passt. Dennoch wäre nichts falscher, als davon auszugehen, dass sich die Weltwirtschaft auf dem Weg der Genesung befindet. Das Gegenteil ist der Fall: Sämtliche Maßnahmen, die seit dem Einsetzen der Finanzkrise 2007 getroffen wurden, um das System zu stabilisieren, haben ausnahmslos dazu beigetragen, es dauerhaft zu schwächen und langfristig noch anfälliger und instabiler zu machen.

Die globale Schuldenlast, die 2007 noch bei 70 Billionen Dollar lag, ist bis Mitte 2013 auf 100 Billionen Dollar angewachsen. Wo immer die Banken auf gesetzliche Einschränkungen gestoßen sind, haben sie ihre

Aktivitäten in das undurchsichtige Netzwerk der Schattenbanken verlegt. In ihm steckten 2013 – vorsichtigen Schätzungen zufolge – allein in Europa 21 Billionen Dollar. Neben der ausufernden Spekulation hat die Inflationsangst zu einer Flucht in Sachwerte geführt, die die internationalen Immobilienmärkte überhitzt und riesige Preisblasen erzeugt hat. Als gefährlichste Entwicklung dürfte sich die ungehemmte Kreditvergabe an Schwellenländer erweisen. Ungeachtet aller Erfahrungen aus der lateinamerikanischen Krise und der Asienkrise des vergangenen Jahrhunderts haben die internationalen Großbanken ihre Kredite an diese Länder zwischen 2008 und 2013 verdoppelt. Anfang 2014 erreichte der Schuldenstand der Schwellenländer atemberaubende 9,1 Billionen Dollar.

Diese Zahlen lassen keinen Zweifel: Die Gefahren, die in der globalen Finanzwirtschaft lauern, haben nicht abgenommen, sondern in erheblichem Umfang zugenommen. Sie zeigen auch, dass die Finanzbranche durch die Krise nicht etwa zurückhaltender oder vorsichtiger geworden ist. Im Gegenteil: Die großen Finanzeinrichtungen gehen seit 2007 keine geringeren, sondern wesentlich höhere Risiken ein als in den Jahren zuvor. Das ist kein Wunder, denn durch ihre Einstufung als »systemrelevant« und damit als »too big to fail« haben die internationalen Großbanken einen Sonderstatus erhalten, den es so in der Geschichte der Wirtschaft noch nicht gegeben hat. Zwar wurden auch in der Vergangenheit Unternehmen vor dem Untergang gerettet, aber dass eine ganze Branche auf Dauer zum unverzichtbaren Bestandteil der Weltwirtschaft und damit praktisch für unantastbar erklärt wurde – das war und ist bis heute einmalig.

Selbst für die aggressivsten unter den Investmentbanken gab es vor 2007 eine rote Linie, die ihre Risikobereitschaft in Grenzen hielt – die Angst vor dem Bankrott. Für Banken mit dem Siegel »too big to fail« existiert diese Linie nicht mehr. Sie können jedes erdenkliche Risiko eingehen, ohne ihr Ende befürchten zu müssen. Und nicht nur das: Sie können sich, wie die vergangenen Jahre zeigen, nach Belieben über Recht und Gesetz hinwegsetzen, ohne dass die Verantwortlichen dafür zur Rechenschaft gezogen werden. Die kriminellen Praktiken des Verkaufs von Finanzprodukten bei gleichzeitigen Wetten gegen diese Produkte, die illegale Devisenmanipulation und der aufgeflogene Liborskandal, die vielen Polizeirazzien in den Führungsetagen von Banken und die zahlreichen gegen Geldzahlungen eingestellten Verfahren gegen Banker in Frankfurt, London, Zürich und New York[51] sind nur die Spitze des Eisbergs. Hier hat die Politik einer Gruppe von Menschen einen Freibrief ausgestellt, der ihr praktisch jedes noch so skrupellose Verhalten erlaubt.[52]

211

Die Folge ist, dass sich die drei wichtigsten Trends der vergangenen Jahre nicht nur ungehemmt fortsetzen, sondern sogar noch weiter beschleunigen können: Die Konzentration wirtschaftlicher und finanzieller Macht in immer weniger Unternehmen, die Konzentration immer größerer Vermögen in der Hand einer winzigen Gruppe von Ultrareichen und der Abbau der Rechte der Allgemeinheit zugunsten der Zunahme von Privilegien für eine verschwindend kleine Minderheit.

Gemäß einer Studie der ETH Zürich kontrollieren inzwischen 1,7 % der multinationalen Unternehmen 80 % der globalen Umsätze, 147 Konzerne allein 40 % davon. Nicht anders sieht es bei den Privatvermögen aus: Etwa 5 % bis 10 % Reiche teilen sich weltweit 80 % des Besitzes. Es sind aber nicht nur diese Zahlen, die einem den Atem verschlagen, es ist vor allem das Tempo, in dem sie in den letzten Jahren zugenommen haben. So ist die Zahl der Milliardäre von 2006 bis 2013 weltweit von 793 auf 2170 angestiegen. Allein zwischen 2009 und 2013 stießen 880 Menschen in diese Gruppe vor, bis 2020 wird mit einem Anstieg um weitere 250 pro Jahr gerechnet. Das Vermögen der Superreichen hat sich zwischen 2009 und 2013 von 3,1 Billionen Dollar auf 6,5 Billionen Dollar mehr als verdoppelt.

---

[51] Allein die US-Regulierungsbehörden haben wegen illegaler Aktivitäten bis 2014 mehr als 100 Mrd. US-Dollar an Geldstrafen gegen amerikanische und ausländische Großbanken verhängt, mehr als die Hälfte davon im Jahr 2013.

[52] Wie zur Bestätigung dieser Aussage wurde bei Drucklegung dieses Buches im August 2014 die portugiesische Bank *Espirito Santo* (neuer Name: *Novo Banco*) durch Finanzhilfen in Höhe von 4,9 Mrd. Euro vor dem Bankrott gerettet – während gleichzeitig gegen ihren Besitzer Verfahren wegen des Verdachts auf Betrug, Vertrauensmissbrauch, Fälschung und Geldwäsche liefen.

212

Das Ergebnis dieser sich überschlagenden Entwicklung ist ein beispielloser Anstieg des mit Abstand kritischsten Indikators jeder menschlichen Gesellschaft – der sozialen Ungleichheit. Noch nie waren die Unterschiede zwischen den Extremen so groß wie heute. 2013 verfügten die 85 reichsten Einzelpersonen der Welt über ein Vermögen von 1,7 Billionen US-Dollar und damit über genau so viel wie 3,5 Milliarden Menschen oder die Hälfte der Menschheit.[53] In Großbritannien besaßen 2013 fünf Familien so viel wie 20 % der Bevölkerung. In Indien verfügten 56 Familien im selben Jahr über ein Gesamtvermögen, das dem von 500 Millionen Landsleuten gleich kam. Der reichste Mann der Welt, der mexikanische Telekommunikationsmogul Carlos Slim, hätte 2013 allein mit seinen Zinserträgen den Jahreslohn von 440.000 Mexikanern zahlen können. Am schärfsten prallen die Gegensätze in den USA aufeinander, wo 2013 knapp 500 Milliardäre etwa fünfzig Millionen Menschen gegenüberstanden, die zum Überleben auf Essensmarken angewiesen waren.

Während am unteren Ende der Gesellschaft Millionen von Menschen durch neoliberale Austeritätsprogramme in bitterste Armut getrieben werden, hat an ihrem oberen Ende die größte Bereicherungsorgie in der Geschichte der Menschheit stattgefunden. In einer Welt, in der 840 Millionen Menschen hungern müssen, 770 Millionen keinen Zugang zu Trinkwasser haben, ebenso viele nicht lesen und schreiben und 80 Millionen Kinder nie eine Schule von innen sehen werden, verfügen einzelne Personen heute über Vermögen, mit denen die Bildungs- und Gesundheitssysteme ganzer Staaten saniert werden könnten.

Dieser horrende Zustand ist nicht nur die logische Konsequenz aus der Funktionsweise des bestehenden Systems, in dem die Erwirtschaftung von Profit das alles überragende Ziel ist, sondern auch ein deutlicher Hinweis auf das, was die Welt in den kommenden Jahren erwartet. Schon im dritten Jahrhundert vor Christus schrieb Aristoteles: »Immer ist die wirkliche oder vermeintliche Ungleichheit die Veranlassung zu bürgerlichen Unruhen und Revolutionen gewesen.« Zwei Jahrhunderte später sagte

---

[53] Die Zahlen entstammen einem Bericht der Menschenrechtsorganisation *Oxfam* vom Januar 2014.

der griechische Philosoph und Historiker Plutarch, dass »ein Ungleichgewicht zwischen den Reichen und den Armen das älteste und unheilvollste Leiden aller Republiken« sei. 2000 Jahre menschlicher Geschichte haben die Aussagen der beiden eindrucksvoll bestätigt. Eine Unzahl von Aufständen und Revolutionen hat gezeigt: Je größer die Ungleichheit innerhalb einer Gesellschaft, umso stärker die sozialen Spannungen und umso größer die Wahrscheinlichkeit, dass es zu Aufständen, Umstürzen und Revolutionen kommt.

Die vom IWF mitgetragene neoliberale Politik hat in den vergangenen Jahrzehnten dazu geführt, dass wir zurzeit in der ungleichsten aller bisherigen Welten leben. Doch das ist nicht alles. Hinzu kommt, dass die sozialen Spannungen in einem historisch beispiellosen Tempo zunehmen und keine der in den vergangenen Jahren ergriffenen Maßnahmen zur Bewältigung der Krise zu einer Verbesserung oder auch nur zu einer Stabilisierung der Lage geführt hat. Bail-Outs, Austeritätsprogramme, uneingeschränktes Gelddrucken und Null-Zins-Politik durch die Zentralbanken haben wie Heroingaben bei einem Drogensüchtigen gewirkt – einen vorübergehenden Ausnahmezustand vorgetäuscht und den Organismus dabei langfristig noch stärker geschwächt. Bail-Ins, die vom IWF vorgeschlagene Zwangssteuer und weitere Sozialkürzungen werden mit Sicherheit kommen, doch ihre Wirkung wird wie bei dem Drogensüchtigen von Mal zu Mal schneller verpuffen, das System aber mit unerbittlicher Konsequenz weiter untergraben und aushöhlen.

Für die arbeitende Bevölkerung heißt das: Sie befindet sich in einer unaufhaltsamen und unumkehrbaren Abwärtsspirale, in der ihr Lebensstandard kontinuierlich sinkt und jede zukünftige Maßnahme sie noch härter trifft als die vorherige. Das wird nicht ohne Folgen bleiben. Die Geschichte zeigt, dass derart zermürbende soziale Erfahrungen eine Wut erzeugen, die ihre ganz eigene Dynamik entwickelt. Sie entsteht über sehr lange Zeiträume, flackert gelegentlich auf, scheint dann zu verschwinden, breitet sich aber unter der Oberfläche wie ein Schwelbrand weiter aus, um irgendwann zu explodieren und in Revolten und Revolutionen zu münden.

Niemand kann sagen, wann es zu diesen gesellschaftlichen Umwälzungen kommen wird. Dass sie kommen werden, ist so sicher wie die Tatsache, dass sich Wasser bei immer größerer Hitze in Dampf verwandelt. Die Ereignisse in Tunesien und Ägypten waren die ersten Vorboten. Sie haben klargemacht, mit welcher Wucht sich die soziale Wut verzweifelter Massen Bahn brechen kann. Sie haben auch gezeigt, dass Revolutionen an vollkommen unerwarteter Stelle ausbrechen und eine über das einzelne Land hinausgehende Dynamik entfalten können.

Auch in Griechenland, Spanien, Portugal und anderen Ländern Südeuropas ist es zu unzähligen Demonstrationen gekommen. Auf einigen von ihnen waren Plakate mit Aufschriften wie »Nieder mit der Troika!« und »Zur Hölle mit dem IWF!« zu sehen. Die meisten dieser Proteste wurden genauso wie die Aufstände in Tunesien und Ägypten niedergeschlagen. Doch die gewaltsame Unterdrückung schafft die Wut der Menschen nicht aus der Welt, im Gegenteil: Sie fördert sie und sorgt dafür, dass sie so lange gärt und brodelt, bis sie irgendwann völlig überraschend explodiert.

Welche Form Aufstände und Revolutionen im Zeitalter sozialer Netzwerke und nie dagewesener Kommunikationsmöglichkeiten konkret annehmen werden, kann niemand prophezeien. Auf Grund historischer Erfahrungen lässt sich aber heute schon sagen: Um das bestehende System mit Unterstützung von Organisationen wie dem IWF am Leben zu erhalten, werden die Regierungen bei weiter zunehmender sozialer Ungleichheit gezwungen sein, auf immer härtere Polizeistaatsmethoden zurückzugreifen. Wenn auch diese nicht mehr wirken, bleiben ihnen nur noch zwei Optionen – die Einsetzung von Diktaturen und die Entfesselung von Kriegen.

Die dunkelsten Zeiten des zwanzigsten Jahrhunderts haben gezeigt, wie nationalistische Vorurteile systematisch geschürt und dadurch Feindbilder geschaffen wurden, um Menschen in Zeiten großer wirtschaftlicher Probleme von den wahren Verursachern ihres Unglücks abzulenken und ihre Wut durch militärische Auseinandersetzungen zu kanalisieren. Die stetig zunehmende Gefolgschaft rechtsradikaler Organisationen in Europa wie auch das zunehmende Säbelrasseln der Militärs und ihre immer größere Bereitschaft, sich an Kampfeinsätzen in aller Welt zu beteiligen, sind deutliche Alarmzeichen.

215

Sollte es den arbeitenden Menschen jedoch trotz aller Widrigkeiten gelingen, die Lügen von Medien und Politikern zu durchschauen, sich aus den Fängen der etablierten Parteien und Organisationen zu lösen und in den kommenden Auseinandersetzungen neue und zeitgemäße Kampf- und Organisationsformen zu entwickeln, dann bietet sich ihnen eine historische Chance: Sie können auf Grund des inzwischen erreichten Stands von Technik und Wissenschaft eine Gesellschaftsordnung schaffen, in der nicht mehr die grenzenlose Gier einer Minderheit, sondern die sozialen Bedürfnisse der Mehrheit im Mittelpunkt stehen. Wie diese Gesellschaft genau aussehen wird, kann nur die Zukunft zeigen, aber eins lässt sich von ihr schon heute mit Bestimmtheit sagen: Für Organisationen wie den IWF wird in ihr kein Platz sein.

Deutschland und der IWF.
Schwarze Schwäne am Horizont

Als Kriegsverlierer wurde Deutschland weder zur Konferenz von Bretton Woods eingeladen noch war es an weiteren internationalen Treffen zur Schaffung einer neuen Weltwirtschaftsordnung in den vierziger Jahren beteiligt. Erst sieben Jahre nach Kriegsende, am 14. August 1952, trat die BRD dem IWF als 54. Mitglied bei. Im Verlauf der Mitgliedschaft (auch nach der Wiedervereinigung mit der DDR) nahm Deutschland nie einen IWF-Kredit in Anspruch.

Heute ist Deutschland mit einem Quotenanteil von 5,98 % nach den USA und Japan der drittgrößte Anteilseigner im IWF. Der Präsident der Bundesbank hat einen ständigen Sitz im IWF-Gouverneursrat und vom Mai 2000 bis zum März 2004 hat Deutschland mit seinem späteren Bundespräsidenten Horst Köhler sogar den Geschäftsführenden Direktor der Organisation gestellt. Sowohl Deutschland (im Rahmen der EU) als auch der IWF sind seit einigen Jahren Teil der zur Bewältigung der Euro-Krise geschaffenen Troika.

Horst Köhler, 2003

Was auf den ersten Blick wirkt, als hätten hier zwei Kräfte über eine gemeinsame Zielsetzung zueinander gefunden, entpuppt sich bei genauerem Hinsehen als eine von Machtkalkül und zunehmenden

Konflikten geprägte Gemeinschaft. Um sie zu verstehen, muss man sie vor dem Hintergrund der unterschiedlichen Entwicklung Deutschlands und der USA nach dem Zweiten Weltkrieg betrachten.

Der *Kalte Krieg* zwischen den USA und der Sowjetunion begann in der zweiten Hälfte der vierziger Jahre und machte die Bundesrepublik zum Frontstaat zwischen den beiden Großmächten. Als die USA der BRD 1952 die Mitgliedschaft im IWF anboten, geschah das in der Absicht, sie wirtschaftlich zu festigen und politisch in ihr globales Machtgefüge einzubinden. Der BRD kam das Angebot sehr gelegen. Ihr waren die Absatzmöglichkeiten im Osten wegen der Einführung der Planwirtschaft in den Satellitenstaaten der UdSSR weggebrochen. Mit der Mitgliedschaft im IWF öffneten sich ihr die Märkte in Westeuropa und den USA. Es entstand eine Zweckgemeinschaft zum beiderseitigen Vorteil.

In den achtziger Jahren begann in den USA unter Präsident Ronald Reagan eine neue, vom Neoliberalismus geprägte Ära, in der dem Finanzkapital zunehmend bessere Investitionsmöglichkeiten geschaffen, die Steuern für Reiche und Unternehmen gesenkt und immer mehr Arbeitsplätze in Billiglohnländer verlegt wurden. Deutschland schloss sich in dieser Zeit im Rahmen der EWG enger mit anderen europäischen Staaten zusammen. Bis zum Ende der achtziger Jahre traten der Wirtschaftsgemeinschaft außer den Gründerländern Deutschland, Luxemburg, Belgien, den Niederlanden, Frankreich und Italien auch Irland, Spanien, Portugal, Griechenland und Großbritannien bei. Die USA nahmen an der Entwicklung keinen Anstoß, da die EWG ihre Interessen zu diesem Zeitpunkt nicht berührte.

Mit dem Fall der Mauer im November 1989 und der deutschen Wiedervereinigung 1990 veränderte sich das Kräfteverhältnis innerhalb Europas auf einen Schlag zugunsten Deutschlands. Dass es trotzdem nicht unmittelbar zu Interessenskonflikten mit den USA kam, lag daran, dass mit dem Untergang der DDR auch das Ende der Sowjetunion und ihrer Satellitenstaaten eingeläutet wurde. Während sich das deutsche Kapital mit Hilfe der Treuhandanstalt die Vermögenswerte der ehemaligen DDR einverleibte, fielen die Großbanken und die multinationalen Konzerne der USA unter der Führung des IWF über das Gebiet der ehemaligen Sowjetunion und die Länder des Ostblocks her und machten dort enorme Gewinne.

Mit dem Vertrag von Maastricht 1992 und der Gründung der *Europäischen Union* als Nachfolgerin der *Europäischen Gemeinschaft* etablierte sich Europa endgültig als eigenständige globale Wirtschaftsmacht. Die USA betrachteten die Entwicklung kritisch, waren in dieser Zeit aber selber mit einer grundlegenden Umstrukturierung ihrer eigenen Wirtschaft beschäftigt. Mit der Bombardierung Jugoslawiens Ende der neunziger Jahre, an der Deutschland im Rahmen der EU und die USA als führendes NATO-Mitglied teilnahmen, kam es zum vorerst letzten gemeinsamen großen Auftritt beider Länder auf der Weltbühne.

Anfang des neuen Jahrtausends nahmen die Differenzen zwischen Deutschland und den USA zu. Mit der Euro-Zone wurde ein gemeinsames Währungsgebiet geschaffen, das nun in der Weltarena als schärfster Wirtschaftskonkurrent der USA auftrat. Dem exportstarken Deutschland brachte die Einführung des Euro erhebliche Wettbewerbsvorteile, da es keine Aufwertung der D-Mark und keine Abwertungen der übrigen Euro-Zonen-Länder, die den Hauptteil seiner Exporte abnehmen, mehr befürchten muss.

Die USA waren nicht bereit, dem neuen Konkurrenten auch nur einen einzigen Markt kampflos zu überlassen. Sie reagierten, indem sie der neuen europäischen Gemeinschaftswährung auf ihren Finanzmärkten derart profitable Anlagemöglichkeiten boten, dass große Mengen Euros aus Europa abflossen und den Euro empfindlich schwächten. Parallel dazu kam es im Mai 2000 zu der überraschenden Ernennung des CDU-Politikers Horst Köhler zum Geschäftsführenden Direktor des IWF. Die Beförderung des damaligen Abteilungsleiters im Bundesfinanzministerium dürfte weniger eine Anerkennung der wachsenden Bedeutung Deutschlands als vielmehr der Versuch gewesen sein, Deutschland als führendes EU-Land stärker in die strategischen Überlegungen der USA einzubinden.

Empfohlen hatte sich Köhler den USA und dem IWF nicht nur, weil er die deutsche Finanzhilfe für den Golfkrieg 1991 organisiert hatte, sondern vor allem durch seine Rolle bei der deutschen Wiedervereinigung. Als wichtigster finanz- und wirtschaftspolitischer Berater von Bundeskanzler Kohl war er für die Finanzbeziehungen zur Europäischen Gemeinschaft und für die Treuhandanstalt zuständig gewesen und hatte zusammen mit seinem Abteilungsleiter Thilo Sarrazin die Wirtschafts- und Währungsunion zwischen der Bundesrepublik und der DDR vorbereitet. Mit der schnellen Einführung der D-Mark zum Umtauschkurs von 1:1 hatte er westdeutschen Unternehmen hohe Gewinne beschert, die Ostunternehmen dagegen in den Untergang getrieben und so für eine massive Deindustrialisierung des deutschen Ostens gesorgt.

Noch wichtiger für den IWF dürfte allerdings Köhlers Rolle als Wegbereiter der größten Bankenbereicherung gewesen sein, die jemals auf europäischem Boden stattgefunden hat. Köhler hatte westdeutschen Finanzinstituten nach dem Zusammenbruch der DDR ermöglicht, die staatlichen Banken der DDR zu Spottpreisen aufzukaufen und gleichzeitig deren Altschuldenforderungen zu übernehmen. Da es sich dabei um vertraglich garantierte staatliche Subventionen handelte, machten die Banker das Geschäft ihres Lebens. Die *Berliner Bank* zum Beispiel kaufte die aus der *DDR-Staatsbank* hervorgegangene *Berliner Stadtbank* für 49 Mio. D-Mark, übernahm dadurch Altschuldenforderungen in Höhe von 11,5 Mrd. D-Mark und machte so – auf Kosten des Staates – einen Gewinn in Höhe von 11,451 Mrd. D-Mark – das 235-Fache des Kaufpreises.[54] Auch die *Deutsche Bank* machte damals Geschäfte, von denen ihre Führungsetage vor der Wende nicht einmal zu träumen gewagt hätte. Ihr wurden auf Köhlers Anweisung bei der Abwicklung der DDR-Staatsbank und der Neugründung der *Deutschen Kreditbank* 49 % der Anteile, 122 Bankfilialen in bester Lage und das komplette Know-how überlassen – umsonst!

---

[54] Insgesamt gingen auf westdeutsche Käuferbanken Altschuldenforderungen von rund 43 Mrd. DM zu einem Kaufpreis von ca. 900 Mio. DM über.

In seiner vierjährigen Amtszeit als Geschäftsführender Direktor des IWF fiel Köhler vor allem durch seine Doppelmoral auf: Wegen der vielen internationalen Proteste gegen die Politik der Organisation zur Jahrtausendwende nutzte er seine öffentlichen Auftritte gern, um sich mit christlichem Geschwafel als Anwalt der Armen zu präsentieren. Sein wahres Gesicht enthüllte er dagegen bei dem von ihm geförderten Staatsbankrott Argentiniens, der Millionen in bitterste Armut stürzte, und mit der Einführung der HIPC-II-Initiative, die die ärmsten Länder der Welt einem noch härteren Diktat von IWF und korrupten Regierungen unterwarf.

Nach dem Ausbruch des Irakkrieges 2003 brachen die Spannungen zwischen den USA und Deutschland zum ersten Mal offen aus. Auf einer Pressekonferenz kanzelte US-Verteidigungsminister Rumsfeld Deutschland und Frankreich als das »alte Europa« ab und stellte ihnen die neuen NATO-Mitglieder im Osten als das »neue Europa« entgegen. Grund für die Verstimmung war, dass Deutschland sich unter der rot-grünen Regierung von Gerhard Schröder ebenso wie Frankreich nicht an der »Koalition der Willigen« im Irak beteiligte.

Deutschlands Kriegsverweigerung lag aber nicht etwa an einem plötzlichen Anflug von Pazifismus auf Seiten Schröders oder seines grünen Außenministers. Beide hatten ihre Kriegsbereitschaft erst vier Jahre zuvor im Kosovokrieg mit der Beteiligung der Bundeswehr an einer der massivsten Luftkriegsoperationen der Militärgeschichte bewiesen. Grund für die deutsche Abstinenz war zum einen die entschiedene Ablehnung, auf die der Irakkrieg in der Bevölkerung stieß, und zum anderen die Rücksichtnahme auf zwei zunehmend an Bedeutung gewinnende Wirtschaftspartner: Russland, von dessen Gas- und Öllieferungen die deutsche Wirtschaft abhing (und auch heute noch abhängt), und China, das auf Grund seines rasanten Wachstums als Handelspartner kontinuierlich an Bedeutung gewann.

Um den fortgesetzten Abfluss von Euros in die Dollar-Zone zu stoppen, setzte die rot-grüne Regierung in den Jahren 2003 bis 2005 die Agenda 2010 und mit ihr die seit Gründung der Bundesrepublik härtesten Reformen des Arbeitsmarktes und der Sozialsysteme durch. Mit der Lockerung des Kündigungsschutzes, der Beseitigung gesetzlicher Hindernisse für Leiharbeit und der Einführung eines Niedriglohnsektors lockte sie Kapital an und verhalf den Unternehmen im Lande auch in den Folgejahren unter der Regierung Merkel zu größerer internationaler Wettbewerbsfähigkeit und einem weiteren Ausbau des deutschen Exportüberschusses – sehr zum Ärger der USA, die zu diesem Zeitpunkt ohnehin unter Druck standen, da ab Ende 2006 die ersten dunklen Wolken der Subprime-Hypothekenkrise aufzogen.

Nachdem die Regierung in Washington 2007 und 2008 Großbanken und Versicherungen mit Milliardenbeträgen gerettet und ihre Staatsfinanzen restlos überstrapaziert hatte, begann die US-Zentralbank *Federal Reserve* durch Anleihekäufe (*Quantitative Easing*) immer mehr Geld in die Wirtschaft zu pumpen, was einer Kriegserklärung gegenüber anderen Währungen, unter anderem dem Euro, gleichkam. Europas Kampf mit den Auswirkungen der Subprime-Hypothekenkrise führte die gemeinsame Währungszone auf direktem Weg in die Euro-Krise und stellte die Regierung in Berlin vor gigantische Probleme.

Hatte Deutschland als stärkste europäische Wirtschaft bis dahin am meisten vom Euro profitiert, so wirkte die Gemeinschaftswährung plötzlich wie eine Zwangsjacke. Mit der D-Mark als nationaler Währung hätte Deutschland den drohenden Staatsbankrott anderer europäischer Länder problemlos überstehen können, als Mitglied der Währungsgemeinschaft war das unmöglich. Kein Wunder also, dass die Bundesregierung zunächst den Ausschluss von überschuldeten Staaten aus der Europäischen Währungsunion sowie die Einrichtung einer Staateninsolvenzordnung vorschlug.

Dem Vorschlag lag eine kühle Kalkulation zugrunde. Deutschlands Finanzinstitute hätten zwar Milliardenverluste in zweistelliger Höhe wegstecken müssen, diese aber zum Beispiel im Fall Griechenlands bei einer Wiedereinführung und anschließenden Abwertung der Drachme durch Devisenspekulation, den Aufkauf von Unternehmen und Beteiligungen an Konzernen und Banken zumindest teilweise wieder ausgleichen können.

Doch Berlin hatte die Rechnung ohne den Rest der EU und vor allem ohne die USA gemacht, die wegen der Rückversicherungen vieler europäischer Banken bei US-Banken aufs Höchste alarmiert waren. Sie alle taten sich zusammen und zwangen Deutschland, sich nicht nur zur bedingungslosen Beibehaltung des Euro zu bekennen, sondern als wirtschafts- und finanzstärkstes Land auch noch im Rahmen des EFSF und ihres Nachfolgers ESM den größten finanziellen Beitrag zu seiner Rettung zu leisten.

Darüber hinaus wurde wegen der horrenden Summen, die in Form von Krediten benötigt wurden, der IWF eingeschaltet, der von nun an mit der EU und der EZB als Troika gemeinsam für die Erhaltung des Euro, den bedingungslosen Schutz der Banken und die Abwälzung der Krisenfolgen auf die arbeitende Bevölkerung sorgen sollte.

Für Deutschland haben sich sowohl die Mitgliedschaft in der EU als auch die in der Troika zu einer Zwangsgemeinschaft entwickelt, der es sich am liebsten entziehen würde, aber aufgrund der unendlich vielen Verknüpfungen wirtschaftlicher und finanzieller Art nicht entziehen kann. Da die Spannungen zwischen den Mitgliedsstaaten ebenso wie die Spannungen innerhalb der einzelnen Länder von Tag zu Tag zunehmen, baut sich hier ein höchst explosives Konfliktpotential auf, das in der Zukunft für eine gewaltige Eskalation der Auseinandersetzungen zwischen allen Beteiligten sorgen wird.

Der Publizist und Börsenhändler Nassim Nicholas Taleb hat 2001 den Begriff des »Schwarzen Schwans« geprägt. Er bezeichnet ein ungewöhnliches und unerwartetes Ereignis, das völlig überraschend eintritt und sich im Nachhinein leicht erklären lässt. Es gibt Situationen, in denen sich die Wahrscheinlichkeit eines solchen Ereignisses dramatisch erhöht. Die gegenwärtige Situation, in der die Staatsverschuldung, die von den Zentralbanken in den Finanzkreislauf gepumpten Geldmengen, die Arbeitslosenzahlen und das Ausmaß der sozialen Ungleichheit historische Höchstwerte erreichen, gehört dazu.

In diesem globalen Umfeld ist der EU-»Wirtschaftsmotor« Deutschland keine Insel, die von Unheil dauerhaft verschont bleiben wird. Der für die zukünftige Entwicklung entscheidende gesellschaftliche Faktor – die soziale Ungleichheit – hat in unserem Land inzwischen den höchsten Wert innerhalb der Euro-Zone erreicht. Einer Studie des *Deutschen Instituts für Wirtschaftsforschung* (DIW) vom März 2014 zufolge lag er 2012 bereits über den Werten Italiens und Griechenlands.

Während die Anzahl deutscher Millionäre auf über eine Million angewachsen ist, gilt inzwischen jeder siebte deutsche Haushalt als arm[55] oder armutsgefährdet. 2012 verfügten 20 % der Bevölkerung über keinerlei Rücklagen, bei 7 % waren die Schulden höher als die Ersparnisse. Das Vermögen von Arbeitslosen nahm zwischen 2002 und 2012 um 40 % ab. Brauchten 2003 noch 258.000 über 65-Jährige eine Grundsicherung, weil ihre Rente zum Leben nicht ausreichte, waren es am Jahresende 2012 bereits 435.000. Darüber hinaus ist die Zahl befristeter Arbeitsverträge 2013 auf 2,7 Millionen und damit 42 % aller Neuverträge angewachsen. Der Paritätische Wohlfahrtsverband in Berlin gab in seinem dritten Armutsbericht von 2013 bekannt, dass im Westen 17,6 % aller Kinder und im Osten 25,7 % von Armut bedroht sind.

Den Preis für den Erfolg des »Wirtschaftsmotors« der EU haben Millionen Niedriglöhner, Leiharbeiter, Hartz-IV-Bezieher, in Altersarmut abdriftende Rentner und benachteiligte Kinder bezahlen müssen. Für sie ist das Wort »Chancengleichheit« zum Fremdwort geworden, ihr Umfeld hat nichts mehr mit dem von Tarifpartnerschaft und sozialem Konsens geprägten Nachkriegsdeutschland zu tun. Sie leben in einer von Ungleichheit zerrissenen und von sozialer Kälte geprägten Gesellschaft, die ihnen keine Zukunft zu bieten hat und deren Schicksal zudem wegen der extrem großen Abhängigkeit der deutschen Wirtschaft vom Export stark an das Schicksal anderer Länder geknüpft ist.

---

[55] Als arm gilt nach EU-Standard, wer weniger als 60 % des Durchschnittseinkommens zur Verfügung hat.

Da diese wegen der anhaltenden Stagnation der Realwirtschaft und der Übermacht des von Spekulanten beherrschten Finanzsektors fragiler ist als jemals zuvor, wird das Eintreffen eines Schwarzen Schwans nicht nur von Tag zu Tag wahrscheinlicher. Es ist auch damit zu rechnen, dass er für Wirtschaft und Gesellschaft Folgen haben wird, die wir uns auf Grund der relativen Ruhe der zurückliegenden Jahre nicht vorstellen können.

- E N D E -

IF ONLY THE WAR ON POVERTY WAS A REAL WAR THEN WE WOULD ACTUALLY BE PUTTING MONEY INTO IT.

Literaturverzeichnis

»**Manias, Panics and Crashes**«
Charles P. Kindleberger, Robert Z. Aliber
Palgrave Macmillan, 2011

»**A Financial History of Western Europe**«
Charles P. Kindleberger
Taylor & Francis, 2007

»**The World in Depression, 1929-1939**«
Charles P. Kindleberger
University of California Press, 2013

»**Capitalizing on Crisis**«
Greta R. Krippner
Harvard University Press, 2011

»**A Brief History of Neoliberalism**«
David Harvey
Oxford University Press, 2007

»**The Enigma of Capital**«
David Harvey
Oxford University Press, 2011

»**Global Slump**«
David McNally
PM Press, 2010

»**John Maynard Keynes: 1883 – 1946: Economist, Philosopher, Statesman**«
Robert Skidelsky
Penguin Books, 2005

»**How much is enough? The Love of Money and the Case for the Good Life**«
Penguin Books, 2012
Robert and Edward Skidelsky

»The Age of Inequality« in »Institutional Racism and the Police:
Fact or Fiction?«
Robert Skidelsky, Herausgeber: David G. Green
The Cromwell Press, 2000

»Five Years of Economic Crisis«
Robert Skidelsky
Centre for Global Studies, 2014

»Globalizing Capital: A History of the International Monetary System«
Barry Eichengreen
Princeton University, 2009

»Global Imbalances and the Lessons of Bretton Woods«
Barry Eichengreen
MIT Press, 2007

»Exorbitant Privilege: The Rise and Fall of the Dollar and the Future of the
International Monetary System«
Barry Eichengreen
Oxford University Press, 2012

»Thirteen Bankers. The Wall Street Takeover and the Next Financial
Meltdown«
Simon Johnson and James Kwak
Vintage, 2011

»White House Burning«
Simon Johnson and James Kwak
Vintage, 2013

»Pricing Theory, Financing of International Organizations and Monetary
History«
Lawrence H. Officer
Routledge, 2007

»It takes a Pillage: An Epic Tale of Power, Deceit, and Untold Trillions«
Nomi Prins
SWN Books, 2013

»The Alchemists: Three Central Bankers and A World On Fire«
Neil Irwin
Penguin Press HC, 2013

»The Great American Stickup«
Robert Scheer
Nation Books, 2010

»Perfectly Legal: The Covert Campaign to Rig Our Tax System«
David Cay Johnston
Portfolio Trade, 2015

»Financialized Capitalism: Expansion and Crisis«
Costas Lapavitsas
Maia Ediciones, 2009

»Web of Debt«
Ellen Hodgson Brown
Third Millennium Press, 2010

»Superclass. The Global Power Elite and the World They are Making«
David Rothkopf
Farrar, Straus and Giroux, 2008

»Hirten und Wölfe: Wie Geld- und Machteliten sich die Welt aneignen«
Hans J. Krysmanski
Verlag Westfälisches Dampfboot, 2010

»La Banque: Comment Goldman Sachs Dirige le Monde«
Marc Roche
Albin Michel, 2010

»Tatort Zürich: Einblick in die Schattenwelt der internationalen Finanzkriminalität«
Leo Müller
Econ, 2006

»Geheime Goldpolitik: Warum die Zentralbanken den Goldpreis steuern«
Dimitri Speck
Finanzbuch Verlag, 2013

»Debtors' Prison«
Robert Kuttner
Knopf, 2013

»The Body Economic. Why Austerity Kills«
David Stuckler and Sanjay Basu
Basic Books, 2013

»Global Brutal«
Michel Chossudovsky
Zweitausendundeins, 2002

»Globalization of Poverty and The New World Order«
Michael Chossudovsky
Global Research, 2010

»Africa's Odious Debts«
Leonce Ndikumana and James K. Boyce
Zed Books, 2011

»Globalization and its Discontents«
Joseph Stiglitz
W.W. Norton & Company, 2002

»The Price of Inequality«
Joseph Stiglitz
Penguin Books, 2012

»Balkankrieg: Die Zerstörung Jugoslawiens«
Hannes Hofbauer (Hg)
Promedia Verlagsgesellschaft, 2001

»The Shock Doctrine«
Naomi Klein
Henry Holt, 2007

»A Demon of Our Own Design: Markets, Hedge Funds, and the Perils of Financial Innovation«
Richard Bookstaber
Wiley, 2009

»The Great Risk Shift«
Jacob S. Hacker
Oxford University Press, 2008

»Plutocrats: The Rise of the New Global Super-Rich«
Chrystia Freeland
Penguin Books, 2012

»The Big Short. Inside the Doomsday Machine«
Michael Lewis
Norton, 2011

»The IMF and Economic Development«
James Raymond Vreeland
Cambridge University Press, 2003

»Rating-Agenturen – Einblick in die Kapitalmacht der Gegenwart«
Werner Rügemer
Transcript Verlag, 2012

»The Summit: The Biggest Battle of the Second World War – fought behind closed Doors«
Ed Conway
Little, Brown, 2014

Webseiten

actionaid.org
ag-friedensforschung.de
afrol.com
allafrica.com
alliancesud.ch
boeckler.de
brettonwoodsproject.org
christianaid.org.uk
citizen.org
econbiz.de
equaltimes.org
erlassjahr.de
foodandwaterwatch.org
fondad.org
globalexchange.org
globalissues.org
globalpolicy.org
globalresearch.ca
hdr.undp.org
huffingtonpost.com

imf.org
mit.edu
multinationalmonitor.org
opednews.com
oxfam.org
prokla.de
prospect.org
publiceye.org
retro.seals.ch
rosaluxemburgstiftung.de
suedwind-magazin.at
theguardian.com
therules.org
thirdworldnetwork.net
twnside.org.sg
unesco.org
weed-online.org
worldbank.org
wsj.com
wsws.org

Bildnachweise

12 / Harry Dexter White und John Maynard Keynes beim Eröffnungstreffen des Gouverneursrates des Internationalen Währungsfonds in Savannah, Georgia, USA, 8. März 1946; http://commons.wikimedia.org/wiki/File:WhiteandKeynes.jpg // 19 / Camille Gutt auf der Bretton-Woods-Konferenz, 1944; http://commons.wikimedia.org/wiki/File:Camille_Gutt.jpg // 21 / Ivar Rooth, ohne Datum; http://sok.riksarkivet.se/sbl/Presentation.aspx?id=6856 // 29 / Treffen von Augusto Pinochet (rechts) mit US-Außenminister Henry Kissinger (links), 1976, Archivo General Histórico del Ministerio de Relaciones Exteriores; http://commons.wikimedia.org/wiki/File:Reuni%C3%B3n_Pinochet_-_Kissinger_%282%29.jpg?uselang=de (CC-by-SA 2.0) // 58f. / Christine Lagarde, 2007, Fotografie von MEDEF; http://commons.wikimedia.org/wiki/File:Christine_Lagarde.jpg?uselang=de (CC-by-SA 2.0) // 81 / Protest in Seoul (Süd-Korea) gegen den neoliberalen Strukturwandel, der mit den Maßnahmen des IWF im Anschluss an die Asienkrise begann, Fotografie von Flickr-User „InSapphoWeTrust", 13. Oktober 2008; https://www.flickr.com/photos/skinnylawyer/5508238107/ (CC-by-SA 2.0) // 103 / Milton Friedman, ohne Datum, The Milton Friedman Foundation for Educational Choice, http://commons.wikimedia.org/wiki/File:Portrait_of_Milton_Friedman.jpg?uselang=de (CC0 1.0) // 113 / Kinder in Brestnitsa, Lovech (Bulgarien), Fotografie von Mark L. Edwards, 2012; https://www.flickr.com/photos/15034130@N04/8224322261 // 114f. / Am HI-Virus erkrankter Junge in einem Krankenhaus in Kampala (Uganda), Fotografie von Vanessa Vick / Redux / laif, 2002 // 116 / Rentnerin in Chania, Kreta, Griechenland, Fotografie von Thomas Kunert, 2013, Abdruck mit freundlicher Genehmigung des Fotografen, siehe auch www.griechenlandreise-blog.de; https://www.flickr.com/photos/infomatique/6241737415/ // 117 / Ein obdachloser Mann schläft vor einer Zweigstelle der National Bank of Greece in Athen, Griechenland, Fotografie von Timothy Fadek / Redux / laif, 2012; https://www.flickr.com/photos/gerald verdon/5654986698/ // 118f. / Szene aus der Einkaufszone in Kiew, Ukraine, Fotografie von Q. Sakamaki / Redux / laif, 2008 // 120f. / Protest gegen den IWF im Rahmen der Aktion »Occupy Dame Street«, // Dublin, Irland, Fotografie von William Murphy, 13. Oktober 2011; https://www.flickr.com/photos/15034130@N04/8224322261 (CC-by-SA 2.0) // 122f. / Protestmarsch in Lissabon gegen Sparpläne des IWF, Fotografie von Gerald Verdon, 25. April 2011; https://www.flickr.com/photos/geraldverdon/5654986698/ // 124f. / Protestgraffiti in Lissabon, Portugal, Fotografie von Jeanne Menjoulet & Cie, 1. Juni 2014; https://www.flickr.com/photos/jmenj/14185316799 (CC-by-ND 2.0) // 126f. / Plakat auf der 2. Anti-Trojka-Demonstration in Lissabon, Portugal, Fotografie von Pedro Ribeiro Simões, 2. März 2013; https://www.flickr.com/photos/pedrosimoes7/8532376158 (CC-by-SA 2.0) // 135 / Margaret Thatcher with Ronald Reagan at Camp David, 22. Dezember 1984, White House Photographic Office, http://commons.wikimedia.org/wiki/File: // Thatcher_Reagan_Camp_David_sofa_1984.jpg?uselang=de // 159 / Dominique Strauss-Kahn, Fotografie von Marie-Lan Nguyen, 2007; http://commons.wikimedia.org/wiki/File:Socialist_rally_Zenith_2007_05_29_n4.jpg?uselang=de (CC-by 2.5) // 217 / Horst Köhler, RIA Novosti archive, image #155946 / Sergey Guneev / CC-BY-SA 3.0 (creativecommons.org/licenses/by-sa/3.0/de/); http://commons.wikimedia.org/wiki/File:RIAN_archive_155946_Horst_Koehler,_managing_director_of_the_International_Monetary_Fund.jpg?uselang=de (CC-by-SA 3.0) 226 / Liberty Plaza, New York City, USA, Fotografie von Sasha Kimel, 26. September 2011, Fotografie an den Seiten etwas zugeschnitten (CC-by 2.0)

Der Fotoessay auf den Seiten 112–127 wurde von Sabine Borhau und Dora Midré zusammengestellt.

Für alle, die mitreden wollen

Krisen verursachen – das können Banken gut und mit beeindruckender Konstanz. Aber wie kommt es immer wieder dazu? Wie schaffen es amerikanische Banken, mit billigem Notenbankgeld und wohlmeinender Eigenheimförderung die gesamte Weltwirtschaft ins Unglück zu stürzen? Und wie reagiert internationales Wirtschaftschaos mit nationaler Staatsüberschuldung in Deutschland? Wir alle kennen das Ergebnis – was vormals mit der Pleite der Investmentbank Lehman Brothers begann.

Günter Dahlhoff schildert in allgemein verständlichem Ton die Chronologie der Krise, angereichert mit humorvollen Anekdoten aus der Bankenwelt. Nebenbei wird deutlich, weshalb die deutsche Politik der Bankenstabilisierung nicht funktionieren kann und warum wir Banken als notwendiges Übel trotzdem brauchen.

Banken in der Krise – ein differenziertes und unterhaltsames Nachschlagewerk mit ausführlichem Index, Glossar und Anhang sowie einem Epilog des Bankiers und Bankenkritikers Ludwig Poullain.

Günther Dahlhoff
Banken in der Krise
Niedergang mit System
352 Seiten | Paperback
Format 14,8 x 21 cm
24,95 € [D] | 25,70 € [A]
ISBN 978-3-8288-3309-8

Günther Dahlhoff, geboren 1936, Dr. jur., deutscher Botschafter a. D., langjähriger Wirtschaftsdiplomat und erfahrener Wirtschaftsanwalt.

Wer hat das Sagen in unserer Gesellschaft?

Die Macht des Volkes ist längst zu einer Phrase in Sonntagsreden verkommen. In den westlichen Demokratien herrscht nicht mehr das Volk, sondern das Kapital.

Politiker regieren die Bürger, aber Finanzmärkte und Großkonzerne regieren die Politik. Lobbyisten steuern die Gesetzgebung zum Wohl der Großkonzerne, PR-Agenturen machen Kapitalismus-Propaganda, die Unterhaltungsindustrie stellt das Volk ruhig und das Bildungssystem erzieht ökonomisch verwertbaren Nachwuchs.

Es ist der klare Blick eines erfahrenen Insiders, der das »Warum« dahinter aufdeckt. Seit 2005 ist Trabold Professor für Volkswirtschaftslehre mit zahlreichen Veröffentlichungen u. a. zu den Themen Globalisierung, Wettbewerbsfähigkeit, Finanzkrise. Zudem ist er als Berater für UN-Organisationen, die Europäische Kommission und das Wirtschaftsministerium tätig gewesen.

Prof. Dr. Harald Trabold, geboren 1958, Studium der VWL in Regensburg und Boulder (USA), danach je zwei Jahre für die KfW (Frankfurt) und UNCTAD (Genf) tätig. Ab 1990 wissenschaftlicher Mitarbeiter am DIW Berlin, Forschungsschwerpunkt Globalisierung. 1998 Promotion an der FU Berlin. Danach Visiting Scholar am MIT (USA). Seit 2005 Professor für Volkswirtschaftslehre an der Hochschule Osnabrück.
Zahlreiche Veröffentlichungen zu den Themen Globalisierung. Beratungstätigkeit für UNDP, ITC UNCTAD/GATT, Europäische Kommission, Eurostat, Ministerium für Wirtschaft und für Forschung und Technologie, Umweltbundesamt sowie die Enquete-Kommission Globalisierung des Deutschen Bundestages. Seit 2011 Leiter des als Reaktion auf die Finanzkrise neu konzipierten Studiengangs Angewandte Volkswirtschaftslehre an der Hochschule Osnabrück.

Harald Trabold
Kapital Macht Politik
Die Zerstörung der Demokratie
ca. 540 Seiten | Klappenbroschur
Format 14,8 x 21 cm
19,95 € [D] | 20,60 € [A]
ISBN 978-3-8288-**3330**-**2**

VOLLGELD
wird die Welt veränder

Würden Sie einem System zustimmen, in dem der Großteil der Geldmenge durch private, profitorientierte Unternehmen produziert und in Umlauf gebracht wird? Nein? – Doch genau so funktioniert unser heutiges Geldsystem.

Das weltweite Finanzsystem ist ein Kartenhaus aus Täuschung und Verschleierung. Denn 90 Prozent unseres Geldes ist elektronisches Geld, das die Banken herstellen und mit dem wild spekuliert wird. Nur 10 Prozent des Geldes sind Münzen und Banknoten der Zentralbank. Immer lauter werden die Stimmen, die eine Korrektur fordern.

Vor über hundert Jahren wurde den Banken verboten, Geldscheine zu drucken. Mit dem elektronischen Geld auf unseren Girokonten (Giralgeld) muss nun dasselbe passieren. Die Staaten, nicht die Banken müssen wieder Herr über das Geld werden.

Vollgeld steht für ein vollgültiges gesetzliches Zahlungsmittel, herausgegeben durch die Zentralbank. Vollgeld ist sicher vor Bankenpleiten, verhindert Finanzblasen und Inflation. Es rentiert sich – ganz ohne Steuererhöhungen und Sparpakete. Auf einen Schlag wären 60 Prozent der Euro-Staatsschulden vom Tisch!

> *»Vollgeld ist sicheres und wertbeständiges Geld. Seine Menge ist an die Wirtschaftsleistung gebunden. Ohne das kann es keine stabilen Finanzen geben. Das vorliegende flüssig und kenntnisreich geschriebene Buch macht Vollgeld greifbar.«*
>
> **Prof. Dr. Joseph Huber**
> (Ökonom, Sozialwissenschaftler und Vollgeld-Forscher)

In vielen Ländern wird Vollgeld bereits diskutiert, in der Schweiz ist Vollgeld sogar auf dem Weg zur Volksabstimmung. Dieses Buch macht in der Misere wieder Mut und weist einen gangbaren Weg aus der Finanzkrise.

Thomas Mayer ist Bürgerrechtler, Buchautor und Kampagnenleiter der aktuellen Vollgeld-Initiative (Schweiz). 1988 gründete er Mehr Demokratie e.V. mit – die Plattform für den Ausbau von Mitbestimmungsrechten.

Roman Huber ist Bürgerrechtler, Unternehmer und Trainer. Er ist seit 2001 im Vorstand von Mehr Demokratie e.V. und baute die nachhaltige Lebensgemeinschaft Schloss Tempelhof mit auf.

Thomas Mayer und Roman Huber

Vollgeld
Das Geld, von dem (fast) jeder profitiert
Unser Weg aus der Finanzkrise

ca. 250 Seiten | Klappenbroschur
Format 14,8 x 21 cm
18,95 € [D] | 19,50 € [A]
ISBN 978-3-8288-**3350-0**

Kapitalismus am Ende – Was jetzt?

Spätestens seit der aktuellen Finanzkrise spüren wir es alle: Mit diesem System stimmt etwas nicht. Klaus Simon gibt einen sehr verständlichen Überblick, wie der globale Finanzmarkt-Kapitalismus abläuft – und warum er auf Dauer nicht funktioniert.

▶ Klare und verständliche Analyse des Kapitalismus als System
▶ Ausblick auf eine zukunftsfähige Wirtschaft, die im Dienste der Menschen steht

Klaus Simon
Zwickmühle Kapitalismus
Auswüchse und Auswege
268 Seiten, Klappenbroschur
Format 14,8 x 21 cm
17,95 €
ISBN 978-3-8288-**3257-2**

Programm für ein besseres, zukunftsfähiges Europa

»Ein gesellschaftlich wichtiges Buch, das Einfluss auf die Diskussion um die Neuordnung unseres vor die Hunde gehenden Geld- und Finanzwesens haben wird!«
Prof. Dr. Wilhelm Nölling

Reinhard Crusius
Rettet Europa, nicht nur die Banken!
526 Seiten, Klappenbroschur
Format 14,8 x 21 cm
18,95 €
ISBN 978-3-8288-**3292-3**

Ungerechtigkeit hat einen Namen: Hartz IV

Ein Streifzug durch das bürokratische Absurdistan: Tobias Prüwer und Franziska Reif berichten von unfassbaren und unwürdigen Vorkommnissen, die das radikale Regierungsprogramm Hartz IV als Komplex mit eigener Logik sichtbar machen.

Franziska Reif und Tobias Prüwer
A wie Asozial
So demontiert Hartz IV den Sozialstaat
Mit einem Vorwort von Günter Wallraff
256 Seiten, Klappenbroschur
Format 14,8 x 21 cm
17,95 €
ISBN 978-3-8288-**3282-4**